Panoramatouren in den Alpen
für Wohnmobile

Im Angesicht der Alpengipfel aufwachen:
Mit dem Wohnmobil ist das möglich.

Michael Moll

Panoramatouren
in den Alpen
für Wohnmobile

Deutschland, Frankreich,
Österreich, Schweiz,
Italien und Slowenien

See, Berge, Sonne: Warum nicht einfach anhalten und genießen?

INHALT
Panoramatouren in den Alpen

» DIE ALPENREGION ZUM KENNENLERNEN

Natur und Landschaft kann man mit Wohnmobil »hautnah« erleben.

Mit dem Wohnmobil in die Alpen? Auf jeden Fall! Kein anderes Gebirge liegt so zentral in Mitteleuropa. Es verteilt sich über mehrere Länder, von denen jedes seinen eigenen Charakter hat. Diese breite Vielfalt macht aus einer Fahrt durch die Alpenregion ein unvergleichliches Erlebnis. Der Wohnmobilist durchquert faszinierende Täler, überwindet spannende Pässe und kann beinahe nach jedem Berg eine andere kulinarische Köstlichkeit probieren. Diese vielen kulturellen Unterschiede und die Eigenheiten eines jeden Landes werfen aber natürlich auch viele Fragen auf, die mit diesem Reiseführer beantwortet werden sollen.

Erster Rundblick über die Alpen

Wenn sich zwei Reisemobilisten über ihr nächstes Reiseziel unterhalten und sie übereinkommen, dass sie beide in die Alpen fahren, dann heißt das noch lange nicht, dass beide Ähnliches sehen und erleben werden.

Die Berglandschaft zeigt immer wieder neue Seiten.

Denn abgesehen davon, dass die Alpen aus hohen Bergen bestehen und sich dazwischen mal breite und mal schmale Täler winden, ist das Gebirge äußerst vielfältig und ein Teil mehrerer Gebirgsgruppen, die bei näherem Hinsehen nicht einfach nur aus kargen Gesteinsbrocken bestehen. Hinzu kommen noch die sprachlichen und kulturellen Unterschiede der einzelnen Staaten. Beginnen wir unseren ersten kleinen Alp(über)blick im Westen, wo die Alpenregion in Frankreich mit den Savoyer Voralpen und den Französischen Kalkalpen beginnt und diese in die Cottischen Alpen übergehen. Was kaum einer berücksichtigt: Die Alpen reichen bis an das Mittelmeer heran, wo sie mit den Seealpen eine Höhe von über 3200 Metern erreichen. Wenn man jemanden bittet, die Alpenländer aufzuzählen, wird derjenige in den meisten Fällen ein Land nicht auf der Rechnung haben – das Fürstentum Monaco. Auch das zählt, je nach Sichtweise, tatsächlich noch zur Alpenregion und befindet sich

komplett in den Seealpen, obwohl der höchste Punkt des Landes gerade einmal 160 Meter über dem Meer liegt. Deutlich höher ist dagegen der höchste Berg Frankreichs, der mit dem Mont Blanc zugleich den höchsten Punkt der gesamten Alpen markiert. Er reicht auf eine Höhe von 4810 Metern und grenzt direkt an Italien.

In der Schweiz, dem klassischen Alpenland schlechthin, teilt man das Gebirge in die Schweizer Voralpen, die Berner Alpen, Walliser Alpen, Zentralschweizer Alpen, Bündner Alpen und in die Tessiner Alpen ein, wovon jede dieser Regionen noch einmal in verschiedene Teile untergliedert wird. Mit 4634 Metern ist die Dufourspitze der höchste Berg der Schweiz. Das berühmtere Matterhorn, gleichzeitig auch das Wahrzeichen der Schweiz ist knapp 150 Meter kleiner und damit »nur« der fünfthöchste Berg des Landes. Der Binnenstaat Liechtenstein ist im Westen vom Rheintal geprägt, während im Osten der Vordere Grauspitz auf eine Höhe von 2599 Metern aufragt. Mit dem Rheintal hat man gleichzeitig aber auch schon Österreich erreicht und die Grenze zwischen den Westalpen und den niedrigeren Ostalpen überquert. Während die Ostalpen leicht gekrümmt von Südwest nach Nordost verlaufen, bilden die Ostalpen einen Gebirgskamm, der sich von West nach Ost erstreckt. Österreich hat an den Ostalpen den größten Anteil. Hier werden sie unter anderem in die Nördlichen Kalkalpen, Zentralalpen und in die Südalpen unterteilt. Ganz im Osten reichen die Ostalpen bis Slowenien, wo der Triglav mit 2864 Metern den höchsten Punkt des Landes markiert, während es in Österreich mit dem Großglockner auf 3798 Meter hinaufgeht.

Italien hat Anteil an den West- und den Ostalpen. Der dortige höchste Gipfel heißt Mont Blanc de Courmayer und ist ein Nebengipfel des Mont Blanc. Auch in Italien werden die Gipfel in Richtung Osten niedriger und gehen ab dem Luganersee in die Südalpen über, wo sie von den markanten Dolomiten dominiert werden.

Nicht zu vergessen ist jedoch Deutschland, das ebenfalls Anteil an den Alpen und eine Gemeinsamkeit mit Slowenien hat,

denn beide Staaten haben nur Anteil an den Ostalpen. Während das bei Slowenien eindeutig ist, sollte im Fall von Deutschland erwähnt werden, dass die Ostalpen nur bis an das Südufer des Bodensees reichen und damit auf schweizerischem Gebiet enden. Der höchste Berg Deutschlands ist schließlich die Zugspitze mit 2962 Metern über dem Meeresspiegel.

Gelegentlich wird auch Ungarn mit dem Ödenburger Gebirge ein Teil der Alpen zugeschrieben, worüber sich natürlich trefflich streiten ließe. Denn die Unterteilung und genaue Abgrenzung der Alpen wird ganz unterschiedlich vorgenommen – politische Motive können eine Grundlage sein, sie kann aber auch kultuhistorisch oder geologisch bedingt sein oder unter Berücksichtigung der Vegetationszone und des Klimas erfolgen.

Zum Abschluss des ersten Überblicks noch eine kleine Zahlenspielerei: Im Gesamten erstreckt sich das Gebirge über eine Länge von 1200 Kilometern, ist jedoch nur zwischen 150 und 200 Kilometern breit. Durch die Krümmung der Westalpen liegt die tatsächliche Ausdehnung aber bei 400 Kilometern Breite (Nord-Süd-Richtung) und bei nur 700 Kilometern Länge (West-Ost). 82 Gipfel bringen es auf eine Höhe von über 4000 Metern, wobei weitere 46 Gipfel als Nebengipfel hinzugezählt werden können. Die meisten dieser höchsten Gipfel befinden

Am Großglockner durchfährt man wie im Wallis oder der Mont-Blanc-Region hochalpine Landschaften.

sich in der Schweiz, danach folgen Italien und Frankreich, alle anderen Alpenländer begnügen sich mit kleineren Gipfeln.

Ein wenig Geschichte

Wenn wir uns der gesamten Geschichte der Alpen widmen wollen, dann müssen wir vor rund 135 Millionen Jahren beginnen, also noch lange Zeit vor dem Aussterben der Dinosaurier, und einen Blick nach Afrika werfen. Denn als Pangea, der letzte Superkontinent der erdgeschichtlichen Frühzeit, auseinanderbrach und der afrikanische Kontinent die adriatische Platte gegen Europa drückte, falteten sich die Alpen in ihrer schnellsten Wachstumsphase um fünf Millimeter pro Jahr. Auch heute dauert der Prozess des Wachstums an, zwar nicht mehr in dieser Geschwindigkeit, doch die afrikanische Platte kommt uns, vereinfacht ausgedrückt, jedes Jahr näher und faltet die Alpen weiter um einen Millimeter jährlich auf.

Die Eiszeiten und die damit verbundenen Gletscher, die einen Teil der heutigen Täler füllten und formten, kamen erst viele Millionen Jahre später. Zahlreiche der heutigen Seen sind durch den Rückgang der Gletscher entstanden. Gleichzeitig begann mit der letzten Eiszeit vor über 13 000 Jahren die erste Besiedlung des Alpenraums. Prominenteste Person ist der in den Ötztaler Alpen gefundene »Mann aus dem Eis«, der über 5200 Jahre alt ist. Mit den Rö-

Die Pass-Aufkleber erinnern an frühere Reisen.

mern, die den gesamten Alpenraum beherrschten, wurden auch die ersten Passstraßen angelegt und damit eine erste Verkehrsinfrastruktur gegründet. Doch schon vorher gab es vereinzelte Saumpfade, die es ermöglichten, die Alpen zu überqueren und Handel zu betreiben. Zu den ältesten Alpenüberquerungen, die auch heute noch bekannt sind, gehören der Große Sankt-Bernhard-Pass, der Splügenpass und der Reschenpass. Nach dem einfachen Handel und den militärischen Wegen des Römischen Reiches folgten die Salzstraßen als wichtige Handelsrouten. Doch im Laufe der Zeit wurden nicht nur die Pässe ausgebaut, denn schon in der zweiten Hälfte des 15. Jahrhunderts ließ Markgraf Ludwig II. einen ersten Tunnel in die Berge schlagen. Der Buco de Viso ist 75 Meter lang, drei Meter breit und nur zwei Meter hoch. Er liegt auf einer Höhe von fast 2900 Metern und verbindet die heutigen Staatsgebiete von Frankreich und Italien miteinander. Dieser erste, offizielle Alpentunnel ist heute Teil eines Wanderwegs. Die wohl bekannteste Alpenüberquerung liegt rund 2200 Jahre zurück und wurde vom Karthager Hannibal im Jahr 218 v. Chr. durchgeführt. Mit 50 000 Soldaten und 37 Elefanten marschierte er von Westen kommend in Richtung Italien. Der genaue Streckenverlauf ist leider unbekannt und es kommen mehrere Pässe für die Überquerung in Betracht. Fest steht nur, dass von den Elefanten lediglich einer namens Suru die 16-tägigen Strapazen überlebte.

Heute kann man über 200 befahrbare Alpenpässe zählen, die sich in einer Höhe von über 1000 Metern befinden. Neben den Alpenpässen folgten dem Buco de Viso auch unzählige Tunnel. Alleine in der Schweiz gibt es über 100 Tunnel, die länger als zwei Kilometer sind. Manche von ihnen werden vom Individualverkehr genutzt, andere wiederum können nur mit dem Zug durchquert werden. Der längste Tunnel der Alpen und auch der Welt wird voraussichtlich ab Sommer 2016 genutzt werden können. Es handelt sich um den 57 Kilometer langen Gotthardbasistunnel, der von Hochgeschwindigkeitszügen befahren wird.

In den letzten 150 Jahren verdoppelte sich die Anzahl der Alpenbewohner fast von über sieben Millionen Menschen auf beinahe 14 Millionen. Als größte Alpenstädte gelten Grenoble in Frankreich, Innsbruck in Österreich sowie Trient und Bozen in Italien. Davos in der Schweiz ist mit über 11 000 Einwohnern die höchstgelegene Stadt der Alpen und befindet sich im Mittel auf einer Höhe von rund 1500 Metern. In den 1990er-Jahren haben sich einige der Alpenstädte zum Verein »Alpenstadt des Jahres« zusammengeschlossen, um unter anderem ihre Zusammenarbeit auszubauen, die Bevölkerung dabei mit einzubeziehen und das Alpenbewusstsein zu stärken. Seither wird alljährlich eine Stadt zur Alpenstadt des Jahres gekürt, die sich verpflichtet, während der »Amtszeit« mindestens zwei nachhaltige Projekte zu initiieren, die dem Ziel des Vereins entsprechen. In chronologischer Reihenfolge durften sich folgende Orte als Alpenstadt des Jahres bezeichnen: Villach, Belluno, Maribor, Bad Reichenhall, Gap, He-risau, Trento, Sonthofen, Chambéry, Sondrio, Brig-Glis, Bozen, Bad Aussee, Idrija, Annecy, Lecco.

Aber in einer Bergregion, in der die Bevölkerungszahl im Laufe von wenigen Jahrhunderten sprunghaft angestiegen ist, kommt es auch immer wieder zu Katastrophen, allen voran sind Lawinenunglücke zu nennen, die zahlreiche Menschen in den Tod gerissen haben. Allein im Jahr 1720 starben 300 Menschen bei Lawinenabgängen in der Schweiz. Das Jahr 1951 ging als Lawinenwinter in die Geschichte ein und forderte im gesamten Alpenraum 265 Tote. Im Ersten Weltkrieg wurden an der österreichisch-italienischen Front sogar Lawinen als Waffen eingesetzt und durch den Kriegsgegner absichtlich ausgelöst. Dabei kamen vermutlich mehr als 10 000 Soldaten auf beiden Seiten ums Leben.

Auseinandersetzungen im Schnee gibt es zum Glück auch in anderer Form und zwar bei den Wettbewerben der Olympischen Winterspiele. Von den 24 Olympi-

Mit dem Fahrrad im Gepäck hat man die Möglichkeit, auch Wege abseits der Straßen zu erkunden.

schen Winterspielen, die bis zum Jahr 2022 stattgefunden haben, wurde die Hälfte in den Alpen ausgetragen. Von den anderen Olympischen Winterspielen, die in Europa veranstaltet wurden, fanden bis zum Jahr 2018 nur vier Wettkämpfe außerhalb der Alpen statt. Die Olympischen Winterspiele begannen in Chamonix im Jahr 1924. Es folgten St. Moritz (1928), Garmisch-Partenkirchen (1936), St. Moritz (1948), Cortina d'Ampezzo (1956), Innsbruck (1964), Grenoble (1968), Innsbruck (1976), Albertville (1992), Turin (2006). Festzustellen ist aber, dass die Spiele in der jüngeren Vergangenheit immer öfter außerhalb der Alpen stattfinden und sie in der lokalen Bevölkerung, nicht zuletzt wegen der damit verbundenen Umweltschäden, an Popularität verloren haben. So wurde eine Bewerbung der Stadt München mit Wettkämpfen in Traunstein und Garmisch-Partenkirchen nach einem Bürgerentscheid im November 2013 zurückgenommen.

Wirtschaft

Während im Mittelalter im Alpenraum die Landwirtschaft vorherrschte, änderte sich dies im 19. und 20. Jahrhundert mit der Industrialisierung, die auch in den Alpenländern voranschritt. Aber ein wesentlicher Wirtschaftssektor war damals der aufkeimende Tourismus, der aus den Alpen heute nicht mehr wegzudenken ist. Ursprünglich kamen die Gäste in der warmen Jahreszeit, um ihre Sommerfrische zu genießen, doch schon bald wurde es populär, auch in den Wintermonaten anzureisen. Ein Großteil des Umsatzes wird heute mit dem Dienstleistungssektor bzw. mit dem Tourismus erwirtschaftet, denn es existiert kaum ein Ort, an dem sich kein Gasthof, keine Pension, kein Wanderparkplatz, kein Campingplatz befindet. So kann es allerdings auch zu Auswüchsen kommen, zum Beispiel, dass besonders beliebte Skipisten im Winter völlig überfüllt sind und manche Touristen

Schlange stehen müssen, um bestimmte Aussichtspunkte in Ruhe genießen zu können. Und als ob den Besuchern die schöne Bergwelt alleine nicht reichen würde, hat man in den letzten Jahren in verschiedenen Regionen viel Geld investiert, um weitere Sehenswürdigkeiten zu bauen und abenteuerliche Aussichtspunkte zu kreieren. Besonders zu Beginn des 21. Jahrhunderts gestaltete man zahlreiche Skywalks, die architektonisch zweifellos spannend sind, aber nicht bei jedem gut ankommen. Außerdem ist wiederholt von den neuesten, längsten Fußgängerhängebrücken zu lesen, die immer tiefere Abgründe überspannen. Hinzu kommen noch Luftseilbahnen, Standseilbahnen und unzählige Sessellifte – alleine die Schweiz besitzt über 200 Gondelbahnen. Kein Wunder also, dass der Deutsche Alpenverein Anfang 2014 die Frage stellte, ob sich die Alpen zum Funpark Europas entwickeln.

Tiere und Pflanzen im Alpenraum

So umfangreich die Alpenwelt ist, so vielfältig ist auch die Alpenflora. Über 4500 Pflanzenarten kommen in den Alpen vor, davon haben 650 ihren Schwerpunkt dort. Endemische Arten, also Pflanzen, die nur in einer bestimmten Region vorkommen, sind jedoch äußerst selten und meist nur im südlichen Alpenraum anzutreffen. Eine der bekanntesten Pflanzen, die das Gebirge auch im Namen trägt, ist das Alpenveilchen, welches auf kalkhaltigem Boden überwiegend in den Süd- und in den Ostalpen gedeiht. In Deutschland ist das Wilde Alpenveilchen besonders geschützt und steht leider als gefährdet auf der Roten Liste. Eine weitere Pflanze kann auch getrost als das Wahrzeichen der Alpen bezeichnet werden – das markante Alpen-Edelweiß ist gut an den sternenförmigen Hochblättern zu erkennen und wächst in einer Höhe von 1800 bis 3000 Metern. In der Schweiz wurde das Edelweiß bereits im Jahr 1886 unter Schutz gestellt und auch in Deutschland und Österreich gilt es noch als gefährdet und darf – zu Recht – nicht gepflückt werden. Bei zahlreichen Organisationen, die mit der Berg- und

Alpenwelt zu tun haben, ist das Edelweiß zum Symbol geworden – die Bandbreite reicht dabei von den Alpenvereinen in Deutschland, Österreich und Südtirol bis zum Schweizer Tourismusverband und bei einem Blick in die Geldbörse findet man das Edelweiß auch auf der Rückseite der österreichischen Zwei-Cent-Münze.

Nicht minder vielfältig ist die Tierwelt der Alpen. Zu den bekanntesten zählen die Gämse als Wildtiere des Jahres 2012 sowie der Alpensteinbock, dessen Gehörn eine Länge bis zu einem Meter erreicht und der oberhalb der Waldgrenze anzutreffen ist.

Ebenfalls im hochalpinen Bereich lebt das Alpenmurmeltier, das nach Biber und Stachelschwein das drittgrößte Nagetier Europas ist und bis zu 50 Zentimeter groß

werden kann. Es ist jedoch nicht flächendeckend in sämtlichen Alpenregionen, sondern nur punktuell beheimatet. Dazu zählen zum Beispiel der Schweizer Nationalpark, die Region um den Großglockner oder auch der Nationalpark Gesäuse. Gute Chancen, ein Murmeltier zu erspähen, hat man oberhalb der Baumgrenze, wo jedoch noch ausreichend Rasen vorhanden sein muss. Ebenfalls oberhalb der Baumgrenze lebt die Alpendohle, die man nicht lange suchen muss. Denn sie warten, in der Hoffnung auf Nahrung, oft an Wanderwegen und an gut besuchten Berggipfeln auf Wanderer. Steinadler, Alpenschneehuhn und Schneefink sind weitere in den Alpen vorkommende Vogelarten, um nur einige zu nennen. Weit weniger Gedanken muss man sich um Braunbären

Einfach imposant: ein Gletscher, der ins Tal hinunterfließt.

machen. Diese gibt es zwar in ganz kleinen Populationen, doch in der Regel weichen sie dem Menschen aus. Große Aufmerksamkeit erlangte der Bär Bruno, der die mediale Welt in Atem hielt, als er wochenlang durch die Alpen streifte und schließlich in der Nähe des Spitzingsees in Bayern erlegt wurde. In den Westalpen Italiens und Frankreichs leben außerdem einige Wölfe.

Klima

Ein ganz wichtiger Punkt für eine erfolgreiche Reise ist natürlich das Wetter. Besonders in den Bergen kann das sehr ausgeprägt sein bzw. ist es wichtig zu wissen, was einen erwarten kann. Darüber hinaus treffen in den Alpen drei verschiedene Klimata aufeinander. Das ozeanische Klima, das durch den Atlantik von großen Wassermassen beeinflusst wird, trifft von der Westseite auf das Gebirge. An der Ostseite ist das pannonische Klima zu nennen, das vom Klima im gleichnamigen Pannonischen Becken rund um Ungarn geprägt ist. Auf der Südseite der Alpen stößt man schließlich auf das mediterrane Klima, das wegen der trockenen und warmen Sommer beliebt ist. Dazu sei noch der warme, trockene Fallwind namens Föhn genannt.

Durch die Höhenlage gelten die Alpen selbstverständlich noch als schneesicher, doch ist auch hier der Klimawandel zu spüren. Die Gletscher, die einstmals ganze Täler füllten, sind deutlich auf dem Rückzug und da, wo noch vor 40 Jahren eine Gletscher-

des Berges hingegen kann es, insbesondere in den oberen Höhenlagen, empfindlich kühl werden. Die Temperaturunterschiede zwischen Tal und Gipfel sind bei der Wahl der Kleidung natürlich auch bei einer Fahrt mit der Seilbahn zu berücksichtigen und können erheblich sein. Wer sich wandernd in den Alpen fortbewegt, sollte sich natürlich immer vorher (z. B. in der Touristinformation) über die aktuelle und voraussichtliche Wetterlage erkundigen. Der schönste Sonnenschein kann in den Bergen ganz schnell umschlagen.

Ähnliches gilt aber auch für die Fahrt über die Pässe, die selbstverständlich ganz beträchtlich in die Höhe gehen. Nicht umsonst sind einige Pässe im Winter komplett gesperrt.

Mildes Klima lässt in den Tälern subtropische Vegetation wachsen.

zunge zu sehen war, befindet sich heute im besten Fall nur noch ein kleiner See.

Was die Täler betrifft: Die Südseite eines Tales liegt eher im Schatten eines Berges als die Nordseite und es kühlt dort auch schneller ab. Dies kann bei der Wahl eines Campingplatzes entscheidend sein, wenn man abends noch vor dem Wohnmobil ein Glas Wein genießen möchte.

Doch das Wissen über die Himmelsrichtung ist noch viel wichtiger, wenn man in den Bergen zu Fuß unterwegs sein möchte. Eine Wanderung auf der Südseite eines Berges, womöglich ohne Schatten spendende Bäume, kann schnell zur Herausforderung werden, weshalb immer auf ausreichend Trinkwasser zu achten ist. Auf der Nordseite

Egal, in welchem Land Sie sind, die regionalen Spezialitäten sollten Sie auf jeden Fall probieren.

Abwechslungsreiche Küche

So vielfältig eine Region ist, die sich über eine Handvoll Staaten erstreckt, so abwechslungsreich ist natürlich auch die Küche. Eine pauschale Aussage über klassische Speisen kann daher kaum erfolgen und ist eher landesspezifisch. Während zum Beispiel in Frankreich das klassische Baguette anzutreffen ist, sind es in Österreich die Semmeln. Steht die Schweiz für das berühmte Käsefondue, kennt man in Bayern Weißwurst und Leberkäs'. Südtirol ist bekannt für Schinken, Weinanbau und Apfelernte, während auf den Hütten in Österreich der Germknödel als gefüllter Knödel auf jeder Speisekarte zu finden ist. Hier bleibt daher nur die Empfehlung, einfach durchzuprobieren. Lecker ist alles, guten Appetit!

Mit dem Wohnmobil unterwegs in den Alpen

Da die Alpen so herrlich zentral in Mitteleuropa liegen, sind sie aus allen Himmelsrichtungen sehr einfach zu erreichen. Man benötigt keine Fährüberfahrt, selten eine Zwischenübernachtung, sondern fährt einfach auf der Autobahn, nähert sich den immer größer werdenden Bergen und ist da. Aber dann, wenn man mittendrin ist in den Alpen, wird es interessant. Man sollte einige

Sicherheitshinweise kennen und vor allen Dingen auch wissen, über welche Pässe man fahren kann oder eben nicht.

Passfahrten

Grundsätzlich gilt, dass die Auffahrt auf einen Berg noch das einfachste ist. Zu einer gelungenen Passfahrt gehört aber auch die Abfahrt und die ist in allen Fällen immer mit Vorsicht anzugehen. Schon vor der Reise sollte man in der heimischen Werkstatt die Bremsen überprüfen und sicherheitshalber auch die Bremsflüssigkeit erneuern lassen. Veraltete Bremsflüssigkeit zieht Wasser und kann so beim häufigen Bremsen nicht mehr die komplette Bremsleistung bringen. So paradox es auch klingen mag, man sollte bei der Talfahrt ohnehin so wenig wie möglich bremsen und lieber den kleinstmöglichen Gang einlegen, also mit der sogenannten Motorbremse bergab fahren. Als Faustregel gilt, dass man ein Gefälle in dem Gang hinabfährt, in dem man an dieser Stelle auch hinauffahren würde. Und wenn es nur der erste Gang ist und der Motor unschön aufheult – es geht um die eigene Sicherheit und die von anderen Verkehrsteilnehmern. Gerade unerfahrene Wohnmobilisten, die vielleicht mit einem geliehenen Wohnmobil unterwegs sind, sollten niemals das Gewicht und Bremsverhalten eines Dreieinhalb-Tonners unterschätzen, das mit dem gewohnten Pkw zu Hause nicht zu vergleichen ist. Daher sollte man sich auch nicht verrückt machen lassen, wenn es das schnittige Cabrio im Rückspiegel scheinbar etwas eiliger hat. Es gibt oft genug Einbuchtungen, bei denen man kurz rechts heranfahren kann, um den Verkehr vorbeizulassen und auch, um die Bremsen wieder ein wenig abkühlen zu lassen.

Sollte dennoch der Fall eintreten, dass das Betätigen der Fußbremse keinen Erfolg erzielt und sich das Bremspedal zum Boden treten lässt, dann bleibt noch die Möglichkeit, die Handbremse langsam und vorsichtig zu betätigen und in letzter Instanz im spitzen Winkel den Wagen durch Kontakt mit der Leitplanke abzubremsen. Lieber die komplette Seite des Wohnmobils zerstört als eine Frontalkollision mit der Felswand in der nächsten Spitzkehre oder gar ein Absturz.

Hier muss man sich auf seine Bremsen verlassen können!

» ÜBERSICHT

DIE WICHTIGSTEN PÄSSE
IN DEN ALPEN

Es gibt eine Vielzahl an Passstraßen, die mit einem Wohnmobil befahren werden können und dürfen. Doch es gibt auch einige, die nicht für Fahrzeuge dieser Größe zugelassen oder zu empfehlen sind. Darüber hinaus bestehen in der kalten Jahreszeit auch einige Wintersperren. Zu beachten ist, dass jeder Pass unterschiedlich ist. Manche verfügen über keine bis wenige Spitzkehren, während andere eine ziemliche Kurbelei mit dem Lenkrad erfordern. Gelegentlich kommt es auch vor, dass Spitzkehren mit einer Galerie überdacht oder untertunnelt sind. Rechnen sollte man also mit allem. Hier eine Liste der bekanntesten und bedeutendsten Alpenpässe in alphabetischer Reihenfolge:

Albulapass
(max. Gefälle: 12 %, Höhe: 2312 m, befahrbar: Mai–Oktober, Höchstbreite: 2,30 m, Höchsthöhe: 3,30 m, max. 11 Tonnen, für Lkw verboten)

Alpe d'Huez
(10 %, 1860 m, ganzjährig)

Berninapass
(12 %, 2328 m, ganzjährig)

Brennerpass
(Bundesstraße, 10 %, 1375 m, ganzjährig)

Fernpass
(8 %, 1210 m, ganzjährig)

Flüelapass
(11 %, 2383 m, Mai–Dezember)

Furkapass
(11 %, 2436 m, Juni–Oktober)

Großer St. Bernhard
(11 %, 2469 m, Mai–Oktober)

Großglocknerhochalpenstraße
(12 %, 2503 m, Mai–Oktober)

Iseran
(12 %, 2770 m, Juni–Oktober)

Julierpass
(13 %, 2284 m, ganzjährig)

Karerpass
(12 %, 1752 m, ganzjährig)

Klausenpass
(10 %, 1948 m, Mai–Oktober, Höchstbreite: 2,30 m, max. Gewicht: 18 Tonnen, Sondergenehmigung erforderlich)

Kleiner St. Bernhardpass
(9 %, 2188 m, Juni–Oktober)

Malojapass
(11 %, 1815 m, ganzjährig, Höchstbreite: 2,55 m)

Nufenenpass
(10 %, 2478 m, Juni–Oktober)

Oberalppass
(10 %, 2 044 m, Mai–November, Höchstbreite: 2,55 m, max. Gewicht: 18 Tonnen

Ofenpass
(12 %, 2149 m, ganzjährig, Höchstbreite: 2,55 m)

Plöckenpass
(13 %, 1362 m, ganzjährig, nur bedingt empfehlenswert)

Predelpass
(14 %, 1156 m, ganzjährig)

Rossfeldpanoramastraße
(13 %, 1570 m, ganzjährig)

San Bernardino
(12 %, 2065 m, Mai–Oktober, Höchstbreite 2,30 m, 18 Tonnen)

Sankt Gotthard
(10 %, 2108 m, Juni–November)

Silvretta-Hochalpenstraße
(14 %, 2032 m, Juni–November)

Simplonpass
(10 %, 2005 m, ganzjährig)

Spitzingsattel
(13 %, 1127 m, ganzjährig)

Splügenpass
(13 %, 2113 m, Mai–Oktober, Höchstbreite: 2,30 m, max. 18 Tonnen)

Sustenpass
(9 %, 2224 m, Juni–Oktober)

Timmelsjoch
(13 %, 2509 m, Juni–Oktober, nicht empfehlenswert)

Umbrailpass
(11 %, 2501 m, Mai–Oktober, Höchstbreite: 2,55 m)

Wurzenpass
(18 %, 1073 m, ganzjährig)

Zirler Berg
(16 %, 1009 m, ganzjährig, nicht zu unterschätzen)

Grundsätzlich gilt, dass man sich vor einer Passfahrt zunächst im Tal über die aktuelle Lage vor Ort kundig machen sollte (z. B. Touristinformation) und dass für jede Passfahrt Bergerfahrung vorteilhaft ist. Die Hinweise zu den einzelnen Pässen gelten nicht für Wohnwagen bzw. Gespanne. Hier gibt es eigene Vorschriften und eine deutlich höhere Zahl an Verboten. Die Liste erhebt keinen Anspruch auf Vollständigkeit.

Mautpflicht

Das leidige Thema Geld und Maut muss natürlich auch erwähnt werden. Allerdings sollte man, besonders bei mautpflichtigen Pässen und Tunneln Verständnis dafür aufbringen, dass von den Benutzern eine Gebühr erhoben wird. Die Kosten für den Bau und Unterhalt eines Tunnels sind enorm und die Passstraßen sind unter teilweise extremen Bedingungen geschaffen worden. Außerdem sind sie einer ganz anderen Witterung als im Flachland ausgesetzt. Im Winter liegen sie unter meterhohem Schnee begraben und nach der Schneeschmelze

müssen Frostschäden beseitigt werden. Die mautpflichtigen Straßen, Pässe und Tunnel sind in den Routen jeweils aufgeführt.

Darüber hinaus gibt es jedoch noch die gewöhnliche Maut via Vignette oder Zahlsystem an Mautstellen.

In Frankreich und Italien wird die Maut auf den Autobahnen direkt bar oder mit Karte an den dortigen Mautstellen entrichtet.

In der Schweiz wird bei Pkws und Wohnmobilen bis zu 3,5 Tonnen eine Vignette benötigt, die es derzeit nur als Jahresvignette zu kaufen gibt. Fahrzeuge mit einem Gewicht über 3,5 Tonnen müssen eine Schwerverkehrsabgabe (PSVA) zahlen, die für alle Straßen notwendig ist. Bezahlt wird diese bei der Einreise am Schweizer Zollamt. Bei kleineren, unbesetzten Grenzübergängen existiert eine Telefonnummer, unter der man die Vorgehensweise und die möglichen Bezugsstellen genannt bekommt. Bei dieser Abgabe gibt es die Möglichkeit, verschiedene Zahlungs- und Reisezeiträume zu wählen.

In Österreich gilt auch eine 3,5-Tonnengrenze. Unter diesem Fahrzeuggewicht wird

Kommt Gegenverkehr? Ein Blick nach unten lohnt vor der Kurve.

Idyllische Stellplätze finden sich mit etwas Glück entlang der gesamten Strecke.

ebenfalls eine Vignette benötigt. Es existieren eine Jahres-, eine Zwei-Monats- und eine Zehn-Tagesvignette. Für Wohnmobile mit einem Gewicht über 3,5 Tonnen wird eine sogenannte Go-Box benötigt. Diese berechnet die Maut nach den gefahrenen Kilometern, der Anzahl der Achsen und der Schadstoffemission. Sie ist an allen ausgewiesenen Zufahrtstraßen nach Österreich erhältlich und kann mit einem Guthaben aufgeladen werden. Nach Eingabe des Kennzeichens, der

Anzahl der Achsen und der Schadstoffklasse wird die Go-Box an der Windschutzscheibe befestigt, wo laufend ein Datenaustausch mit den Mautportalen an den Autobahnen und Schnellstraßen erfolgt.

Auch in Slowenien wird für Fahrzeuge unter 3,5 Tonnen eine Vignette benötigt, die für Wohnmobile (Fahrzeugklasse 2a) für sieben Tage, sechs Monate oder ein Jahr erhältlich ist. Fahrzeuge über dieser Gewichtsklasse zahlen eine streckenbezogene Mautgebühr.

Campingplätze und Stellplätze

Einen Übernachtungsplatz in den Alpen zu finden, ist nicht schwer. Jedoch gelten nationale Regeln, die von Land zu Land unterschiedlich sind. Auch wenn der anvisierte Platz, auf dem man gerne frei stehen möchte, noch so attraktiv ist, sollte man bedenken, dass je nach Staat unterschiedliche Gesetzgebungen bestehen und drastische Strafen drohen.

Erfahrene Wohnmobilisten wissen, dass man in Frankreich meistens gut versorgt ist. Neben den üblichen Campingplätzen existieren in kleinen Ortschaften gelegentlich die einfachen Camping Municipals oder auch offizielle Wohnmobilstellplätze. Die Lage ist zwar nicht immer schön, aber oft zweckmäßig. Ebenfalls relativ unproblematisch ist Deutschland. Auch hier gibt es ein engmaschiges Netz an Wohnmobilstellplätzen und die einmalige Übernachtung außerhalb eines

Besser, man macht einen Bogen um enge Innenstädte …

offiziellen Stell- oder Campingplatzes ist nicht gleich verboten, sondern wird zur Erholung der Fahrtüchtigkeit toleriert – solange auf einem Parkplatz nicht die Markise ausgefahren und der Grill angezündet wird.

In den übrigen Alpenländern wird die Sache schon ein wenig anstrengender. In der Schweiz sind Wohnmobilstellplätze eine Seltenheit. Das heißt nicht, dass es keine gibt. Doch man muss sie suchen. Abgeraten wird vom freien Übernachten in der Schweiz, da hier unterschiedliche kantonale Regelungen bestehen. So ist das freie Stehen im Großraum Genf zum Beispiel verboten. Es bietet sich daher an, einen der 27 Campingplätze des Touring Clubs Schweiz (TCS, www.tcs.ch) anzusteuern. Beachten muss man jedoch, dass auf manchen Schweizer Campingplätzen ein Adapter für die Stromversorgung benötigt wird. Dieser ist in der Regel gegen Pfand an der Rezeption erhältlich.

In Österreich verhält es sich ähnlich wie in der Schweiz. Wohnmobilstellplätze sind zwar vorhanden, aber leider noch in geringer Anzahl. Hinzu kommt, dass das freie Übernachten im Bundesland streng verboten ist. Auch hier gilt also, entweder einen der wenigen Stellplätze, die oft von Gasthöfen bzw. Bauernhöfen betrieben werden, oder direkt einen Campingplatz anzusteuern. Diese sind in Österreich keine Mangelware, beinahe jeder halbwegs große Ort verfügt über einen Campingplatz.

Italien ist wiederum ein Sonderfall. Generell gibt es in Italien eine große Anzahl von Stellplätzen. Eine Ausnahme bildet jedoch Südtirol, wo man den Wohnmobilisten ebenfalls lieber auf einem Campingplatz sehen möchte, die im deutschsprachigen Landesteil Italiens jedoch meistens überdimensioniert sind, wenn man nur eine Nacht bleiben möchte. Dennoch: In diesem Reiseführer sind neben Stellplätzen in Italien auch einige in Südtirol aufgeführt.

Slowenien gilt zwar als sehr fortschrittliches Land, verfügt jedoch auch nur über eine Handvoll Wohnmobilstellplätze. Einer der wenigen befindet sich jedoch strategisch günstig im Gebirge und ist an der entsprechenden Stelle aufgelistet. Ansonsten

bietet Slowenien eine Vielzahl an Campingplätzen.

Zu guter Letzt wollen wir Liechtenstein nicht vergessen, das im Verhältnis zur Landesgröße noch das beste Angebot hat. Zwei offizielle Wohnmobilstellplätze und ein Campingplatz laden ein, in dem kleinen Land zu übernachten.

In den einzelnen Ländern gelten nationale Stellplatzregeln.

Schön, wenn ein Etappenziel erreicht ist!

Die letzten Sonnenstrahlen genießen die Wohnmobilisten am Col du Lautaret.

» DIE TOUREN

1 VON DER MITTELMEERKÜSTE ÜBER DIE HÖCHSTEN ALPENPÄSSE

Von Nizza nach Grenoble

Start- und Endpunkt: Nizza und Grenoble **Beste Jahreszeit:** Sommer **Streckenlänge:** Rund 370 km
Fahrzeit: 2 bis 3 Tage **Mautstrecken:** Keine

Ganz im Westen der Alpen erwartet uns zu Beginn der Tour noch ein Blick auf das Mittelmeer. Doch schon bald geht es im Landesinneren auf die höchsten Pässe des Gebirges hinauf, wo die Ausblicke weiter und spektakulärer werden. Hier genießt man mit Baguette und Käse die französische Lebensart in schmalen Tälern und malerischen Ortschaften. Außerdem fahren wir ganz bequem mit dem Wohnmobil die legendären Pässe und Steigungen hinauf, die die Sportler der Tour de France mit dem Rad erklimmen. Dafür kommen wir am Abend auf typischen, französischen Stellplätzen in prachtvoller Lage unter.

Der Col du Galibier ist einer der höchsten befahrbaren Alpenpässe.

28

Berüchtigt bei Radrennfahrern ist der Anstieg nach L'Alpe d'Huez.

Es mag verwunderlich erscheinen, wenn in einem Buch über die Alpen die berühmte Mittelmeerstadt Nizza erwähnt wird und sogar von dort aus eine Reiseroute durch das Gebirgsmassiv beginnen soll. Aber Nizza liegt nicht nur am Mittelmeer, sondern eben auch am südlichen Ende der Seealpen. Und genau damit beginnt der europäische Gebirgszug, der nach einem weiten Bogen erst 1200 Kilometer weiter östlich endet. Und selbst das benachbarte Fürstentum Monaco gilt als Alpenland. Zwar kann es tatsächlich nur 0,001 Prozent der Alpenfläche für sich beanspruchen, aber das sind immerhin 100 Prozent des Landes. Wer also mal in die Verlegenheit kommt, bei einer Millionenfrage nach dem kleinsten Alpenstaat gefragt zu werden, liegt mit Liechtenstein als Antwort daneben.

Stadtbummel durch Nizza

Die Geschichte Nizzas würde an dieser Stelle den Rahmen sprengen, war die Region doch schon vor 400 000 Jahren besiedelt. Zu dem heutigen beliebten Quartier für Sommerurlauber und Touristen wurde sie bereits in der ersten Hälfte des 19. Jahrhunderts. Der Aufschwung zu einem Touristenziel war seither nur durch die Weltkriege unterbrochen. Heute präsentiert sich Nizza mit zahlreichen Bauwerken aus unterschied-

Majestätisch und schön: die Bergkulisse rund um den Col du Galibier

Am Morgen präsentiert sich der Col du Lautaret fast wolkenlos.

Weiter geht die Fahrt durch den Nationalpark Écrins.

lichen Epochen und in verschiedenen Architekturstilen. Hierzu gehören zum Beispiel die Kathedrale Sainte Réparate und die russisch-orthodoxe Kirche Saint-Nicolas. Eines der Wahrzeichen der Stadt ist darüber hinaus auch die Statue von Giuseppe Garibaldi, der 1807 in Nizza geboren wurde und als Freiheitskämpfer bekannt wurde. Nicht nur die Geschichte, sondern auch viele andere Themen werden ausführlich in den einzelnen Museen von Nizza erläutert.

Um Nizza zu verlassen und dem Mittelmeer den Rücken zu kehren, haben wir mehrere Möglichkeiten. Wir entscheiden uns für die M 6202 im Westen der Stadt, die vierspurig durch das Tal des Flusses Var verläuft. Zunächst begleiten uns noch zahlreiche Geschäfte und Gewerbegebiete, die in der Regel, der französischen Sitte entspre-

chend, am Stadtrand liegen. Den 114 Kilometer langen Fluss Var sehen wir während der Fahrt kaum. Er entspringt übrigens in der Nähe des Col de la Cayolle, einem Gebirgspass der Seealpen. Dabei legt der Fluss bis zu seiner Mündung bei Nizza in das Mittelmeer einen Höhenunterschied von fast 1800 Metern zurück.

Noch vor Saint-Martin-du-Var verjüngt sich die Straße und es wird schon deutlich ruhiger im Straßenverkehr. Auch sehen wir mittlerweile die ersten Gipfel, die den Namen Berg verdienen und immer mehr die sanften Kuppen verdrängen, wie den 1049 Meter hohen Mont Lion, der halblinks mit seiner markanten Spitze deutlich auffällt. Aber er ist eben nur einer von vielen Berggipfeln der viel zu oft unterschätzten Seealpen und so wird das Var-Tal immer kleiner, bis wir schließlich auf einer zweispurigen Straße an schroffen Felswänden vorbeigleiten und dabei mittlerweile auch den Blick auf den breiten Fluss werfen können.

Durch das Tal der Tinée

Stellenweise ragt der Fels über die Straße hinaus und sowohl die Kurven als auch das Tal werden immer enger. Nach fast 40 Kilometern verlassen wir das Var-Tal und wenden uns einem noch spektakuläreren Gebirgseinschnitt zu. Auf der M 2205 fahren wir nordwärts durch das Tal der Tinée und hinter jeder Biegung bietet sich ein anderer wundervoller Anblick der Seealpen. Nach ihnen ist übrigens auch das Département benannt, das wir durchqueren – Alpes-Maritimes. Es ist Teil der Provence und beherbergt den südlichsten Dreitausender der Alpen. Der Mont Clapier bringt es auf eine Höhe von 3051 Metern und befindet sich genau auf der Grenze zwischen Frankreich und Italien. Auf der italienischen Seite gibt es einen Gletscher mit dem gleichen Namen, bei dem es sich um den südlichsten Gletscher der Alpen handelt. Durch seine Lage zwischen den höheren Alpengipfeln und dem Mittelmeer kann man von seinem Gipfel aus an klaren Tagen den Mont Blanc im Norden und die französische Insel Korsika im Süden sehen.

Nach zahlreichen Kurven durch das Tal der Tinée haben wir nicht nur 400 Höhenmeter seit Nizza überwunden, sondern auch den Nationalpark Mercantour erreicht. Der Nationalpark umfasst das gleichnamige Gebirgsmassiv, das sechs Dreitausender vorweisen kann. Darunter den bereits erwähnten Mont Clapier und den höchsten Gipfel des Mercantour, den Cime du Gélas (3143 m). Der Park besteht aus zwei Zonen. Die geringfügig größere Zone wird als Peripherie bezeichnet und wird zurzeit von uns befahren. Sie umfasst die Zentralzone, die wiederum komplett unbewohnt ist und überwiegend aus den Alpengipfeln besteht. Beachtenswert ist jedoch gar nicht so sehr der höchste Punkt des Gebirgsmassivs, sondern vielmehr der Mont Bégo im östlichen Bereich des Nationalparks. Der fast 2900 Meter hohe Berg ist geprägt von zahlreichen Felsgravuren, die bereits vor 4000 Jahren geschaffen wurden. Sie zeigen Häuser, Tiere und auch Krummstäbe und Messer. Es ist kaum möglich, sämtliche Felsritzungen zu zählen. Man schätzt sie auf eine Zahl von 35 000 bis 40 000.

> ## » KULTURTIPP
>
> ### Museum des Merveilles
> Als Besucher kann man die Felsritzungen im Vallée des Merveilles auf verschiedenen Wanderwegen besichtigen. Östlich vom Berg befindet sich im Ort Tende das Museum des Merveilles, das hilfreiche Informationen bereithält und darüber hinaus kostenlos ist.

Die vielen Kurven auf der Strecke werden hin und wieder von kleinen Tunneln abgelöst und die Berge direkt neben uns schaffen mittlerweile schon eine Höhe von über 2000 Metern, während wir immer noch langsam, aber stetig ansteigen.

Wintersport in Isola

Am Ortseingang von Isola machen uns Schilder darauf aufmerksam, ob die beiden Pässe Bonette und Lombarde gesperrt sind oder nicht. Isola ist ein kleiner, beinahe unbedeutender Ort, der im Sommer fast ausgestorben erscheint. Doch in der kalten

Linke Seite: Offiziell ist das Campen auf dem Col du Lautaret untersagt.

Wer könnte diesem Übernachtungsplatz mitten in den Bergen widerstehen?

33

Schwierig, die Straße bei diesem Panorama im Blick zu behalten ...

Bekannt durch die Tour de France: der Col du Lautaret

Col du Lautaret
Alt 2058 m

italienisch-französischen Grenzpass in 2350 Metern Höhe zu erreichen.

Im Hauptort Isola fahren wir geradeaus, passieren den auf der linken Seite liegenden Campingplatz Le Lac des Neiges und fahren weiter durch das Tal der Tinée. Auf der rechten Seite erscheint, ganz unscheinbar hinter dichten Bäumen versteckt, das mittelalterliche Dorf La Blache (44.197073, 7.009242). Es gehört zu Saint-Étienne-de-Tinée und beherbergt im Sommer bis zu 60 Einwohner. In den Wintermonaten fällt die Einwohnerzahl auf zehn ab. La Blache gilt als Wahrzeichen des alten, beschwerlichen Lebens, doch diese Zeit gerät mittlerweile immer mehr in Vergessenheit. Hinter Le Bourgouet weitet sich das Tal und wir folgen der M 2205 leicht bergauf durch zwei Haarnadelkurven, wo wir auch einen hübschen Picknickplatz vorfinden (44.239344, 6.941355).

Wenig später folgt der Hauptort Saint-Étienne-de-Tinée, der von mehreren Kapellen und Kirchen geprägt ist. 1929 wurde ein Großteil des Ortes durch ein verheerendes Feuer vernichtet. Um Saint-Étienne-de-Tinée wieder aufzubauen, beschloss man, das Wintersportzentrum Auron zu errichten, um den Wiederaufbau zu finanzieren.

Auf der teilweise engen M 2205 verlassen wir Saint-Étienne-de-Tinée und gewinnen wieder deutlich an Höhe. Nach kurzer Zeit biegen wir rechts auf die M 54 ein, die noch schmaler ist. Während auf der einen Seite eine schroffe Felswand in die Höhe steigt, ist die Fahrbahn auf der anderen Seite nur durch ein hüfthohes Mäuerchen vom Tal abgetrennt. Doch die Straße hat verkehrstechnisch wenig Bedeutung, weswegen man die Fahrt ganz in Ruhe angehen kann und sollte. Denn immerhin sind wir nun auf dem Weg, eine der höchsten Passstraße Europas zu überwinden – den Col de la Bonette.

Ruinen in luftiger Höhe

Zahlreiche Schleifen und Haarnadelkurven führen uns in luftiger Höhe durch die mittlerweile baumlose Landschaft und ermöglichen uns mit jedem Richtungswechsel

Jahreszeit ist er bei Skifahrern ein beliebtes Ziel, genauer gesagt der Ortsteil Isola 2000. Diesen würden wir über die M 97 nach rechts erreichen. Über zahlreiche Serpentinen würden wir einen Höhenunterschied von rund 1200 Metern überwinden, um das im Sommer trostlos wirkende Skiresort zu erreichen. Der Retortenort Isola 2000 entstand in den 1970er-Jahren als reine Siedlung von Apartmenthäusern, die mit einer Ladenpassage untereinander verbunden sind und gleichzeitig als Ausgangspunkt für 120 Kilometer Pistenlänge dienen. Wer im Sommer dennoch diesen Abstecher auf sich nimmt, der sollte gleich noch ein wenig mehr an Höhe gewinnen und in Richtung Col de Lombarde weiterfahren. Die Fahrbahn ist zwar nun deutlich schmaler, dennoch gut ausgebaut, um den

immer andere, faszinierende Ausblicke. Auf einer Höhe von 2291 Metern lohnt sich ein kurzer Zwischenstopp auf dem Parkplatz hinter einigen Ruinen (44.333846, 6.865245).

Es handelt sich um das ehemalige Camp des Fourches, ein Kasernenlager, das an der Wende zum 20. Jahrhundert errichtet wurde. Es besteht aus 26 leer stehenden Gebäuden, die das Lager zu einem kleinen Dorf mit allen dafür notwendigen Einrichtungen machten. Nach dem Zweiten Weltkrieg hatte das Lager keine Bedeutung mehr und wurde sich selbst überlassen. Zwar gab es zwischenzeitlich mal Pläne, aus den Ruinen ein Feriendorf zu gestalten, doch ist damit wohl nicht mehr zu rechnen.

Höher geht es mit dem Wohnmobil kaum

Die nächsten sieben Kilometer fahren wir weiterhin bergauf durch die raue und schöne Landschaft, jedoch mit deutlich weniger Serpentinen, bis wir völlig überraschend einen Abzweig nach rechts sehen. Beinahe schon unwirklich erscheint in dieser Höhe und Szenerie das Verkehrsschild zu unserer Linken, das nach Nizza weist.

Vor uns erhebt sich der Gipfel des Cime de la Bonette (44.320617, 6.806822), den wir nach dieser Auffahrt auf keinen Fall links liegen lassen sollten. Um den Gipfel herum, führt eine rund zwei Kilometer lange Ringstraße, die auch einige Parkmöglichkeiten bereithält, denn von der Straße aus ist der Gipfel in wenigen Minuten zu Fuß erreichbar. Der Einstieg in den kurzen Wanderweg befindet sich auf der Südseite. Schließlich hat man in 2860 Metern Höhe nicht nur einen wunderbaren Rundumblick über die Seealpen und den Nationalpark Mercantour, sondern kann auch auf die Passstraße zurückschauen.

Die Straße entstand im Rahmen des Militärcamps und führte bis zum Jahr 1913 nur zum Camp des Fourches. Der heutige Straßenzustand ist auf die Fertigstellung in den 1960er-Jahren zurückzuführen. Seither wird kontrovers diskutiert, ob es sich um die

Ruinen erinnern am Wegesrand an die Kriege des letzten Jahrhunderts.

Saint-Étienne-de-Tinée
Col de la Bonette
Camp des Fourches
Cime de la Bonette
Festung von Restefond
Lac des Eissaupres
30 km M 90

Jausiers

35

Das Gelände um den Col du Galiber durchziehen zahlreiche Wanderwege.

höchste Straße Europas handelt. Doch diese Frage ist nicht direkt zu beantworten. Sowohl in der spanischen Sierra Nevada als auch in Österreich gibt es asphaltierte Straßen, die höher liegen. Jedoch sind diese nicht für den öffentlichen Verkehr bestimmt bzw. lediglich eine Sackgasse. Außerdem existieren weitere unbefestigte Straßen in höheren Lagen, die mit einem Geländewagen befahren werden können. Belassen wir

diese Diskussion also bei der Freude darüber, dass wir mit dem Wohnmobil auf 2800 Metern Höhe stehen und einen der höchsten Alpenpässe überquert haben.

Zum Überqueren gehört natürlich das Weiterfahren und damit verlassen wir nicht nur den Cime de la Bonette, sondern auch das Département Alpes-Maritimes, also die Seealpen, und es folgt das Département Alpes-de-Haute-Provence.

Dem Hinweisschild nach Jausiers folgen wir mit Gefälle und erreichen schon nach wenigen Minuten die ehemalige Festung von Restefond (44.344104, 6.797124). Diese Kaserne entstand in etwa gleichzeitig mit dem Camp des Fourches und wurde während der Errichtung der Maginot-Linie ausgebaut. Auch sie wurde nach dem Ende des Zweiten Weltkrieges aufgegeben und ihrem Schicksal überlassen.

Auf der rechten Seite folgt wenig später der Lac des Eissaupres mit einem großen Schotterparkplatz (44.342792, 6.783835). 15 Kilometer verläuft unsere Fahrt bergab, bei der wir wieder die Baumgrenze passieren, zahlreiche Serpentinen durchqueren und schließlich die Ortschaft Jausiers erreichen.

Das kleine Örtchen Jausiers befindet sich am Fuße der Berge Pointe Fine und Cu-

Die Passstraße über den Col du Galibier ist seit 1876 offen.

guret, die beide über 2500 Meter bzw. 2900 Meter hoch sind, und damit im Tal des Flusses Ubaye. Der Fluss ist etwas über 70 Kilometer lang und wird abschnittsweise zum Rafting und Wildwasserkajak genutzt.

Die etwas über 1100 Jausiérois, wie die Einwohner genannt werden, leben in einer erdbebengefährdeten Zone. Mehrere Erdbeben mit größerer Intensität wurden im letzten und vorletzten Jahrhundert aufgezeichnet, von denen einige ihr Epizentrum in unmittelbarer Nähe hatten.

Ein kurzes Stück nördlich von La Condamine-Châtelard befindet sich nicht nur ein Campingplatz, sondern auch das Fort de Tournoux. Dieses wurde Mitte des 19. Jahrhunderts in den Hängen oberhalb des Ubaye-Tals errichtet und gilt als das »Versailles des Militärs des 19. Jahrhunderts«. Wie ein Adlerhorst klammert sich die

» SEHENSWERTES

Abenteuerlicher Abstecher für Offroadfans

Jausiers ist aber auch Ausgangspunkt für eine interessante Tour hinauf auf den Col du Parpaillon. Dieser Pass befindet sich auf einer Höhe von 2637 Metern und kann theoretisch von Pkws erreicht werden. Beliebt ist er jedoch vor allem bei Fahrern von Motorrädern und Geländewagen. Wer also seine Motocrossmaschine dabei hat, sollte auf der D 900 durch das Ubaye-Tal bis La Condamine-Châtelard fahren und dort links auf die D 29 abbiegen. Der obere Abschnitt der Bergstraße ist nicht befestigt und hat man diese Schotterstraße hinter sich gebracht,

steht man vor einem 520 Meter langen Tunnel, der als einer der höchstgelegenen Tunnels in Europa gilt. Der Parpaillon-Tunnel wurde nach zehnjähriger Bauzeit im Jahr 1901 von der französischen Armee fertiggestellt. Das Besondere an dem Durchgang ist, dass er noch sehr spät im Jahr bis zu 30 Zentimeter unter Wasser stehen oder sogar vereist sein kann und zudem extrem eng ist. Für Wohnmobile ist der Versuch, den Col du Parpaillon anzugehen, auf keinen Fall empfehlenswert. Wer jedoch mit einer Pickup-Kabine auf einem Geländewagen unterwegs ist, kann ein durchaus lohnenswertes Abenteuer erleben.

Festung an den Berghang und überwindet eine Höhe von rund 400 Metern. Dabei handelt es sich bei dem Fort um drei Festungen, die vertikal angeordnet sind. Aufgabe der Anlage war es, das Tal zu überwachen und es vor den Angreifern aus Italien zu verteidigen. Im Ersten Weltkrieg nutzte man das Fort als Gefängnis für deutsche Kriegsgefangene, im Zweiten Weltkrieg kam es dort auch zum Schusswechsel, bevor es 1943 von den Deutschen erobert und besetzt wurde. Bis 1987 befand sich in Fort Tournoux ein Munitionslager, doch seither steht es leer. Aus Sicherheitsgründen kann es leider nur von der Straße aus besichtigt werden.

Die Grande Route des Alpes

Zurück in Jausiers fahren wir auf der D 900 durch das Tal der Ubaye, das an dieser Stelle sehr breit ist. Die Berggipfel, die wir rechts und links des Wegs sehen, gehören zu den Cottischen Alpen, einer Gebirgskette, die sich bis in das italienische Piemont erstreckt, wo sich auch am Quellgebiet des Pos mit 3841 Metern Höhe der höchste Berg der

Cottischen Alpen befindet. Er ist zudem der südlichste Alpengipfel mit einer Höhe von über 3500 Metern und sehr markant, da er alle benachbarten Gipfel um 500 Meter überragt. Darüber hinaus sind wir an dieser Stelle, nicht zum ersten Mal auf der Tour, auf der sogenannten Grande Route des Alpes unterwegs.

Diese touristische Straße ist eine beliebte Touristenstraße, die vom Genfer See zum Mittelmeer bei Menton führt und dabei über nicht weniger als 16 Alpenpässe verläuft. Daher gilt sie auch als die Königin der Alpenstraßen. Leider ist die Beschilderung – wie das bei touristischen Straßen oft der Fall ist – nicht durchgängig.

Auf der Grande Route des Alpes erreichen wir nach wenigen Kilometern Barcelonnette. Die im 13. Jahrhundert gegründete Stadt kann auf eine bewegte Geschichte zurückblicken, in der sich die zahlreichen wechselnden Herrscher über die Stadt scheinbar die Klinke in die Hand gaben. Bekannt ist Barcelonnette für einige Villen am Ortsrand, die im mexikanischen Stil erbaut wurden. Gebaut wurden diese von Auswanderern, die Ende des 19. Jahrhunderts ihr

Jausiers
La Condamine-
Châtelard
Fort de
Tournoux
Tal der Ubaye

8 km D 900

Barcelonnette

Auch bei Motorradfahrern ist der Col du Galibier beliebt.

Geld in Mexiko machten und später wieder in ihre Heimat zurückkehrten. Sehenswert ist aber auch das kleine Museum über das Ubaye-Tal in der Avenue de la Libération.

Auf der weiteren Fahrt in Richtung Westen weitet sich das Tal hinter Barcelonnette so sehr, dass sogar Platz für einen kleinen Flugplatz besteht. Anschließend bieten mehrere Campingplätze, die sich am Ufer der Ubaye erstrecken, ausreichend Übernachtungsmöglichkeiten.

Knapp 20 Kilometer hinter Barcelonnette überqueren wir einen kleinen Canyon, den Ravin du Pas de la Tour, wo sich gleich hinter der Brücke links ein kleiner Parkplatz für einen Fotostopp befindet. Anschließend biegen wir rechts auf die D 954 in Richtung Savines ab. Kurz darauf nimmt der Fluss deutlich an Breite zu. Kein Wunder, mündet er doch hier unterhalb von Le Sauze du Lac in den Fluss Durance, der wiederum zum Lac de Serre-Ponçon gestaut wird.

Der See entstand in den 1950er-Jahren, als der 124 Meter hohe Staudamm errichtet wurde und seitdem als größter Erddamm Europas bezeichnet werden darf. Das touristisch intensiv genutzte Gewässer ist bis zu 120 Meter tief und 20 Kilometer lang. Neben diesen Ausmaßen gibt es aber auch eine ganz besondere Sehenswürdigkeit, denn zu Beginn des 11. Jahrhunderts wurde am rechten Ufer der Durance ein Kloster errichtet. Dazu gehörte auch eine Kapelle, die zwar zwischenzeitlich zerstört, aber im Jahr 1692 wieder aufgebaut wurde. Die dem Hei-

Mit teilweise mehr als 14-prozentiger Steigung geht's den Berg hinauf.

ligen Michael gewidmete Kapelle sollte ursprünglich beim Bau des Staudamms abgerissen werden. Doch sie befand sich auf einer kleinen Anhöhe, die aus dem geplanten Höchstwasserstand herausgeragt hätte, weshalb man sich entschloss, die Kapelle stehen zu lassen. Dadurch wurde die Anhöhe zu einer kleinen Insel auf der Nordseite des Sees, gleich gegenüber einem Campingplatz. Wenn der Wasserpegel niedrig ist, kann die Kapelle sogar trockenen Fußes erreicht werden.

Der See ist übrigens der größte Stausee Frankreichs und die Durance bringt es zwischen ihrer Quelle im italienisch-französischen Grenzgebiet und der Mündung in die Rhône auf eine Länge von 323 Kilometern. Einen Teil des Flusses lernen wir nun kennen, indem wir durch das gleichnamige Tal fahren und dabei den Écrins-Nationalpark durchqueren.

Der Nationalpark wurde 1973 gegründet und umfasst im Wesentlichen das Pelvoux-Massiv, welches von uns auf der Straße halb umrundet wird und sich zu unserer Linken erhebt. Höchster Gipfel des Pelvoux-Massivs ist die Barre des Écrins, die es auf eine Höhe von 4102 Metern bringt und damit sowohl der südlichste als auch der westlichste Viertausender der Alpen ist. Der Berg, der von vier Gletschern umgeben ist, ist ein beliebtes Ziel bei Bergsteigern in den Dauphine-Alpen, wie die Gebirgsregion hier genannt wird.

Von Bergsteigern, Kanuten und Radsportlern

In einer Haarnadelkurve der N 94 sehen wir die Statue eines Bergsteigers, der auf das Pelvoux-Massiv blickt. Es handelt sich um die Darstellung von Edward Whymper. Der in London geborene Bergsteiger war der erste Mensch auf der Barre des Écrins und weiteren Alpengipfeln. Doch Bekanntheit erlangte er durch die Erstbesteigung des Matterhorns, die im Jahr 1865 erfolgte.

Wenig später erreichen wir die Kleinstadt Briançon, die mit der sogenannten Oberstadt glänzt. Diese Festungsanlage mit ihrer Zitadelle und der Stadtmauer wurde vom

Festungsbaumeister Sébastien Le Prestre de Vauban errichtet und gehört mit elf weiteren Festungsbauwerken in ganz Frankreich zur Liste der Weltkulturerben der Unesco.

In Briançon verlassen wir das Tal der Durance und widmen uns dem mit 28 Kilometer Länge deutlich kürzeren Fluss Guisane, der ebenfalls bei Wildwasserfahrern beliebt ist. Am Ortsausgang markiert die Gondel einer Seilbahn einen Kreisverkehr und verdeutlicht damit, wie sehr die Ortschaften vom Tourismus und vom Wintersport abhängig sind, denn schon im nächsten lang gestreckten Ort La-Salle-les-Alpes existiert ein halbes Dutzend an Seilbahnen, die auf die Höhen des Nationalparks Écrins fahren.

Unsere Fahrt auf der Straße verläuft auch wieder einmal bergauf und nach einiger Zeit erreichen wir den Col du Lautaret auf einer Höhe von 2058 Metern. Ein verwittertes Schild verbietet zwar das Campen auf dem Col du Lautaret, aber bis zu 40 Wohnmobile stehen hier bei guter Wetterlage auch über Nacht. Vom Pass aus zweigt die

D 902 ab, auf der wir nach acht Kilometern mit dem Col du Galibier einen weiteren Pass, mit einem deutlich kleineren Parkplatz, erreichen könnten. Bei guter Sicht besteht die Möglichkeit, vom Col du Galibier sowohl den Mont Blanc als auch die Barre des Écrins zu erblicken. Der Gipfel des Col du Galibier ist übrigens untertunnelt. Der Verkehr durch den Tunnel wird mit der höchstgelegenen Ampelanlage Europas geregelt.

Bei einer Pause auf dem Col du Lautaret lohnt sich auch ein Besuch im Alpingarten du Lautaret, der mit einigen interessanten Informationen über die alpine Flora lockt und Teil der Universität von Grenoble ist.

Auf dem weiteren Weg nach Grenoble fahren wir stets bergab, durchqueren den Tunnel des Ardoisières und passieren sehr schöne Alpenorte wie La Grave, das wegen seiner Enge einige Probleme bei der Parkplatzsuche bereitet. Es lohnt sich daher, erst den Ort zu durchqueren und kurz vor dem Ortsausgang links auf den Parkplatz der Seilbahn auszuweichen. La Grave ist ein be-

Die Ampel am Galibier-Tunnel ist die höchste Lichtsignalanlage Europas.

Barcelonnette
*Ravin du Pas
de la Lac de
Serre-Ponçon
Écrins-
Nationalpark* D 900
100 km N 94

Briançon
*Col du Lautaret
La Grave
Chambon-
Talsperre* 66 km D 1091

**Le Bourg-
d'Oisans**

liebter Ausgangspunkt für Wanderungen und lockt mit Gastronomie und Souvenirläden.

Durch das enge Tal der Romanche erreichen wir die Chambon-Talsperre, die im Jahr 1934 fertiggestellt wurde und in den ersten zwei Jahren ihres Bestehens sogar die höchste Talsperre der Welt war. Die Romanche, die hier gestaut wird, überflutete dabei drei kleine Ortschaften. Am Ende der

Flüsse haben in Jahrtausenden tiefe Furchen in die Berghänge gegraben.

Staumauer lohnt sich ein kurzer Zwischenstopp auf dem linksseitigen Parkplatz, um den Ausblick in das Tal der Romanche zu genießen.

Es dauert nicht lange, bis wir Le Bourg-d'Oisans erreichen. Wer will, kann dort auf dem Parkplatz am großen Kreisverkehr sein Wohnmobil abstellen und das Fahrrad vom Träger abmontieren. Denn Le Bourg-d'Oisans ist fast jedes Jahr Ausgangspunkt für

einen Teil der Tour de France. In 21 Spitzkehren geht es in den Wintersportort L'Alpe d'Huez hinauf. Dabei sind fast 14 Kilometer Strecke zurückzulegen und ein Höhenunterschied von beinahe 1100 Metern zu überwinden. Ein besonderes Augenmerk sollte man auf die Beschilderung legen. In jeder Spitzkehre ist der Name der jeweiligen Etappensieger vermerkt. Die Nummerierung der Kehren beginnt in L'Alpe d'Huez, sodass

man bei der Auffahrt ab 21 rückwärts zu zählen hat. Wer es einfacher mag, kann die Strecke natürlich auch mit dem Wohnmobil bewältigen. Doch aufgrund der Tatsache, dass es sich um einen Wintersportort handelt, bietet L'Alpe d'Huez im Sommer wenig Sehenswertes.

Der weitere Weg verläuft bergab, bis wir die ersten Vororte von Grenoble erreichen und über die A 480 in das Zentrum gelangen.

**Le Bourg-
d'Oisans**
L'Alpe d'Huez   D 1091
50 km   N 85
Grenoble
Altstadt
Zitadelle
Seilbahn
Chambéry

Ziel

» PRAKTISCHE HINWEISE

TOURISTINFORMATIONEN

Nizza – Office de Tourisme, 5, Promenade des Anglais, 06302 Nice, Tel. 0033/(0)89/270 74 07 (0,34 /Min.), www.nicetourisme.com

Saint Sauveur sur Tinée – Office de Tourisme/Parc National du Mercantour, Avenue des Blavets, 06420 Saint Sauveur sur Tinée, Tel. 0033/(0)49/302 06 88

Isola – Office de Tourisme, Le Pélevos, 06420 Isola 2000, Tel. 0033/(0)49/323 15 15, www.isola2000.com

Barcelonnette – Office de Tourisme, Place Frédéric Mistral, 04400 Barcelonnette, Tel. 0033/(0)49/281 04 71, www.barcelonnette.com

Briançon – Office de Tourisme, 1, Place du Temple, 05105 Briançon, Tel. 0033/(0)49/221 08 50, www.ot-briancon.fr

Grenoble – Office de Tourisme, 14, Rue de la République, 38000 Grenoble, Tel. 0033/(0)47/642 41 41, www.grenoble-tourisme.com

KARTEN

Kümmerley + Frey, Alpenstraßen 1:700 000 oder Frankreich Süd 1:600 000 oder Provence Côte d'Azur 1:180 000

CAMPINGPLÄTZE

Camping Municipal, Chemin de Saoun dal Pra, 06420 Valdeblore, Tel. 0033/(0)49/302 78 85, (44.069869, 7.208554). Mitten im Nationalpark Mercantour, südlich von Saint Sauveur sur Tinée der M 2565 in östliche Richtung folgen. Alternativ kommen im Anschluss 4 weitere Campingplätze in der Ortschaft Saint-Martin-Vésubie.

Camping und Caravaneige du Lac des Neiges (44.18939, 7.037364), bei der weiteren Fahrt hinter Isola folgt dieser Campingplatz direkt am Ufer des Flusses Tinée.

Camping le Planet, Place d'Arnaudville, 04850 Jausiers, Tel. 0033/(0)68/920 64 49, www.camping-jausiers.fr (44.420153, 6.736426). Kleiner Campingplatz mitten im Ort.

Camping de Champ Félèze, 04530 La Condamine-Châtelard, Tel. 0033/(0)49/284 30 42. Direkt am Ufer des Flusses Ubaye, mit Blick auf Fort Tournoux und im Norden der Ortschaft.

Camping du Plan, Avenue Emile Aubert, 04400 Barcelonnette, Tel. 0033/(0)49/281 08 11, www.campingduplan.fr (44.384142, 6.642865). Kleiner Campingplatz mit wenigen Stellflächen auf Rasen. Fußläufig vom Zentrum entfernt.

Camping le Tampico, 70, Avenue Emile Aubert, 04400

Breite Straßen erlauben es, auch während der Fahrt das Panorama zu genießen.

Barcelonnette, Tel. 0033/(0)49/281 02 55. Nur 500 Meter hinter Camping du Plan, jedoch etwas größer.

Camping le Fontarache, D 900, Les Thuiles, 04400 Barcelonnette, Tel. 0033/(0)49/281 90 42, (44.392928, 6.574008). Am Fluss Ubaye gelegen, auf der linken Seite.

Camping le Rioclar, Route de Barcelonnette, 04340 Méolans-Revel, Tel. 0033/(0)49/281 10 32, www.rioclar.com (44.399261, 6.531827). Großer Campingplatz, rund 500 Meter hinter Le Fontarache, ebenfalls zwischen Flussufer und D 900.

Camping River, Le Martinet, 04340 Méolans-Revel, Tel. 0033/(0)49/285 57 13, www.camping-river.eu (44.396202, 6.486922). Von Niederländern betreuter, kleiner Campingplatz auf der anderen Seite des Flusses. Guter Ausgangspunkt für Wildwasserfahrten auf der Ubaye.

Camping le Palatrière, Orbanne, 05160 Le Sauze-du-Lac, Tel. 0033/(0)49/244 20 98, www.lapalatriere.com (44.499264, 6.34543). Campingplatz oberhalb des Sees.

Camping les Granges, Lieu dit les Chappas, 05160 Pontis, Tel. 0033/(0)49/244 20 47, www.camping-lesgranges.com (44.513878, 6.365063). Etwas unterhalb der D 954. In direkter Nachbarschaft zum Camping Les Chappas.

Camping les Chappas, Route de Barcelonnette, 05160 Pontis, Tel. 0033/(0)49/244 22 09, www.camping-les-chappas.com (44.514257, 6.36076). 70 Stellplätze gleich unterhalb des Camping Les Granges.

Camping Municipal, Les Eygoires, 05160 Savines-le-Lac, Tel. 0033/(0)49/244 20 48 (44.519318, 6.387315). Gemeindecampingplatz und der letzte Campingplatz, der noch zum Seeareal gehört. Zahlreiche weitere Campingplätze mit Blick auf den See existieren noch am anderen Seeufer.

Camping Manu, 05200 Crots, Tel. 0033/(0)49/243 34 95, www.campingmanu.com (44.53782, 6.456398). Kleiner Campingplatz am Ende des Sees, wo die Landschaft in das Durance-Tal übergeht.

Camping les Mille Vents, Route de Saint André, 05600 Saint Clément sur Durance, Tel. 0033/(0)49/245 10 90, www.camping-les-mille-vents.com (44.646285, 6.584725). 100 Stellplätze in ruhiger Lage direkt am Ufer der Durance.

Camping du Lac les Iscles, Base de loisirs d'Eygliers, 05600 Eygliers Gare, Tel. 0033/(0)49/245 14 18, www.iscles.com (44.678583, 6.612111). Sowohl am Ufer der Durance als auch an einem kleinen See in ruhiger Lage.

Camping la Cabane, 05600 Saint-Crepin, Tel. 0033/(0)49/245 07 33, www.campingcabane.com (44.713897, 6.593898). Kleiner, einfacher und familiär geführter Campingplatz.

Camping des Écrins, Avenue Pierre Sainte, 05120 L'Argentière la Bessée, Tel. 0033/(0)49/223 03 38, www.camping-les-ecrins.com (44.777010, 6.557009). Rund 100 Stellplätze direkt neben einer Wildwasserstrecke.

Camping l'Iscle de Prelles, 05120 Saint-Martin-de-Queyrières, Tel. 0033/(0)49/220 28 66, www.camping-iscledeprelles.com (44.857436, 6.58981). Schattige Stellplätze am Ufer der Durance.

Camping 5 Vallées, St. Blaise, 05100 Briançon, Tel. 0033/(0)49/221 06 27, www.camping5vallees.com. Südlich von Briançon, am Ufer der Durance. Rund 4 Kilometer Fußweg zur Vauban-Festung.

Camping Champ des Blanc, Pramorel, 05100 Briançon, Tel. 0033/(0)49/220 55 56, www.lechampdeblanc.com (44.915028, 6.613736). Im Norden von Briançon, jedoch auch rund 3,5 Kilometer von der Vauban-Festung entfernt.

Camping le Gravelotte, 05320 La Grave, Tel. 0033/(0)47/679 93 14, www.camping-le-gravelotte.com (45.043251, 6.296866). Gleich am Ufer der Romanche, westlich von La Grave, das vom Campingplatz fußläufig erreichbar ist.

Camping la Piscine Bourg d'Oisans, Route de l'Alpe d'Huez, Tel. 0033/(0)47/680 02 41, www.campingpiscine.com (45.063518, 6.038026). Direkt am Fuße der Serpentinenstraße, die in 21 Spitzkehren nach l'Alpe d'Huez hinaufführt.

STELLPLÄTZE

Jausiers, Stellplatz auf Schotter im Süden von Jausiers. Bei der Ortsausfahrt auf der linken Seite, gleich am Ufer gelegen. Mit Ver- und Entsorgung (44.412153, 6.729125).

Kostenpflichtiger Stellplatz direkt an der D 954, Avenue du Faubourg, bei der Einfahrt nach Savines-le-Lac auf der rechten Seite. 17 große Stellflächen auf einem asphaltierten Parkplatz. Pkw verboten. In den Sommermonaten gut besucht.

St.-Crepin, kostenlose Stellfläche der Gemeinde St.-Crepin (44.704725, 6.600358), neben einem kleinen Sportflughafen am Ufer der Durance.

La-Salle-les-Alpes, Stellplatz mit Ver- und Entsorgung (44.947837, 6.55465). Vor der Höhenbegrenzung der Seilbahn-Talstation im Chemin des Charrières.

La-Salle-les-Alpes (44.944222, 6.556026). Kleiner, privat geführter Stellplatz im Chemin du Marquis.

Kostenpflichtiger Stellplatz in Le-Monetier-les-Bains (44.971481, 6.511764). Auf großer Asphaltfläche neben dem Fluss Guisane.

PÄSSE:

Col de Lombarde (2350 m), als Abstecher möglich
Col de la Bonette (2715 m)
Col du Parpaillon (2637 m), nur mit geeignetem Fahrzeug möglich – nicht mit dem Wohnmobil
Col du Lautaret (2058 m)
Col du Galibier (2645 m), als Abstecher möglich

2 UNTER DEM HÖCHSTEN ALPENGIPFEL HINDURCH

Von Grenoble bis Lausanne

Start- und Endpunkt: Grenoble und Nyon **Beste Jahreszeit:** Sommer **Streckenlänge:** Rund 420 km
Fahrzeit: 2 bis 3 Tage **Mautstrecken:** Mont-Blanc-Tunnel

Nach einem ausgiebigen Spaziergang durch Grenoble fahren wir durch die weiten französischen Täler der Savoyer Alpen. Nach einer faszinierenden Passüberquerung mit Blick auf den höchsten Gipfel Europas stoßen wir für kurze Zeit auf italienisches Gebiet, um von dort aus eben genau diesen Berg in einer aufregenden Fahrt zu unterqueren. Anschließend passieren wir berühmte und mondäne Wintersportorte in Frankreich, bevor wir das Land endgültig verlassen und uns das lebhafte Zentrum von Genf anschauen.

Grenobles Wahrzeichen ist die Seilbahn hinauf zur Bastille.

Stellplatz bei Albertville, wo 1992 die Olympischen Winterspiele stattfanden.

Das Zentrum von Grenoble kann beinahe schon als unspektakulär bezeichnet werden. Entlang der Grande Rue und der Rue Lafayatte, die parallel zueinander in Nord-Süd-Ausdehnung durch die Altstadt verlaufen, sind keine nennenswerten architektonischen Bauten zu erwähnen. Auch die Stiftskirche Saint-André, die den gleichnamigen Platz abgrenzt, wirkt fast schon unscheinbar. Sie wurde vom Grafen André Dauphin im 13. Jahrhundert gegründet. Besiedelt war das heutige Gebiet von Grenoble aber schon mehr als ein Jahrtausend zuvor von den Kelten.

Immerhin bot sich die Lage in einem Talkessel zwischen den Dreitausendern an, in dem auch noch die beiden Flüsse Isère und Drac zusammentreffen. Nach den Kelten kamen die Römer, die unter Kaiser Diokletian eine Stadtmauer mit einer Länge von über einem Kilometer bauten und bereits im 4. Jahrhundert wurde Grenoble Bischofssitz. Weltweit berühmt wurde die Stadt jedoch erst im Jahr 1968 als Gastgeber der Olympischen Winterspiele. Heute ist Grenoble die größte Stadt in den Alpen.

Stadtspaziergang mit Seilbahnfahrt

Sehenswert ist auf jeden Fall die Zitadelle, die sich im Norden der Stadt auf einem Bergsporn befindet und durch den Fluss

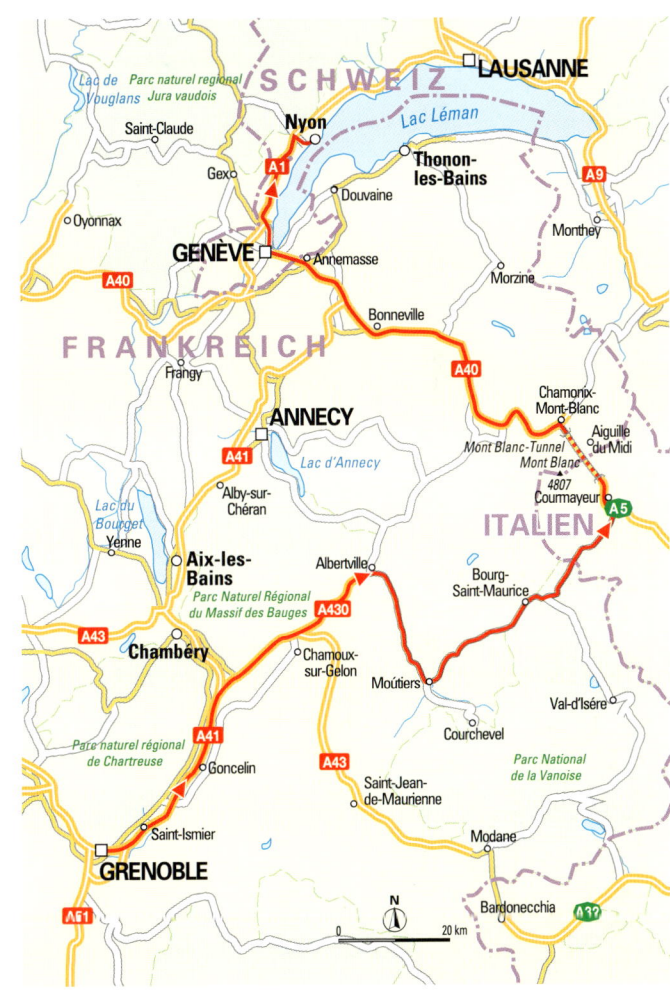

47

Isère vom Rest der Stadt abgetrennt ist. Die Zitadelle entstand in der ersten Hälfte des 19. Jahrhunderts und bietet heute eine wunderbare Aussicht über die Stadt und zu den Gipfeln, die sich rundherum erheben. Die einfachste Möglichkeit, die Zitadelle zu erreichen, ist die Fahrt mit der Seilbahn. Die Talstation befindet sich am südlichen Isère-Ufer am Quai Stéphane Jay. Die Seilbahn gilt als das Wahrzeichen von Grenoble und wurde 1934 eröffnet. In einer Region, in der Seilbahnen keine Seltenheit sind, besteht hier jedoch die Besonderheit, dass es sich um die erste innerstädtische Seilbahn der Welt handelte. Darüber hinaus kann sie optisch als recht ungewöhnlich bezeichnet werden, da sie aus kugelförmigen Kabinen besteht, die meistens im Vierer- oder Fünferbund den 260 Meter hohen Höhenunter-

schied überwinden. In jeder dieser Kugeln ist Platz für sechs Passagiere.

Wer Grenoble, wie in Route 1 beschrieben, erreicht hat, durchquerte auf den letzten Kilometern das Tal des Flusses Drac. Der Fluss ist rund 130 Kilometer lang und mündet schließlich im Westen von Grenoble in die Isère. Diesem Fluss wollen wir auf dem weiteren Weg folgen, jedoch in Richtung Quelle, also Richtung Osten. Die Isère ist Namensgeber für das Département, in dem wir uns gerade befinden und von dem Grenoble die Hauptstadt ist. Einen Teil der 286 Flusskilometer erfahren wir, indem wir die Stadt auf der D 1090 und der A 41 in Richtung Chambéry verlassen.

Die Fahrt auf der Autobahn verkürzt uns das dicht besiedelte Tal der Isère und rund 40 Kilometer hinter Grenoble erreichen wir

den Rastplatz Aire des Marches, wo wir nicht nur an die Grenze zum Département Savoie kommen, sondern auch die Möglichkeit zu einem Abstecher in das rund 15 Kilometer entfernte Chambéry haben. Aber wie schon Grenoble besticht auch Chambéry durch unauffällige Sehenswürdigkeiten. Es ist nichts Spezielles hervorzuheben, sondern einfach ein Städtchen, das mit barocken Fassaden und Bauten aus dem 19. Jahrhundert glänzt.

Das Départment Savoie erhielt seinen Namen, genauso wie das benachbarte Haute-Savoie, durch die Landschaft Savoyen. Die Region, die hauptsächlich vom Tourismus und von der Landwirtschaft lebt, gilt als die höchstgelegene Landschaft Europas und beherbergt mit den Savoyer Alpen auch gleichzeitig das Mont-Blanc-

Massiv, dem wir uns auf der weiteren Fahrt durch das Isère-Tal in das rund 40 Kilometer entfernte Albertville nähern.

Mittelalterliches Dorf mit Olympiaerfahrung

Albertville bestand viele Jahrhunderte nur aus zwei kleinen Dörfern, die im Jahr 1835 zusammengelegt wurden und den heutigen Namen erhielten. Namensgeber und Initiator des Zusammenschlusses war Karl Albert I. von Sardinien-Piemont, der Großvater von Umberto I., König von Italien. Sehenswert ist das kleine, mittelalterliche Dorf Conflans, umgeben von einer Stadtmauer, das sich oberhalb des heutigen Albertville befindet und eines der besagten Ursprungsdörfer ist, aus dem Albertville

49

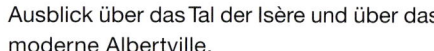

Ausblick über das Tal der Isère und über das moderne Albertville.

Weltweit bekannt wurde Albertville, wie auch schon 24 Jahre zuvor die Stadt Grenoble, mit den Olympischen Winterspielen im Jahr 1992. Es waren die einzigen Olympischen Winterspiele, an denen das sogenannte Vereinte Team teilnahm. Dieses bestand aus Teilnehmern des heutigen Russland und einigen anderen Nachfolgestaaten der Sowjetunion, die erst kurz zuvor aufgelöst worden waren. Außerdem waren es die letzten Olympischen Winterspiele, die im gleichen Jahr stattfanden wie die Sommerspiele.

Albertville verlassen wir auf der vierspurigen N 90 in Richtung Süden. Dabei bleiben wir weiterhin im Tal der Isère, bekommen den Fluss aber nur sehr selten zu Gesicht. In Moûtiers bleiben wir zwar weiterhin auf der N 90 und auch im Isère-Tal, nur unsere Fahrtrichtung ändert sich jetzt in Richtung Nordost, bedingt durch das Gebirgsmassiv zu unserer Linken. Außerdem durchqueren wir die Tarentaise, eine historische Provinz Savoyens, von der Moûtiers die Hauptstadt war. Dabei durchqueren wir den kleinen Ort Aime. Dieser besticht durch eine hübsche Kirche, die gleich zwei Sonnenuhren am Südportal aufweist.

Die Pässe bei Albertville

Wenig später treffen wir auf Bourg-Saint-Maurice, einen Ausgangspunkt für die nächste Passüberquerung. Alternativ hätten wir ab Albertville auch über die D 925 und D 902 fahren können. Die Strecke kann landschaftlich sogar als die schönere Strecke bezeichnet werden, ist aber aufgrund schmalerer Straßen anstrengender zu fahren. Gleichzeitig überquert man 40 Kilometer hinter Albertville den Pass Cormet de Roselend in 1968 Metern Höhe. Einen weiteren Pass, den man ab Bourg-Saint-Maurice erreichen kann, ist der Col de l'Iseran mit seinen 2770 Metern Höhe. Auch dieser Pass rühmt sich damit, der höchste in den Alpen zu sein. Auf dem Weg dorthin passiert man den berühmten Ort Val d'Isère, der bei den Olympischen Winterspielen

Ein Brunnen plätschert auf dem kleinen Marktplatz von Albertville.

Chamonix ist ein Zentrum des Alpinismus in Frankreich.

Blumenschmuck verschönert den Marktplatz im kleinen Conflans.

entstand. Es ist auch für Wohnmobiltouristen gut zu erreichen, denn unterhalb des mittelalterlichen Kerns befinden sich nicht nur zwei Parkplätze, sondern auch ein Wohnmobilstellplatz mit Entsorgungsmöglichkeit (45.674058, 6.396765). Von dort ist es nur noch ein kurzer Fußweg in die hübsche Altstadt, die sich mit plätschernden Brunnen und engen Gassen präsentiert. Zentraler Punkt ist der Place de Conflans mit der Kirche Saint-Grat und einigen Gebäuden aus dem 14. bis 16. Jahrhundert. Weiter südlich endet das Sträßchen am Porte Tarine, dem Turiner Stadttor. Selbstverständlich hat man von der mittelalterlichen Stadt auch einen wunderbaren

Direkt im Süden erhebt sich das Mont-Blanc-Massiv über Chamonix.

1992 von Albertville Austragungsort der Ski-wettbewerbe der Männer war. Neben der Tatsache, dass Val d'Isère Quellort des gleichnamigen Flusses ist, gilt die Gemeinde auch als Wintersportort für Betuchte und ist in der kalten Jahreszeit sehr stark besucht, was sich in der einen oder anderen Bausünde, besonders in den ruhigeren Sommermonaten, gut erkennen lässt.

Der dritte und letzte Pass, der von Bourg-Saint-Maurice aus erreichbar ist, ist nicht nur der nächstgelegene Pass, sondern auch unser weiterer Weg durch die Alpenlandschaft. Im Süden der Ortschaft verlassen wir das Tal der Isère und fahren auf der D 1090 in immer spitzer werdenden Kehren hinauf bis zum kleinen Ort La Rosière. Von dort ist der Pass auf einer zwar stets bergauf führenden, aber leicht zu fahrenden Straße ohne nennenswerte Kurven gut zu erreichen. Für den Namen des Passes gibt es zwei Schreibweisen, denn mit Erreichen des Alpenübergangs verlassen wir vorläufig Frankreich und besuchen Italien. Daher ist auf französischer Seite vom

Col du Petit Saint-Bernard und auf italienischer Seite vom Colle del Piccolo San Bernardo die Rede. Auf Deutsch ist es demnach der Kleine Sankt-Bernhard-Pass (45.680141, 6.883653). Um den Pass wurde im Zweiten Weltkrieg heftig zwischen den damals verfeindeten Nationen Frankreich und Italien gekämpft. Rund 600 Menschen verloren dabei ihr Leben und noch heute sind Betonfundamente, Grenzsicherungen und kleinere Bunkeranlagen im Umfeld des Passes zu finden.

Doch zum Glück haben sich die Zeiten geändert und dank dem Schengen-Abkommen brauchen wir nicht einmal mehr einen Personalausweis vorzulegen, um Italien über diesen Pass zu erreichen. Dass dies nicht immer so war, zeigen heute noch einige Gebäude, die teilweise leer stehen, oder in denen Souvenirs sowie Kaffee und Kuchen angeboten werden.

Auf der SS 26 verlieren wir nun an Höhe, doch wir sollten die Fahrt gemütlich angehen, denn immer wieder bieten sich wie am Lago Verney Parkmöglichkeiten am

Wegesrand, von denen aus wir das Panorama genießen können. Die erste Ortschaft auf italienischer Seite ist La Thuile. Der französische Ortsname ist aber kein Versehen, sondern hat – genauso wie die zweisprachige Verkehrsbeschilderung – historische Ursachen.

Mit La Thuile befinden wir uns im Aosta-Tal. Dieses gilt heute als autonome Region mit Sonderstatus und war fast 800 Jahre Teil des Hauses Savoyen. Erst im Jahr 1861 wurde das Aosta-Tal der italienischen Provinz Turin zugesprochen und 1927 als eigenständige Provinz erklärt. Nach Ende des Zweiten Weltkrieges erhielt die Provinz den heutigen Sonderstatus und hat auch Französisch als Amtssprache. Kurioserweise gibt es keinen Fluss namens Aosta, der der Region oder einem Tal einen Namen geben würde. Das Haupttal wird durchzogen vom Fluss Dora Baltea. Sie entspringt aus zwei Schmelzwasserbächen am Mont Blanc-Massiv und mündet nach rund 160 Kilometern in Italiens größten Fluss, den Po.

Durch den höchsten Berg der Alpen

Das Tal der Dora Baltea erreichen wir nach einer Fahrt durch mehrere Tunnel und Galerien sowie durch zahlreiche Serpentinen. Unten im Tal angekommen haben wir kurz vor Pallusieux einen wunderbaren Blick auf den Monte Bianco, besser bekannt als Mont Blanc.

4810 Meter erhebt sich der höchste Gipfel der Alpen – der Mont Blanc. Oft wird er als der höchste Berg Europas bezeichnet. Letzteres hängt aber ganz davon ab, wie man die unsichtbare Grenze zwischen Europa und Asien definiert, denn zählt man Teile des Kaukasus mit zu Europa, dann ist mit dem Elbrus der höchste Berg des Kontinents noch ein ganzes Stück größer und misst 5642 Meter.

Aber ebenso unklar, ob nun der Elbrus oder der Mont Blanc der höchste Berg Europas ist, ist auch die Frage nach dem Grenzverlauf zwischen Italien und Frankreich

Albertville
Conflans
Altstadt
Cormet de
Roselend
Col de l'Iseran   N 90
85 km   D 902
Val d'Isère

Eine Seilbahn führt zur Aguille du Midi, felsiger Vorposten des Mont Blanc.

auf dem Massiv. Während die Franzosen den Gipfel komplett für sich alleine beanspruchen, wird von italienischer Seite behauptet, dass der Grenzverlauf exakt über den Gipfel führt und damit Italien Anteil am Mont Blanc hat. Nach italienischer Lesart wäre der Mont Blanc also nicht nur der höchste Berg Frankreichs, sondern auch Italiens.

Übernachten im Angesicht des Mont Blanc

Den Naturforscher Horace de Saussure ehrt das Monument in Chamonix.

Während der Berg von der Südseite aus betrachtet felsig und mit steilen Wänden zu sehen ist, zeigt er sich im Norden vergletschert. Die Erstbesteigung fand im August 1786 durch den Bergsteiger Jacques Balmat und den Arzt Michel-Gabriel Paccard statt.

Unsere Fahrt im Tal der Dora Baltea vergeht schnell und bedeutet nur einen kurzen Besuch der italienischen Seite der Alpen. Denn nördlich von Courmayeur verlassen wir das Tal und schauen uns das Mont-Blanc-Massiv von innen an (45.817629, 6.95384).

Haben wir auf dem Col du Petit Saint-Bernard erfahren, dass sich Italien und Frankreich während des Zweiten Weltkriegs heftig in der Region bekämpften, so sehen wir nun, was man erreichen kann, wenn man sich verbündet. Bereits 1949 beschlossen die beiden Staaten, einen Tunnel unter dem Mont Blanc hindurchzubauen. Rund zehn Jahre dauerten die Vorbereitungsmaßnahmen, bis die erste Bohrung erfolgen konnte. Doch dann ging es relativ schnell, denn schon drei Jahre später konnte der Durchstoß gefeiert werden und weitere drei Jahre später wurde der damals längste Straßentunnel der Welt für den Verkehr freigegeben.

Traurige Berühmtheit erlangte der Tunnel im März 1999, als der Motor eines Lastwagens in Brand geriet, vermutlich durch die weggeworfene Zigarettenkippe eines vorausfahrenden Fahrzeugs. Es kam zu einem schwerwiegenden Brand und zu einer Verkettung zahlreicher, unglücklicher Umstände, die nicht zuletzt damit zusammenhingen, dass der Tunnel von zwei verschiedenen Gesellschaften betrieben wurde. 39 Menschen starben bei dem Tunnelbrand, der 56 Stunden andauerte. Der Mont Blanc-Tunnel blieb daraufhin drei Jahre gesperrt und wurde komplett modernisiert. Zudem gibt es nun zahlreiche Sicherheitsmaßnahmen, sodass man mindestens 50, aber höchstens 70 km/h fahren und einen Sicherheitsabstand von 150 Metern einhalten muss. Lastwagen dürfen seither nur noch im Konvoi und mit einem vorausfahrenden Safetycar durch den Tunnel.

Nach Verlassen des Tunnels auf französischer Seite überqueren wir zweimal den Torrent de la Creuse, bevor wir in einer Spitzkehre einen Parkplatz und ein Mahnmal sehen, das an die Opfer des Unglücks erinnert (45.905195, 6.860548). Weiter unten erreichen wir an einem Kreisverkehr das Chamonix-Tal und haben die Gelegenheit, den berühmten Wintersportort zu besuchen.

Gleich am ersten Kreisverkehr vor dem Ort sollte man auf den Großparkplatz Grépon ausweichen. Er befindet sich direkt an der Talstation für die Seilbahn auf die Aiguille du Midi und darf auch zur kostenpflichtigen Übernachtung genutzt werden.

Gleichzeitig sehen wir den mächtigen Gletscher Glacier des Bossons. Die Zunge des Gletschers ist die tiefstgelegene in den Alpen und befindet sich auf einer Höhe von 1400 Metern. Ende des 19. Jahrhunderts lag die Gletscherzunge noch rund 300 Meter weiter unten und reichte bis in das Tal hinein. Sowohl im Jahr 1950 als auch im Jahr 1966 zerschellte jeweils ein Flugzeug der indischen Fluggesellschaft Air India am Gletscher. Noch bis heute behält der Gletscher Überreste von den Flugzeugen und seinen Passagieren für sich. Zuletzt wurden im Jahr 2012 und im Herbst 2013 indische Diplomatenkoffer und ein Behälter mit Edelsteinen gefunden.

Wintersportorte

Chamonix ist bekannt geworden als erster Ort, an dem im Jahr 1924 Olympische Winterspiele veranstaltet wurden. Streng ge-

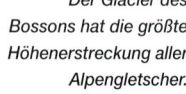

Der Glacier des Bossons hat die größte Höhenerstreckung aller Alpengletscher.

nommen war dies jedoch nur eine geplante Wintersportwoche im Rahmen der Sommerspiele, die in jenem Jahr in Paris stattfanden. Erst zwei Jahre später erklärte man diese Sportwoche mit ihren gerade einmal 16 Wettbewerben zu den I. Olympischen Winterspielen.

Klein waren nicht nur die damaligen Spiele, auch der Ort ist nicht besonders groß. Einerseits liegt die Einwohnerzahl bei knapp 9000 Menschen, kann aber im Winter locker das Sechsfache betragen, und andererseits steckt Chamonix in einem engen Tal und hat daher kaum Möglichkei-

» SEHENSWERTES

Aiguilles Rouges

Die Aiguilles Rouges sind ein Naturreservat, über das es ein interessantes Informationszentrum gibt. Es liegt genau auf dem Pass Col des Montets, der sich nördlich von Chamonix und damit auf dem Weg in die Schweiz befindet. Zu sehen gibt es dort auch einen Lehrpfad und die zahlreichen Parkplätze am Wegesrand sind mit dem Wohnmobil gut befahrbar, was die Überlegung für einen Abstecher erleichtert.

Val d'Isère
La Rosière
Col du Petit
Saint-Bernard
Aosta-Tal
Mont Blanc · D 902
Tunnel
Glacier · D 84
des Bossons · SS 26
90 km · A 5
Chamonix

» SEHENSWERTES

Aiguille du Midi
Südlich von Chamonix erhebt sich die Aiguille du Midi mit ihren 3842 Metern. Sie ist mit einer Seilbahn erschlossen und gilt als einer der schönsten Aussichtspunkte der Alpen, nicht zuletzt, weil man von diesem engen Gipfel einen wunderbaren Ausblick auf Chamonix und auf den Mont Blanc hat. Im Herbst 2013 wurde dieses Erlebnis mit einem Glaskubus unterstrichen – einer Art Skywalk –, den man mit Filzpantoffeln betreten kann, um auf einer Glasscheibe 1000 Meter in die Tiefe zu blicken.

Der Glacier des Blossons ist gut 7,5 Kilometer lang.

ten, sich auszubreiten. Nach Süden hin erhebt sich das Mont Blanc-Massiv, während im Norden die Aiguilles Rouges mit ihrem höchsten Gipfel auf 2965 Metern in den Himmel ragen.

Ansonsten fahren wir weiter auf der vierspurigen N 205 durch das Chamonix-Tal, das eigentlich Arve-Tal heißen müsste. Denn das enge Tal ist von dem Fluss geprägt, der noch gerade so kurz vor der Grenze zur Schweiz in Frankreich entspringt und nach insgesamt 116 Kilometern in der Nähe des Genfer Sees in die Rhone mündet.

Die Anguilles Rouges bieten sich für kürzere Wandertouren an.

Nicht besonders schön, jedoch trotzdem spektakulär anzuschauen ist das 68 Meter hohe Viadukt des Égratz, das sich zunächst in einem weiten Linksbogen und dann S-förmig über den schmalen Fluss erstreckt. Ab hier weitet sich das Tal und wir erreichen Saint-Gervais-les-Bains, wo wir herausgekommen wären, wenn wir nach dem Besuch von Albertville auf die Fahrt via Italien und den Mont Blanc-Tunnel verzichtet hätten.

An den Tunnelbrand im Mont-Blanc-Tunnel erinnert diese Gedenkstätte.

Die Straße geht über in die gut ausgebaute A 40 und die Landschaft um uns herum wird deutlich flacher. Daher kommen wir flott voran, wechseln auf die A 411 und passieren nach gut einem Kilometer den Grenzübergang in die Schweiz, womit wir zum ersten Mal auf dieser Reise die Europäische Union verlassen und uns unmittelbar darauf in Genf wiederfinden.

Willkommen bei den Vereinten Nationen und dem Roten Kreuz

Auf der Route Blanche fahren wir geradewegs in das Genfer Zentrum. Doch das Parken mit einem Wohnmobil ist eine mittlere Herausforderung. Leider stehen keine speziellen Parkplätze für Wohnmobile zur Verfügung, von einem Stellplatz ganz zu schweigen. Auch das freie Übernachten im Wohnmobil innerhalb des Kantons Genf ist nicht erlaubt. Wer also einen abendlichen Stadtbummel vorhat, sollte gleich besser auf den TCS Campingplatz Vèsenaz ausweichen, der am östlichen Ufer des Genfer Sees liegt und rund sechs Kilometer vom Genfer Zentrum entfernt ist.

Die sogenannte Stadt des Friedens erstreckt sich um die Südspitze des Genfer

SOUVENEZ-VOUS
Le 24 mars 1999, 39 personnes disparaissaient dans l'incendie
Au km 6 du tunnel du Mont-Blanc

Sees und auf beiden Seiten der Rhone, die der natürliche Abfluss des Sees ist. Der Höhepunkt, der gleichzeitig das Wahrzeichen der Stadt ist, liegt indes mitten im Wasser. Der Jet d'eau ist eine Wasserfontäne, die einen bis zu 140 Meter hohen Wasserstrahl erzeugt. Die Stadt Genf kam eher zufällig zu dieser Sehenswürdigkeit, denn ursprünglich handelte es sich um ein Überdruckventil für eine Wasserleitung. Doch 1891 beschloss man, den Wasserdruck ein wenig zu erhöhen und das Ventil in den See zu verlegen, wo es zu jenem Zeitpunkt noch nicht war. 60 Jahre später errichtete man die heutige Wasseranlage, die in den dunklen Abendstunden illuminiert wird. Nicht weit von der Fontäne

Eine Berühmtheit weltweit: die große Blumenuhr in Genf

entfernt zeigt uns ein weiteres Wahrzeichen der Stadt die Zeit an. Mit einer Länge von 2,50 Metern ist man in Genf besonders stolz auf die Blumenuhr im Jardin Anglais

Weiter südlich befindet sich die Cité von Genf, das eigentliche Zentrum mit der St. Peter-Kathedrale. Die dreischiffige Basilika wurde zwischen dem 12. und 13. Jahrhundert erbaut. Nur 100 Meter von dieser reformierten Kirche entfernt befindet sich der Parc des Bastions, an dessen Nordseite ein Denkmal an die Genfer Reformation erinnert. Es wurde Anfang des letzten Jahrhunderts errichtet und besteht aus einer 100 Meter langen Steinmauer. Im Zentrum der Wand erheben sich auf einem Sockel die vier Statuen von Guillaume Farel, Johannes Calvin,

Theodor Beza und John Kox, die als Reformatoren in die Geschichte eingingen.

Zurück in die Altstadt schlendern wir durch die Grande Rue, wo in Haus Nummer 40 Jean-Jacques Rousseau im Jahr 1712 das Licht der Welt erblickte. Ein Museum in seinem Geburtshaus berichtet vom Leben und Wirken des Schriftstellers und Wegbereiters für die Französische Revolution. Nach ihm benannt ist eine kleine Insel, die sich genau dort befindet, wo der Genfer See in die Rhône entwässert. Die Bronzestatue auf dem kleinen Eiland wurde 1835 eingeweiht, doch im Laufe der Jahrzehnte verfiel die Insel immer mehr, bis sie anlässlich des 300. Geburtstags von Rousseau im Jahr 2012 grundlegend neu gestaltet wurde.

An der Insel vorbei erreichen wir das rechte Ufer der Rhone und das westliche Seeufer, wo sich gleich zu unserer Rechten am Square des Alpes das Brunswick Monument erhebt. Es erinnert an den Herzog zu Braunschweig und Lüneburg, Karl II. Dieser floh nach einigen Konflikten aus dem Herzogtum Braunschweig und ging unter anderem in Genf ins Exil, wo er über vier Jahrzehnte verbrachte, bis er 1873 starb. Mangels Nachfahren vermachte er sein gesamtes Vermögen der Stadt Genf, jedoch mit der Auflage, ihm zu Ehren dieses Monument zu errichten.

Deutlich weiter im Norden befindet sich in dem wunderschön angelegten Arianapark eines der wohl berühmtesten Büros der Welt. Es handelt sich um das Büro der Vereinten Nationen in Genf und damit den zweiten Hauptsitz der Vereinten Nationen. Im Gegensatz zum Hauptquartier in New York hat es zwar deutlich weniger Macht und Bekanntheitsgrad, doch es beinhaltet den UN-Menschenrechtsrat, der im Jahr 2006 die UN-Menschrechtskommission ablöste. Untergebracht ist das Büro der Vereinten Nationen im Palais des Nations, auch Völkerbundpalast genannt. Dieser Gebäudekomplex wurde 1936 fertiggestellt und ist seither Tagungsort für mehrere Tausend Treffen pro Jahr, die in nicht weniger als 34 Konferenzräumen und über 2500 Büros stattfinden. Im Rahmen einer geführten Tour besteht die Möglichkeit, den zweiten Sitz

Skulptur »The Broken Chair«

Direkt vor dem stark gesicherten Haupteingang der Vereinten Nationen befindet
sich auf der anderen Straßenseite un-
übersehbar die Skulptur »The Broken
Chair«. Dieser zwölf Meter hohe Holz-
stuhl wurde 1997 geschaffen und dient
als Symbol für die Abschaffung von
Landminen – vom vierten Stuhlbein ist
nur ein Stumpf geblieben.

der Vereinten Nationen zu besichtigen und
auch den Plenarsaal zu sehen. Es werden
drei Themenführungen angeboten, die sich
entweder mit der UN, dem Ariana-Park
oder der Architektur des Palastes befassen.

Wenige Hundert Meter hinter dem
Haupteingang der Vereinten Nationen und
am Broken Chair vorbei gelangt man zu
einer weiteren wichtigen Institution, die mit
der Stadt Genf verbunden ist – zum Hauptquartier des Internationalen Komitees vom
Roten Kreuz. Der Gründer des Roten Kreu-
zes, Henri Dunant, stammte aus Genf und
beschloss mit vier weiteren Gründungs-
mitgliedern im Jahr 1863 das Internationale
Komitee der Hilfsgesellschaften für die Ver-
wundetenpflege, das zum ersten Mal im
Folgejahr im deutsch-dänischen Krieg zum
Einsatz kam. Am Hauptquartier befindet
sich das sehr umfangreiche und sehenswerte Internationale Rotkreuz- und Rothalb-
mondmuseum, das über die Geschichte der
Organisation informiert.

Genf verlassen wir nach Norden auf der
Straße 1, die zwar dicht am Westufer des
Genfer Sees verläuft, uns aber nur hin und
wieder einen Blick auf ihn werfen lässt. Der
Genfer See ist das größte Gewässer der
Schweiz, die sich den See jedoch mit
Frankreich teilt. Neben einigen anderen
Flüssen ist die über 800 Kilometer lange
Rhone der wichtigste Zulauf des Sees,
wobei das Wasser im Schnitt über elf Jahre
benötigt, um den See zu durchqueren. Das
Wasser mündet dabei von Süden kommend
in den See, legt einen weiten Bogen bzw.
Halbkreis zurück und verlässt ihn ebenfalls
wieder nach Süden. Fast auf halber Strecke

zwischen Genf und Lausanne befindet sich
die Ortschaft Nyon, das gleich neben dem
Zugang zur Altstadt mit einem Museum
zum Genfer See (46.379841, 6.240207) auf-
wartet. Direkt neben der Ausstellung Quai
Louis Bonnard sind einige römische Ruinen
zu erkennen, die an die römische Befesti-
gung Noviodunos erinnern. Eine weitere
Sehenswürdigkeit der kleinen Stadt ist das
weiß strahlende Schloss aus dem 13. Jahrhundert. Fußballfans kennen Nyon auch als
Hauptsitz des europäischen Fußballverban-
des UEFA.

Wer noch etwas weiter fahren möchte,
kann die Etappe auch ins rund 60 Kilometer
hinter Genf liegende Lausanne erweitern.

*Das Büro der Vereinten
Nationen in Genf ist
der zweite Hauptsitz
der UNO.*

*Informativ und
umfassen: das Rotkreuz-
Museum in Genf*

» PRAKTISCHE HINWEISE

TOURISTINFORMATIONEN

Grenoble – Office de Tourisme, 14, Rue de la République, 38000 Grenoble, Tel. 0033/(0)476/42 41 41, www.grenoble-tourisme.com

Albertville – Maison du Tourisme du Pays d'Albertville, L'Arpège, 2 Avenue des Chasseurs Alpins, 73204 Albertville, Tel. 0033/(0)479/32 04 22, www.pays-albertville.com

Val d'Isère – Office du Tourisme de Val d'Isére, Place Jacques Mouflier, 73150 Val d'Isère, Tel. 0033/(0)479/06 06 60, www.valdisere.com

Chamonix-Mont-Blanc – Office de Tourisme, 85 Place du Triangle de l'Amitié, 74400 Chamonix-Mont-Blanc, Tel. 0033/(0)450/53 00 24, www.chamonix.com

Genf – Genève Tourisme & Congrès, Rue du Mont-Blanc 18, 1201 Genève, Tel. 0041/(0)22/909 70 00, www.geneve-tourisme.ch

KARTEN

Kümmerley + Frey, Alpenstraßen 1:700 000 oder Schweiz 1:301 000 (mit Gratis-Downloadversion für das Smartphone)

CAMPINGPLÄTZE

Le Camping intercommunal, Lac de la Terrasse, 1300, Route du Lac, 38660 La Terrasse, Tel. 0033/(0)476/08 28 68 (45.316788, 5.944567). An einem kleinen See neben dem Ufer der Isère.

Camping l'Escale, 73800 Sainte Hélène du Lac, Tel. 0033/(0)479/84 04 11, www.camping-savoie-escale.com (45.477252, 6.039899). Kleiner Campingplatz in Nähe des Autobahndreiecks, gut für eine Zwischenübernachtung.

Camping du Lac de Carouge, Base de Loisirs, 73250 Saint Pierre d'Albigny. Tel. 0033/(0)479/28 58 16, www.campinglacdecarouge.fr (45.558761, 6.169702). Auf der Hälfte zwischen Chambéry und Albertville befindet sich der Lac de Carouge mit dem gleichnamigen, kleinen Campingplatz.

Camping de l'Arclusaz, Lieu dit »Le Cornet«, 73250 Saint Pierre d'Albigny. Tel. 0033/(0)479/28 53 39, www.camping-arclusaz.fr (45.565115, 6.164058). Sehr schöner und kleiner Campingplatz mit 25 Stellflächen auf der Rückseite eines Bauernhofs. Familiär geführt, rund 500 Meter vom Lac de Carouge entfernt.

Camping les Adoubes, Avenue du Camping, Albertville, Tel. 0033/(0)479/32 06 62, www.camping-albertville.fr (45.678029, 6.395392). Kleiner Camping Municipal am Ende einer Sackgasse etwas oberhalb des Flusses Arly und damit im Norden der Stadt.

Camping Joli Mont, Rue Victor Hugo, 73540 La Bathie, Tel. 0033/(0)479/89 61 13, www.camping-jolimont.com (45.628737, 6.449129). Am Rande einer kleinen Ortschaft im Tal der Isère.

Camping des Neiges, 438 Avenue de Savoie, 73260 Bellecombe, Tel. 0033/(0)479/24 23 90), www.camping-desneiges.com (45.510512, 6.489051).

Camping Marie-France, Rue de l'Etrat, 73260 Aigueblanche, Tel. 0033/(0)479/24 22 21, www.camping-studios-savoie.com (45.506565, 6.489281).

Camping Eliana, 176, Rue des Pommiers, 73260 Aigueblanche, Tel. 0033/(0)479/24 23 87, www.campingeliana.com (45.506918, 6.490998). Camping Marie France, Camping des Neiges und dieser Campingplatz sind sehr klein und liegen dicht beieinander im Tal der Isère.

Camping l'Eden, le Perrey au Levant, 73210 Landry, Tel. 0033/(0)479/07 61 81, www.camping-eden-savoie.com (45.576216, 6.734639). Großer Campingplatz mit angeschlossenem Freizeitzentrum. Direkt an der schmalen Isère südlich von Bourg-Saint-Maurice.

Camping le Versoyen, Route des Arcs, 73700 Bourg-Saint-Maurice. Tel. 0033/(0)479/07 03 45, www.leversoyen.com (45.622262, 6.784635). Moderner Campingplatz mit schattigen Stellflächen unter Bäumen.

Camping le Reclus, Route de Tignes, 73700 Séez, Tel. 0033/(0)479/41 01 05, www.campinglereclus.com (45.625691, 6.792821).

Camping Aiguille Noire, Zerotta Val Veny, 11013-Courmayeur (AO), Tel. 0039/(0)165/86 90 41, www.aiguille-noire.com (45.802822, 6.927649). Direkt am Fuße des Mont Blanc.

Camping la Sorgente, Val Veny Peuterey, 11013-Courmayeur (AO), Tel. 0039/(0)165/86 90 89, www.campinglasorgente.net (45.804946, 6.924344). Ebenfalls nicht weit von der Tunneleinfahrt entfernt, am Fuße des Mont Blanc.

Camping le Grand Champ, 167 Chemin du Glacier de Taconnaz, 74400 Chamonix-Mont-Blanc, Tel. 0033/(0)450/53 04 83, www.chamonix.com/camping-le-grand-champ,campingplatze-wohnmobil,48-3024-74AACAM100033,de.html (45.898061, 6.829831). Kleiner, familiär geführter Campingplatz, der für die hiesige Lage sehr günstig ist.

Camping les Marmottes, Lieu-dit Les Bossons, 140 Chemin des Doux, 74400 Chamonix-Mont-Blanc, Tel. 0033/(0)450/53 61 24 (45.905438, 6.835738).

Camping les deux Glaciers, 80 Route des Tissières, 74400 Chamonix-Mont-Blanc, Tel. 0033/(0)450/53 15 84, www.les2glaciers.com (45.90138, 6.837443). Gleich unterhalb des Gletschers.

Camping les Cimes, 28 Route des Tissières, 74400 Chamonix-Mont-Blanc, Tel. 0033/(0)450/53 58 93, www.campinglescimesmontblanc.com (45.90138, 6.837443). Direkt neben dem Camping Les deux Glaciers in ebenfalls schöner Lage.

Camping l'île des Barrats, 185 Chemin de l'île des Barrats, 74400 Chamonix-Mont-Blanc, Tel. 0033/(0)450/53 51 44, www.campingdesbarrats.com (45.914732, 6.861497). Zentral gelegener Campingplatz mitten in Chamonix.

Camping les Arolles, 281 Chemin du Cry, 74400 Chamonix-Mont-Blanc, Tel. 0033/(0)450/53 14 30, www.chamonixcampinglesarolles.fr (45.914333, 6.865336). Ebenfalls sehr zentral gelegen.

TCS Camping Genève Vésenaz, Chemin de la Bise, 1222 Vésenaz, Tel. 0041/(0)227/52 12 96, www.tcs.ch (46.245468, 6.192715). Nördlich von Genf, direkt am Genfer See gelegen.

Camping de Rolle, Chemin des Vernes, 1180 Rolle, Tel. 0041/(0)218/25 12 39, www.campingrolle.ch (46.461621, 6.347356). Schöner Campingplatz, direkt am Ufer des Genfer Sees. Ungefähr auf der Hälfte zwischen Genf und Lausanne.

STELLPLÄTZE

Albertville, Stellplatz unterhalb der Cité Médiévale de Conflans (45.674058, 6.396765) in der Montée Adolphe Hugues.

Chamonix, Grépon-Parkplatz an der Talstation der Aiguille du Midi-Seilbahn und damit am Fuße des Mont Blanc. Großer Parkplatz, der sich gegen Abend mit Pkws leert, dafür aber mit Wohnmobilen wiederum voller wird. Nur 10 Minuten Fußweg in das Zentrum von Chamonix.

Aime, Stellplatz am Fluss Isère in der Rue des Îles in 73210 Mâcot-la-Plagne (45.556176, 6.661115)

PÄSSE

Cormet de Roselend (1968 m), als Alternativroute
Col de l'Iseran (2770 m), Abstecher
Col des Montets (1461 m), Abstecher
Col du Petit Saint Bernard (2188 m)

SONSTIGE BESONDERHEIT

Durchquerung des Mont-Blanc-Tunnel

Abwechslungsreiche Flora findet man zwischen Waldgrenze und Felsregion.

3 DURCH DIE SCHÖNSTEN STÄDTE DER SCHWEIZ

Von Lausanne bis Vaduz

Start- und Endpunkt: Lausanne und Vaduz **Beste Jahreszeit:** Ganzjährig **Streckenlänge:** Rund 460 km **Fahrzeit:** 3 bis 4 Tage **Mautstrecken:** Vignettenpflicht in der Schweiz

Wetterwechsel am Genfer See: Auf Gewitter folgt Regenbogen.

Diese Route durch die Schweiz bietet nicht nur sagenhafte Berge und Pässe, sondern auch faszinierende Ortschaften mit beeindruckenden Altstädten. Hier kann man durch das Weltkulturerbe der Berner Altstadt wandeln oder die Stiftskirche von St. Gallen besuchen, die ebenfalls auf der berühmten Liste der Unesco eingetragen ist. Sämtliche Ortschaften dieser Tour sind mit Autobahnen verbunden und bequem zu erreichen. Danach genießen wir die Abende auf ruhigen Campingplätzen. Zum Abschluss der Tour kommen wir in das malerische Fürstentum am Rhein.

Start

Lausanne
Kathedrale
Château
Saint-Maire
Olympisches
Museum
Weinbaugebiet
Lavaux | 8 |
74 km | A 12 |

Fribourg

Während wir bei Route 2 auf dem Weg nach Lausanne am Hauptsitz der UEFA vorbeigereist sind, befinden wir uns nun in der Stadt mit den wohl meisten Sportweltverbänden. Dazu gehören zum Beispiel die Weltverbände des Fecht-, Reit- und auch Flugsports. Doch der berühmteste Verband dürfte wohl das IOC, das Internationale Olympische Komitee sein, das seinen Hauptsitz in der Rue de Vidy (46.518239, 6.597075) hat, gleich gegenüber dem Campingplatz de Vidy. Letzterer ist angesichts weniger Parkplätze in Lausanne ohnehin ein guter Ausgangspunkt für die Besichtigung der Stadt. So kann man seine Übernachtung gleich mit einer morgendlichen Joggingrunde um die Olympischen Ringe kombinieren.

Ausblick vom Kirchturm

Zentraler Anlaufpunkt von Lausanne ist die gotische Kathedrale Notre-Dame. Sie wurde ab dem 11. Jahrhundert errichtet und ersetzte damit eine damals bereits 400 Jahre alte Vorgängerkirche. Imposant ist der Chorumgang, der sich gleich an den Vierungsturm anschließt, doch besonders hervorzuheben ist die Fensterrose an der Südfassade. Der unbekannte Künstler schuf das

» SEHENSWERTES

Kirchturmbesteigung
Unbedingt empfehlenswert ist die Besteigung des Kirchturms, der einen wunderbaren Ausblick über die Stadt, den Genfer See und die sich dahinter erhebenden Berge bietet.

Sportlerskulpturen findet man rund ums Olympische Museum in Lausanne.

Fenster mit seinen zahlreichen Bildgeschichten im 13. Jahrhundert.

Ist man einmal auf dem Hügel, auf dem sich die Kathedrale erhebt, sollte man auf der kopfsteingepflasterten Rue Cité-Devant gleich weiter zum Place du Château, wo sich das Château Saint-Maire befindet. Der damalige Bischof Guillaume de Menthonay gab den Bau Ende des 14./Anfang des 15. Jahrhunderts in Auftrag. Auffällig ist nicht nur der kubische Baustil, sondern auch die Tatsache, dass die obere Etage aus Ziegelstein errichtet wurde und sich damit von den unteren beiden Stockwerken deutlich abhebt. Eine Innenbesichtigung ist leider nicht möglich.

Gleich hinter Lausanne fährt man durch das Weinbaugebiet Lavaux.

Westlich des Kathedralshügels befindet sich das Kantonale Museum der Schönen Künste, von wo aus man in das moderne Stadtzentrum mit zahlreichen Einkaufsgelegenheiten gelangt. Nicht weit von dort entfernt erhebt sich eine weitere sehenswerte Kirche. Die Notre-Dame du Valentin, die deutlich moderner erscheint, gilt als das katholische Zentrum der Stadt. Ins Auge fällt sofort die Lage, beinahe als Eckhaus, und die große Freitreppe. Letztere wurde erst in den 1930er-Jahren geschaffen.

Südlich des Zentrums befindet sich der Hauptbahnhof, von dem aus bis 2006 eine Zahnradbahn in Nord-Süd-Richtung verlief

und zum Ufer des Genfer Sees fuhr. Nach der Einstellung der Zahnradbahn verkehrt auf der Trasse heute die Linie m2, die einzige – von ihrer Definition her – U-Bahn im gesamten Land.

Durch mehrere Tunnel hindurch fahren wir auf der Autobahn 9 in Richtung Montreux, wechseln jedoch an der Ausfahrt 14 auf die Autobahn 12. Unterwegs passieren wir dabei das Weinbaugebiet Lavaux, das seit dem Jahr 2007 auf der Liste der Unesco-Welterbestätten eingetragen ist. Alternativ können wir auch die Hauptstraße 9 nutzen, die stellenweise direkt am Ufer des Genfer Sees verläuft, was jedoch deutlich mehr Zeit in Anspruch nimmt.

» SEHENSWERTES

Olympischer Park

Flaniert man an der Endhaltestelle am Ufer des Genfer Sees wenige Hundert Meter in östliche Richtung, dann erreicht man den Olympischen Park. Auf dem Weg durch den Park spaziert man an verschiedenen Sportlerskulpturen vorbei bis zum Olympischen Feuer, das an dieser Stelle im Jahr 1993 von Katarina Witt entzündet wurde und seither brennt. Gleich dahinter lädt das Olympische Museum zu einem interessanten Besuch durch die Geschichte der Olympischen Spiele ein.

Für einen Bummel durch die Fußgängerzone von Fribourg sollte man sich unbedingt Zeit nehmen.

Der Zähringerbrunnen von 1535 steht an der Kramgasse in Bern.

Die Nydeggbrücke verbindet die beiden Berner Aare-Ufer.

Unbedingt sehenswert: die Altstadt von Fribourg

Nach rund einer Stunde Fahrzeit haben wir Fribourg erreicht, das mit einer prachtvollen historischen Altstadt glänzt. Überragt wird diese vom 76 Meter hohen Turm der Sankt Nikolauskirche. Der Bau der Kathedrale dauerte insgesamt zwei Jahrhunderte und war Ende des 15. Jahrhunderts abgeschlossen. Das Gotteshaus befindet sich genauso wie der restliche Teil der sehenswerten Altstadt auf einem Felssporn, um den herum sich der Fluss Saane (frz. Sarine) schlängelt. Das Tal des Flusses machte es überdies erforderlich, dass die Altstadt über zahlreiche Brücken erreich-

bar ist. Die bekannteste ist sicherlich die Zähringerbrücke, die eine Fahrbahn in einer Höhe von 46 Metern besitzt, aber zugleich noch weiter unten eine kleine Plattform hat und damit eine Doppelbrücke bildet.

Von der Zähringerbrücke aus hat man einen wunderbaren Blick auf das Saane-Tal, einen Teil der Altstadt und auf die Bernbrücke. Sie ist wiederum eine überdachte Holzbrücke aus dem 17. Jahrhundert und unterstreicht das mittelalterliche Flair, das von Fribourg ausgeht. Neben den historischen Häusern ist das Stadtbild auch von Resten der ehemaligen Stadtbefestigung geprägt, zu denen nicht weniger als 14 Stadttürme zählen.

Spaziergang durch die Altstadt von Bern (Welterbe, Teil 1)

Auf halber Strecke zwischen Fribourg und Bern passieren wir die Kantonsgrenze und steuern eine Altstadt an, die auf der Unesco-Liste der Weltkulturerben steht: die Altstadt von Bern.

Ähnlich wie die Altstadt von Fribourg befindet sich auch die Altstadt von Bern in einer Flussschleife. Dieses Mal ist es die Aare, der längste Fluss der Schweiz, die sich um das mittelalterliche Zentrum windet. Eine verhältnismäßig gute Parkmöglichkeit hat man entweder in der Klösterlistutz (46.949591, 7.459317) oder – wenn gerade keine Großveranstaltung stattfindet – auf dem Parkplatz zwischen dem Messegelände und dem Stade de Suisse. Letzteres wurde übrigens 2005 fertiggestellt und war nicht nur Austragungsort der Fußball-EM 2008, sondern ersetzte auch das vier Jahre zuvor abgerissene Wankdorfstadion, in dem 1954 die deutsche Fußballnation das sogenannte Wunder von Bern erlebte.

Am Klösterlistutz gelangen wir entweder über die Untertorbrücke oder über die Nydeggbrücke direkt in die Berner Altstadt, wo uns gepflasterte Straßen erwarten, die mehrere Hundert Meter parallel zueinander verlaufen und für ihre malerischen Laubengänge bekannt sind. Ganz gleich, für welche der Gassen und Laubengänge man

» SEHENSWERTES

Zahlreiche sehenswerte Brunnen
Der bereits erwähnte Zähringerbrunnen ist einer von zahlreichen Brunnen in der Altstadt, die mit ihren farbenfrohen, mittelalterlichen Brunnenfiguren das Stadtbild zieren. Dazu gehören z. B. auch der Mosesbrunnen auf dem Münsterplatz, der Moses mit den beiden Tafeln der zehn Gebote darstellt, der Ryfflibrunnen mit einem Armbrustschützen in der Aarbergergasse oder der Kindlifresserbrunnen, der als Kinderschreck dient. Kein Wunder, die Figur soll einen kinderfressenden Oger darstellen.

Die Berner Altstadt sollte man nicht links liegen lassen.

Fribourg O
Altstadt
Sankt
Nikolauskirche
Brücken

45 km   A 12

Bern O

Bern präsentiert sich als ausgesprochen grüne Stadt.

sich entscheidet, man trifft in jeder Straße auf sehenswerte Bauwerke. Die Postgasse im Norden bringt uns zum Rathaus mit seiner Freitreppe, wo sich gleich daneben die aus dem 19. Jahrhundert stammende St. Peter und Paulkirche erhebt.

Im Süden hingegen erreichen wir auf der Junkerngasse den Münsterplatz mit dem Berner Münster. Das Münster ist die größte mittelalterliche Kirche der Schweiz. Der Bau wurde zwar in der Phase der Gotik begonnen, jedoch erst im 19. Jahrhundert in der Zeit des Historismus beendet. Schon alleine das Portal ist eine kleine Attraktion, zeigt es doch 234 detailreich geschaffene Figuren aus Sandstein. Eine kleine Besonderheit, mit der man bei einer Turmbesteigung nicht unbedingt rechnet, ist die Wohnung in über 40 Metern Höhe, die

noch bis zum Jahr 2006 vom Turmwart bewohnt wurde und komplett ausgestattet ist. Heute beherbergt sie nur noch Büroräume des Turmwartes.

Doch das Wahrzeichen der Stadt erreicht man über die mittlere Kramgasse, wo sich Albert Einstein in Haus Nummer 49 Gedanken über die Relativitätstheorie machte. Eine kleine Ausstellung im Einsteinhaus erinnert an sein Wirken. Die Kramgasse mündet in die Marktgasse, wo sich gleich hinter dem Zähringerbrunnen aus dem 16. Jahrhundert die Zytglogge befindet. Dieser ursprüngliche Wehrturm war bei seiner Errichtung der westliche Abschluss von Bern. Doch mit der Erweiterung der Stadt verlor er seine Funktion und wurde als Gefängnis und später als Zeitglockenturm (Zytglogge) genutzt. Die Uhrzeiger bestehen aus Sonne und Mond, doch das eigentliche Augenmerk richtet sich an der Ostseite auf die astromomische Uhr und das Glockenspiel direkt über dem Durchgang durch den Turm. Es lohnt sich, das Glockenspiel zu Beginn einer vollen Stunde zu beobachten, wenn Chronus, der Gott der Zeit, die Sanduhr dreht und sein Zepter hebt. Gleichzeitig sollte man auch einen Blick auf den Ritter im Turmhelm werfen, der die Glocke schlägt.

Geht man die Marktgasse weiter geradeaus, erreicht man wenig später eine breite, quer verlaufende Fußgängerzone, an der sich verschiedene Plätze aneinanderreihen. Zu unserer Rechten befindet sich der

Waisenhausplatz, während links der Bärenplatz in den Bundesplatz übergeht und wir dort unmittelbar dem Bundeshaus, also dem Regierungssitz der Schweiz, gegenüber stehen. Das stolze Gebäude wurde Mitte des 19. Jahrhunderts errichtet. Es lohnt ein kurzer Gang rund um das Haus, der zur Bergstation der Marzili-Bahn führt. Diese Drahtseilbahn ist die zweitkürzeste in Europa und überwindet auf einer Länge von gerade einmal 105 Metern einen Höhenunterschied von nur 33 Metern.

Man könnte von Bern direkt auf der Autobahn 1 weiter gen Norden fahren, doch sollte man sich überlegen, ob man nicht einen Umweg über Biel/Bienne einlegen möchte. Die Stadt ist zwar Sitz für die Uhrenhersteller Omega und Swatch und beherbergt auch eine Manufaktur der luxuriösen Rolex-Uhren, doch wirklich sehenswert ist die Taubenlochschlucht (47.167576, 7.257263) am Nordrand von Biel. Ein rund zwei Kilometer langer Wanderweg führt durch eine stellenweise nur wenige

Meter breite Schlucht, durch die sich der Fluss Schüss quetscht.

Durch das Tal der Aare verläuft die weitere Fahrt an Solothurn vorbei nach Zofingen, das sich ebenfalls mit einer schönen Altstadt präsentiert. Südlich von Zofingen erreicht man die Ortschaft Sursee, die sich wiederum am Ufer des Sempachersees

Die Marzilibahn führt hinauf in Berner Altstadt.

Die Berner Altstadt gehört seit 1983 zum UNESCO-Welterbe.

Cafés laden in der Altstadt Zürichs zum Verweilen ein.

Bern ○
Altstadt
Shopping
Münster
Zytglogge
Biel
Taubenloch- A 6
schlucht A 5
150 km A 1

Zürich ○

Die Uhr von Zürichs St. Peter verfügt über das größte Zifferblatt Europas.

befindet. Über die Autobahn ist ab Zofingen auch als Abstecher die Stadt Basel schnell erreichbar. Sehenswert ist in der historischen Altstadt zum Beispiel das rot leuchtende Rathaus aus dem 16. Jahrhundert oder am Rheinufer das Dreiländereck zwischen Frankreich, der Schweiz und Deutschland.

Vom Nordufer des Sempachersees haben wir einen schönen Blick über das Gewässer zu den Alpengipfeln im Süden. Zugleich fahren wir an einigen Weinbergen vorbei und erreichen schon bald Luzern und den Vierwaldstättersee (siehe Route 5).

Luxusshopping in Zürich

Auf den Autobahnen 14 und 4 fahren wir nach dem Besuch in Luzern in Richtung Zü-

» TIPP

Parkplatzsuche in Zürich
Da die Parkplatzsuche in Zürich eine große Herausforderung ist und einem den Bummel durch die Stadt vermiesen kann, ist es empfehlenswert, direkt den Campingplatz Fischer's Fritz (47.335826, 8.540749) anzusteuern. Nach Verlassen des zweiten Tunnels ist er in weniger als zehn Minuten erreichbar. Er liegt direkt am Ufer des Zürichsees und ist ein idealer Ausgangspunkt für eine Stadtbesichtigung.

rich und durchqueren zunächst den im Jahr 2009 eröffneten Islisbergtunnel mit einer Länge von etwas über 4,5 Kilometern und wechseln anschließend sofort auf die A 3, wo wir noch den fast gleich langen Uetlibergtunnel passieren, der im selben Jahr fertiggestellt wurde. Wenig später finden wir uns in der größten Stadt der Schweiz wieder, in Zürich.

Für eine Stadtbesichtigung spaziert man vom Campingplatz Fischer's Fritz entweder vier Kilometer am Ufer des Zürichsees entlang oder erreicht das Zentrum von Zürich innerhalb einer halben Stunde mit öffentlichen Verkehrsmitteln.

Wer mit dem öffentlichen Nahverkehr vom Campingplatz in das Zentrum fährt, wird mit aller Wahrscheinlichkeit am Züricher Bahnhof aussteigen. Dieser Kopfbahnhof ist der größte Bahnhof der Schweiz und ein wichtiger Knotenpunkt für zahlreiche Zugverbindungen aus den angrenzenden Nachbarstaaten. Vor dem Bahnhof fließt die Limmat, die ihren Namen erst nach Verlassen des Zürichsees erhält und von uns überquert wird, um Central zu erreichen. Central ist der wichtigste Verkehrsknotenpunkt der Stadt. Von ihm aus zweigt der Limmatquai in südliche Richtung ab und führt am Ufer des Flusses entlang. Parallel dazu verläuft die Niederdorfstraße, die mit ihren unzähligen Bars und Bistros an den vielen Gassen der Züricher Altstadt vorbeiführt.

Nach wenigen Gehminuten erreicht man das Zürcher Rathaus, das im 17. Jahrhundert im Renaissancestil erbaut wurde. Kurios ist die Lage des Rathauses, was man besonders deutlich von der Südseite sehen kann: Das Gebäude wurde nämlich mitten im Fluss errichtet. Durch die beiden deutlich sichtbaren Tonnengewölbe fließt die Limmat unter dem Rathaus hindurch. Übrigens befindet sich dort ein Eingang, sodass man das Bauwerk auch vom Schiff aus betreten kann.

Noch ein Stück weiter am Ufer entlang gelangt man zum Grossmünster, der evangelisch-reformierten Kirche der Stadt. Prägend für das Stadtbild von Zürich sind die beiden über 60 Meter hohen Doppeltürme

Das Baseler Rathaus wurde aus auffällig rotem Sandstein erbaut.

an der Westfassade, die jeweils mit einer neogotischen Kuppel abgeschlossen sind. Während der Innenraum der Kirche sehr schlicht ist, erhält man vom südlichen Turm einen wunderbaren Ausblick auf Zürich und Umgebung.

Gleich gegenüber dem Grossmünster befinden sich das Helmhaus und die Wasserkirche. Beide Gebäude wurden auf einer kleinen Insel im Fluss Limmat errichtet. Erst durch die Aufschüttung des Limmatquais hat die Insel Anschluss an das Festland gefunden. Über die Münsterbrücke am Helmhaus erreicht man das andere Flussufer und die Fraumünsterkirche. Diese ehemalige Klosterkirche gehörte zum einstigen Klostermünster der Benediktinerinnen und entstand im 9. Jahrhundert. Über 600 Jahre besaß die Kirche ebenfalls zwei Türme, jedoch wurde einer im 18. Jahrhundert wieder abgerissen. Sehenswert sind die Fenster im Chor, die vom französischen Maler Marc Chagall gefertigt wurden. Gleich dahinter

erreicht man über den Münsterhof den Paradeplatz an der Bahnhofstraße. Damit ist man direkt am Finanzzentrum in einer der teuersten Städte weltweit. Mehrere Großbanken dominieren den Platz und das Viertel, während die Bahnhofstraße als luxuriöse Einkaufsstraße bekannt ist. Die Mieten für die Ladenlokale gelten hier als die höchsten in ganz Europa. Die überwiegend autofreie Straße wurde in den Jahren 2013 und 2014 komplett saniert und strahlt umso mehr. Bevor man auf der Bahnhofstraße in nördliche Richtung wieder zum Bahnhof gelangt, sollte man vorher rechts einbiegen und noch der dritten, stadtbildprägenden Kirche einen Besuch abstatten.

Die St. Peterkirche fällt natürlich schon bei einem Spaziergang am Limmatquai auf. Deutliches Wahrzeichen des Gotteshauses ist die Uhr an jeder Seite des Turms. Sie hat jeweils einen Durchmesser von über 8,60 Meter und besitzt damit das größte Ziffernblatt Europas.

» SEHENSWERTES

Rheinfall bei Schaffhausen

Nördlich von Winterthur lohnt sich übrigens auch noch ein Abstecher in Richtung Deutschland, denn nur knapp 23 Autobahnkilometer entfernt rauscht der Rhein durch den berühmten Rheinfall bei Schaffhausen. Er gilt zwar als der größte Wasserfall Europas, mit einer Höhe von 23 Metern bei Weitem aber nicht als der höchste.

Winterthur

Nur eine halbe Autostunde von Zürich entfernt befindet sich Winterthur, das deutlich kleiner ist und dementsprechend gemütlicher wirkt als Zürich. Auch stellt das Parken in Winterthur kein großes Problem mehr da. Auf dem Parkplatz an der Zeughausstraße (47.496154, 8.732949) sollte im Normalfall ausreichend Platz vorhanden sein. Von dort sind es nur wenige Gehminuten in die überschaubare Altstadt, in der sich die Stadtkirche mit ihren 55 Meter hohen Doppeltürmen

als Wahrzeichen erhebt. Außerdem gilt Winterthur als Stadt der Museen und hat nicht weniger als 18 Ausstellungen im Angebot. Ob das nun die holländische Malerei des 17. und 18. Jahrhunderts im Museum Briner und Kern, die Uhrensammlung Kellenberger oder das Fotomuseum ist, es dürfte für fast jeden Geschmack etwas dabei sein.

Spaziergang durch den Stiftsbezirk von St. Gallen (Welterbe, Teil 2)

Auf dem weiteren Weg gen Osten sollte man St. Gallen nicht auslassen. Zum einen gibt es dort einen Wohnmobilstellplatz (47.433559, 9.404798), der auch als idealer Ausgangspunkt für eine Stadtbesichtigung dient und zum anderen befindet sich mit dem Stiftsbezirk ein sehenswertes Weltkulturerbe der Unesco in der Altstadt. Zu diesem Bezirk gehört die Stiftskirche, die als Klosterkirche im 18. Jahrhundert errichtet wurde. Sie präsentiert sich inmitten des Klosterbezirks mit zwei Doppeltürmen im Spätbarock und grenzt direkt an die Stiftsbibliothek. Diese beherbergt eine beachtli-

Zürich
Altstadt
Limmat
Rathaus
Grossmünster
Wasserkirche
Fraumünsterkirche
St. Peterkirche
Winterthur
Museen
Rheinfall bei
Schaffhausen
95 km   A 1

St. Gallen
Altstadt
Stiftskirche
Stiftsbibliothek
Bodensee
Rorschach
Rheintal
E 43
70 km   A 1

Vaduz
Ziel

In der Stadtlounge von St. Gallen ist alles in Knallrot gehalten.

Links: Am Dreiländereck treffen Deutschland, Frankreich und die Schweiz aufeinander.

Rechts: Die ältesten Bereiche des Baseler Rathauses sind mehr als 500 Jahre alt.

che Handschriftensammlung mit über 2000 Handschriften sowie 160 000 Büchern. Damit ist sie die größte und außerdem älteste Klosterbibliothek der Welt. Doch nicht nur die Sammlung ist imposant, sondern das Gesamtambiente der Bibliothek, die sich in einem reich verzierten und sehenswerten Barocksaal befindet.

Außerhalb des Klosterareals erhebt sich die St. Laurenzenkirche, deren Innenraum farbenfroh gestaltet wurde. Zudem fallen bei einem Spaziergang durch die Alstadt sofort die zahlreichen Erker auf, die die Fassaden der historischen Geschäftshäuser prägen.

Am südlichsten Punkt des Bodensees erstreckt sich die Ortschaft Rorschach und wir erreichen weiterhin auf der Autobahn 1 den Alten Rhein. Dieser wurde zu Beginn des 20. Jahrhunderts im Rahmen der sogenannten Rheinregulierung und durch die Flussbegradigung vom heutigen Alpenrhein abgetrennt. Damit schob man den zahlreichen Überschwemmungen, die durch den Fluss verursacht wurden, einen Riegel vor.

Durch das Tal des Alpenrheins

Der Rhein im Rheintal wurde schon vor der Regulierung als Grenze zwischen der Schweiz und Österreich festgelegt. Bei dieser Vereinbarung beließ man es auch nach der Rheinregulierung. So kam zum Beispiel dazu, dass die Ortschaft Diepoldsau zwar östlich des neuen Rheinverlaufs liegt, aber westlich des alten Rheinarmes und daher immer noch zur Schweiz gehört. Bei einer Fahrt durch das Alpenrheintal dringt man, von deutscher Seite aus gesehen, weit in die Alpen ein, gewinnt dabei aber verhältnismäßig wenig an Höhe. Das ist mit ein Grund dafür, dass es sich auch in den Alpen beispielsweise sehr schön am Rhein entlangradeln lässt, während sich rechts und links des breiten Tales die Berge erheben. Vom Bodensee sind es nur rund 15 Minuten Fahrzeit bis zum Dreiländereck Österreich, Schweiz und Liechtenstein, das mitten im Rhein liegt. Weitere zehn Minuten später hat man die Hauptstadt Liechtensteins, Vaduz, erreicht.

» PRAKTISCHE HINWEISE

TOURISTINFORMATIONEN

Lausanne – Avenue de Rhodanie 2, 1000 Lausanne 6, Tel. 0041/(0)21/613 73 73, www.lausanne-tourisme.ch

Fribourg – Place Jean-Tinguely 1, 1701 Fribourg, Tel. 0041/(0)26/350 11 11, www.fribourgtourisme.ch

Bern – Bahnhofplatz 10a, 3011 Bern, Tel. 0041/(0)31/328 12 12, www.bern.com

Zürich – Im Hauptbahnhof, 8001 Zürich, Tel. 0041/(0)44/215 40 00, www.zuerich.com

Winterthur – Im Hauptbahnhof, 8401 Winterthur, Tel. 0041/(0)52/267 67 00, www.winterthur-tourismus.ch

St. Gallen – St. Gallen-Bodensee Tourismus, Bahnhofplatz 1a, 9001 St. Gallen, Tel. 0041/(0)71/227 37 37, www.st.gallen-bodensee.ch

Vaduz – Liechtenstein Tourismus, Städtle 37, 9490 Vaduz, Liechtenstein, Tel. 00423/239 63 00, www.tourismus.li

KARTEN

Kümmerley + Frey, Alpenstraßen 1:700 000 oder Schweiz 1:270 000

CAMPINGPLÄTZE

Camping de Vidy, Chemin du Camping 3, 1007 Lausanne, Tel. 0041/(0)21/622 50 00, www.campinglausannevidy.ch (46.518239, 6.597075), im Westen der Stadt zwischen Autobahn und dem Ufer des Genfer Sees und in direkter Nachbarschaft zum Internationalen Olympischen Komitee.

Camping de Pra Collet, Route du Jorat 71a, 1000 Lausanne 26, Tel. 0041/(0)21/784 07 68, www.camping-pra-collet.ch (46.560748, 6.696215), weit außerhalb von Lausanne und überwiegend Dauercamper.

Camping Eichholz, Strandweg 49, 3084 Wabern, Tel. 0041/(0)31/961 26 02, www.campingeichholz.ch (46.932823, 7.455743). Am Ufer der Aare und rund 25 Minuten zu Fuß von der Berner Altstadt entfernt.

TCS Camping Bern-Eymatt, Wohlenstraße 62c, 3032 Hinterkappelen, Tel. 0041/(0)31/901 10 07, www.campingtcs.ch/bern (46.964303, 7.384089). Zwar auch am Ufer der Aare gelegen, jedoch deutlich außerhalb von Bern.

TCS Camping Sempach, Seelandstraße 6, 6204 Sempach, Tel. 0041/(0)41/460 14 66, www.tcs.ch (47.124611, 8.188536), großer Campingplatz am Südufer des Sempachsees.

Fischer's Fritz, Seestraße 559, 8038 Zürich, Tel. 0041/(0)44/482 16 12, www.fischers-fritz.ch (47.335826, 8.540749). Im Süden von Zürich, direkt am Westufer des Zürichsees. Als Ausgangspunkt für eine Stadtbesichtigung empfehlenswert.

Camping am Schützenweiher, Eichliwaldstraße 4, 8400 Winterthur, Tel. 0041/(0)52/212 52 60 (47.519652, 8.716819). An einem kleinen Weiher gelegener Campingplatz für rund 50 Wohnmobile im Norden von Winterthur.

TCS Camping Rässenwies, Alte Steinerstraße, 8451 Kleinandelfingen, Tel. 0041/(0)79/238 35 35, www.tcs-ccz.ch. Kleiner Campingplatz am nördlichen Flussufer der Thur, ungefähr auf halber Strecke zwischen Winterthur und Schaffhausen.

Campingplatz St. Gallen-Wittenbach, Leebrücke, 9304 Bernhardzell, Tel. 0041/(0)71/298 49 69, www.ccc-stgallen.ch (47.460844, 9.366053). Kleiner Campingplatz am Ufer der Sitter, außerhalb von St. Gallen.

STELLPLÄTZE

St. Gallen, Grütlistraße 24 (47.433559, 9.404798). Am Paul-Grüninger-Stadion ist das Parken und einmalige Übernachten für bis zu zwei Wohnmobile kostenpflichtig erlaubt. Strom sowie Ver- und Entsorgung vorhanden. Von dort sind es bis zur Stiftskirche rund 2,5 Kilometer.

Vaduz, Rheinstraße, Liechtenstein (47.138729, 9.510847), Stellplatz für die maximal zweimalige Übernachtung auf dem Parkplatz des Rheinstadions. Direkt am Rheinufer und nur 15 Minuten Fußweg in das Zentrum von Vaduz.

PÄSSE

Keine Passüberquerungen

Ein Höhepunkt des Barock ist das Innere der Stiftskirche St. Gallen.

4 ZU DEN HÖCHSTEN GIPFELN DER SCHWEIZ UND DANN SONNENBADEN IN ITALIEN

Montreux nach Locarno

Start- und Endpunkt: Montreux und Locarno   **Beste Jahreszeit:** Frühjahr bis Herbst. Für Wintersportler auch die Wintermonate   **Streckenlänge:** Rund 460 km   **Fahrzeit:** 2 bis 3 Tage   **Mautstrecken:** Vignettenpflicht in der Schweiz

Mit Erinnerungen an zahlreiche Künstler aus der Literatur und der Musikgeschichte, die in der Umgebung von Montreux ansässig und tätig waren, fahren wir durch das Tal der noch jungen Rhone und haben die Möglichkeit, nördlich vom Fluss das Weltkulturerbe der Aletschregion mit seinem fantastischen Gletscher kennenzulernen. Südlich der Rhone zweigt ein Tal ab, das uns bis kurz vor das autofreie Zermatt bringt. Dort bieten sich zahlreiche Wandermöglichkeiten und beste Ausblicke auf das berühmte Matterhorn und weitere Gletscher. Über den Simplonpass gelangen wir nach Italien und umrunden dort einmal den bei Sonnenhungrigen beliebten Lago Maggiore.

Montreux zieht Besucher wegen seines mediterranen Flairs an.

Ganz musikalisch geht es in Montreux zu. Der Ort erstreckt sich am Ostufer des Genfer Sees und ist berühmt für das jährlich stattfindende Montreux Jazz Festival, das weltweit zweitgrößte Festival dieser Art. Neben diesen Musikveranstaltungen finden aber auch weitere Festivals in Montreux statt. Montreux und die nähere Umgebung am Genfer See ist traditionell ein beliebter Rückzugs- und Erholungsort für prominente Künstler. Schon der russische Komponist Igor Strawinsky kam in die Stadt, um mit Hilfe des hiesigen Mikroklimas zu genesen. Ganz nebenbei ließ er sich für seine Komposition Petruschka inspirieren. Nach ihm ist das Kongresszentrum benannt, in dem immer im Juli das Montreux Jazz Festival stattfindet. Dostojewski, Courbet und Hemingway sind nur eine Auswahl weiterer Persönlichkeiten, die mehr als nur einen Urlaub in der Region verbracht haben. Auch der berühmte Slapstick-Komiker Charlie Chaplin zog an den Genfer See und ließ sich 1952 in Vevey bei Montreux nieder, wo er die letzten 25 Jahre seines Lebens verbrachte und schließlich starb.

Prominenz am Genfer See

Ihm zu Ehren befindet sich am Seeufer in Vevey eine Charlie Chaplin-Statue (46.457937, 6.846112). Diese schaut nicht nur auf den See, sondern auch auf eine acht Meter hohe Gabel, die scheinbar von einem Riesen in den See gesteckt wurde. Sie erinnert an das einzige Ernährungsmuseum der Welt, dem nahe gelegenen Alimentarium. Charlie Chaplin ist aber übrigens nicht alleine mit einer Statue vertreten, denn ein weiterer ganz großer Künstler des 20. Jahrhunderts ist ebenfalls mit einer Statue vertreten. Zwischen dem Genfer See und dem Place du Marché in Montreux steht die Skulptur von Freddy Mercury, dem 1991 verstorbenen Sänger der Rockband Queen (46.432123, 6.909138). Lebensgroß blickt er auf den Genfer See, an dem er jahrelang lebte und unter anderem sein letztes Album produzierte. Überliefert ist sein Zitat: »Wenn du deinen Seelenfrieden suchst, dann komm nach Montreux.« Seit Dezember 2013 ist im Casino von Montreux eine Ausstellung zu Queen untergebracht, wo die Gruppe ein Tonstudio hatte. Die Queen-Gitarristen und -Schlagzeuger Brian May und Roger Taylor haben dem Museum einige Erinnerungsstücke der Band überlassen.

Aber das Casino hat auch in anderer Weise Musikgeschichte geschrieben. Bei einem Auftritt von Frank Zappa im Jahr 1971 geriet das Casino in Brand, was wiederum

die Gruppe Deep Purple dazu inspirierte ihren Welthit »Smoke on the water« zu komponieren, der von genau diesem Ereignis berichtet.

Mit dem Lied »The Show must go on« im Autoradio soll nach diesem musikalischen Exkurs unsere Fahrt durch die Alpen weitergehen.

Durch das Chablais

An Villeneuve vorbei fahren wir durch das nach Süden immer enger werdende Tal der Rhone, die westlich von Villeneuve den Genfer See erreicht. Der Fluss entspringt am gleichnamigen Rhonegletscher und bringt es insgesamt auf eine Länge von 812 Kilometern, bevor die Rhone in Südfrankreich, in der Camargue, in das Mittelmeer mündet. Einen wesentlichen Teil des Flussverlaufs lernen wir jetzt kennen, indem wir durch das sogenannte Chablais fahren. So wird das Gebiet südlich des Genfer Sees bezeichnet. Die höchsten Berge des Chablais ragen bis zu 3258 Meter in die Höhe und bilden die Bergkette Dents du Midi. Sie besteht aus sieben Gipfeln, die in ihrer Höhe nur unwesentliche Unterschiede aufweisen. Die Haute Cime ist der höchste Berg von ihnen und liegt bei der weiteren Fahrt zu unserer Rechten. Mit dem Chablais erreichen wir bei Martigny das sogenannte Rhoneknie, wo der Fluss einen 90-Grad-Knick beschreibt.

In Martigny bestünde die Möglichkeit, nach Südwesten abzubiegen und über die Pässe Col de la Forclaz und Col des Montets in Richtung Chamonix (Route 2) zu fahren. Dabei käme man in den Genuss eines grandiosen Ausblicks auf Martigny und das Tal der Rhône. Dieses passieren wir aber geradeaus und damit südlich des Haut de Cry, die den erfahrenen Bergsteiger auf eine Höhe von 2969 Meter bringt. Ihm folgt wenig später das Wildhorn (3249 Meter) der Wildhorngruppe und die vergletscherte Gebirgsgruppe Wildstrubel.

Bei Siders durchqueren wir den 2,5 Kilometer langen Sierre-Tunnel. Dieser erlangte im März 2012 international traurige Be-

Freddy Mercury, Lead-Sänger von »Queen«, bekam in Montreux ein Denkmal gesetzt.

Schloss Chillon liegt auf einer Felseninsel am Genfersee.

81

Wanderung entlang der Lötschbergbahn
Wanderer, Bahnfans und Architekturbegeisterte werden ihre Freude an einem Wanderklassiker an der sogenannten Lötschbergsüdrampe haben. Am Bahnhof Hohtenn (begrenzte Parkmöglichkeiten), nördlich von Gampel, beginnt eine rund 22 Kilometer lange Wanderung bis Lalden. Die Tour verläuft auf der Nordseite des Rhonetals entlang der Trasse der Lötschberg-

bahn. Sie ist mit zahlreichen Informationstafeln gut ausgeschildert, bietet ein Dutzend Rastplätze mit Panoramablick und zahlreiche Sitzbänke. Neben den interessanten Bauten der Bahnkunst wandert man teilweise auch an den Suonen genannten, historischen Wasserleitungen entlang. Diese Suonen wurden zur Bewässerung landwirtschaftlicher Nutzflächen angelegt. Die ältesten von ihnen stammen aus dem 12. Jahrhundert.

rühmtheit, als ein Bus aus bisher ungeklärter Ursache gegen eine quer zur Fahrtrichtung stehende Wand einer Nothaltebucht prallte und 28 Menschen, die meisten davon Schulkinder aus Belgien, tödlich verunglückten. Oberhalb des Tunnels befindet sich ein kleiner Park, in dem die Fahrspuren der Autobahn als Kunstobjekt nachgebildet wurden. Seit dem Unfall erinnern diese beiden Betonelemente mit 28 steinernen Schüsseln an den Unfall.

Auf dem weiteren Weg passieren wir das kleine Dorf Raron, wo sich auf einer sanften

Kuppe die Burgkirche erhebt. Neben der Kirche liegt auf einem schmalen Friedhof der Lyriker Rainer Maria Rilke begraben. Er starb 1926 in der Nähe von Montreux an Leukämie und wurde auf eigenen Wunsch an dieser Stelle bestattet.

Autofrei in Zermatt

In der folgenden Ortschaft Visp befindet sich an einem Kreisverkehr der Abzweig nach Zermatt und zum Matterhorn bzw. zum höchsten Berg der Schweiz, der Du-

Das Casino Barrière in Montreux: Anziehungspunkt für Glücksritter aller Art

»Berg der Berge« wird das Matterhorn auch genannt.

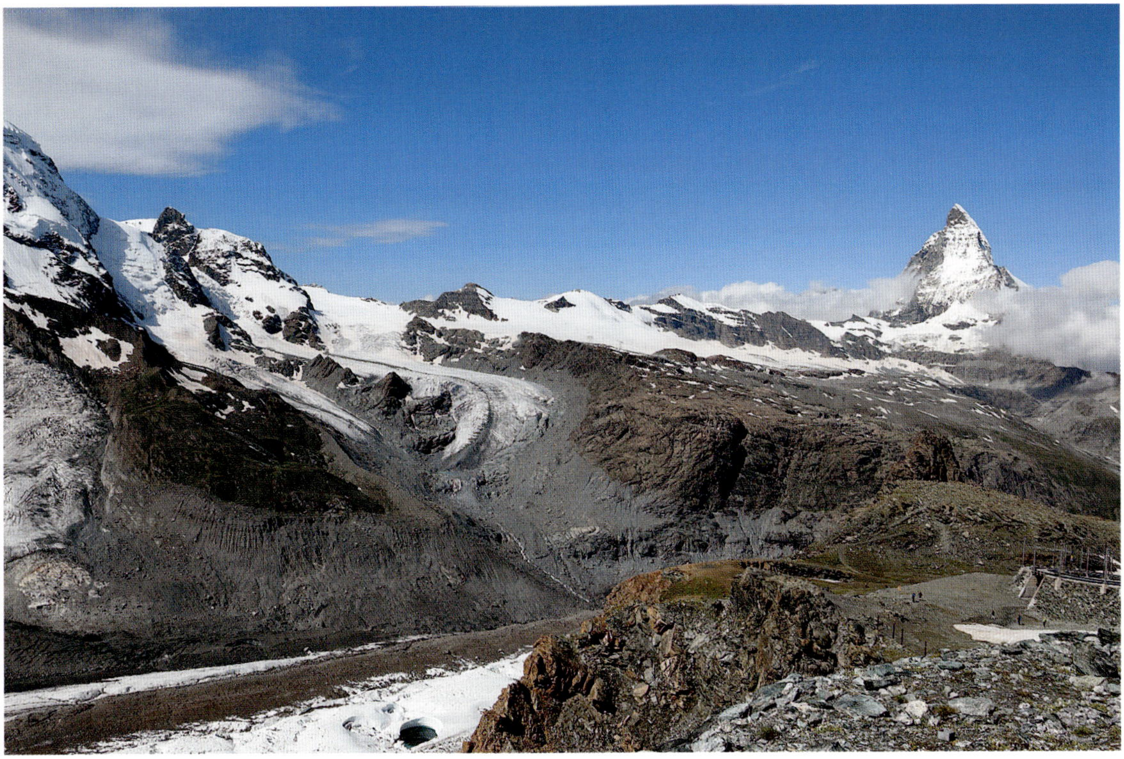

fourspitze. Die Fahrt durch das Visper- und wenig später durch das Mattertal endet jedoch nach rund 30 Kilometern in der Ortschaft Täsch. Dort befinden sich ein Parkhaus, ein Parkplatz und ein Wohnmobilstellplatz am Taxiunternehmen Christophe. Grund: Zermatt ist autofrei und darf nur von Elektrofahrzeugen – und das auch nur von Anwohnern – befahren werden. Daher gibt es einen Taxidienst, der die Besucher nach Zermatt bringt. Etwas günstiger geht es mit dem Zermatt-Shuttle der Matterhorn-Gotthard-Bahn, der alle 20 Minuten abfährt. Zermatt selbst ist natürlich nicht nur ein beliebtes Ausflugsziel, sondern ein Verkehrsknotenpunkt mit zahlreichen Seilbahnen, Bergbahnen und dem Ausgangspunkt des berühmten Glacier-Express.

» SEHENSWERTES

Gornergratbahn
Mit der 1898 fertiggestellten Gornergratbahn kommt man an 29 Viertausendern vorbei, fährt rund eine halbe Stunde bis zum Gornergrat auf 3089 Meter Höhe und passiert dabei auch den Riffelsee, der als Fotomotiv dafür bekannt ist, dass sich das Matterhorn in seinem Wasser spiegelt.

Der berühmteste Berg der Schweiz

Das Matterhorn ist natürlich das bekannteste Fotomotiv der Schweiz und wird weltweit als Wahrzeichen des Alpenlandes wahrgenommen. Der 4478 Meter hohe und durch seine Form sehr markante Berg wurde vom Engländer Edward Whymper im Juli 1865 zum ersten Mal bestiegen. Seither sind aber auch schon 450 Menschen am Matterhorn ums Leben gekommen, womit der Berg die höchsten Todeszahlen weltweit aufweist. Etwas höher, jedoch weniger bekannt, ist die Dufourspitze im Monte-Rosa-Massiv. Dieser Berg stellt mit 4634 Metern Höhe den höchsten Gipfel der Schweiz und den zweithöchsten der Alpen.

Zum Abschluss unserer Fahrt durch das Rhonetal erreichen wir Brig, wo man unbe-

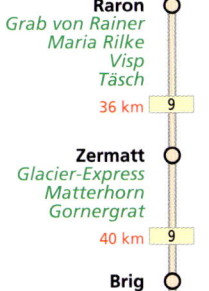

Raron
Grab von Rainer Maria Rilke
Visp
Täsch
36 km 9

Zermatt
Glacier-Express
Matterhorn
Gornergrat
40 km 9

Brig

29 Viertausender kann man bei guter Sicht vom Gornergrat aus sehen.

» WANDERTIPP

Europaweg

Wer gerne wandert und es dabei ein wenig aufregend mag, kommt zwischen Randa und Täsch auf seine Kosten. Östlich der beiden Orte verläuft der 31 Kilometer lange Europaweg. Dieser Höhenweg kann in zwei Tagesetappen von je sechs bis sieben Stunden bewältigt werden. Neben der fantastischen Aussicht gehört zu den Höhepunkten auch die Überquerung einer 230 Meter langen Hängebrücke.

dingt einen Zwischenstopp einlegen sollte. Nördlich von Brig befindet sich das Aletschgebiet mit dem Großen Aletschgletscher. Er ist mit über 22 Kilometern Länge der größte und längste Gletscher der Alpen. Er hat seinen Ursprung in einer Höhe von 3800 Metern am sogenannten Konkordiaplatz, wo drei Firnströme zusammentreffen.

Die Bergregion Aletsch als Weltnaturerbe

Innerhalb der Aletschregion gibt es unzählige Möglichkeiten zu wandern und den Gletscher zu sehen. Ein beliebter und loh-

nenswerter Anlaufpunkt ist das 2926 Meter hohe Eggishorn, das nicht nur einen wunderbaren Panoramablick auf den Aletschgletscher ermöglicht, sondern von dem aus auch unter anderem das Matterhorn und der Mont Blanc zu sehen sind. Zu erreichen ist das Eggishorn ganz einfach mit der Seilbahn ab Fiesch (46.405663, 8.135853) im Rhonetal. Neben den klassischen Wanderwegen gibt es aber auch noch einen spannenden Klettersteig und den Spaziergang über eine schwankende Hängebrücke, die sich am Fuße des Gletschers über die schmale Massa-Schlucht spannt. Die

Aletschregion ist seit dem Jahr 2001 auf der Liste der zu schützenden Weltnaturerben eingetragen und umfasst das Jungfraugebiet mit dem fast 4000 Meter hohen Eiger, den Aargletscher im Grimselgebiet, das Bietschhorngebiet und natürlich den Gletscher selbst.

Aber auch innerhalb von Brig gibt es Interessantes zu entdecken. Das Ortsbild wird nämlich vom Stockalperschloss geprägt. Errichtet wurde es in 20 Jahren Bauzeit im 17. Jahrhundert und ist durch seine drei Türme mit den großen Zwiebelhauben besonders markant. Vor der imposanten Kulisse

der Berge wird der Schlossgarten oft für Konzerte und Veranstaltungen genutzt.

Ab Brig besteht die Möglichkeit, über die Furkastraße zu fahren. Sie verläuft über den über 2400 Meter hohen Furkapass und bietet Anschluss zur Tour 5 und zum Grimselpass.

Über den Simplonpass

Wir verlassen Brig jedoch Richtung Süden und bereisen zunächst den Simplonpass. Zahlreiche Kurven, Tunnel und Kehren entlang der Simplonstraße bringen uns auf eine Höhe von 2006 Metern. Der Pass wurde im 17. Jahrhundert vom Bauherren des Stockalperschlosses ausgebaut, um als Kaufmann den Personen- und Warenverkehr über den Pass zu vereinfachen. Die Passstraße gilt als wintersicher und ist eine der am besten ausgebauten Passstraßen der Schweiz. Daher ist hier auch viel Schwerverkehr anzutreffen. Markantes Symbol des Simplonpasses (46.245942, 8.024772) ist der Steinadler, erschaffen vom Schweizer Architekten und Bildhauer Erwin Friedrich Baumann. Unterhalb des Passes verläuft der gleichnamige Tunnel, der jedoch nur von der Eisenbahn durchquert wird. Er ist fast 20 Kilometer lang und war bis Ende der 1970er-Jahre der längste Gebirgstunnel der Welt.

Kurz hinter dem Pass folgt das kleine Dorf Simplon, das gleich unterhalb vom Fletschhorn liegt. Dieser Berg hat eine kuriose Geschichte zu erzählen, denn er gehörte einst zu den Viertausendern der Alpen. Doch durch das Abschmelzen der Gletscher und genauere Messmöglichkeiten wurde er Mitte des 20. Jahrhunderts nur noch mit 3993 Metern Höhe angegeben. Die Gemeinde Saas-Grund plante in den 1980er-Jahren, eine Trockenmauer auf dem Gipfel zu errichten, um die notwendige Höhe eines Viertausenders wieder zu erreichen, doch der Kanton Wallis lehnte dieses Ansinnen, das international Schlagzeilen machte, ab. Im Nachhinein war dies wohl die richtige Entscheidung, denn mittlerweile hätte diese Mauer auch wieder erhöht werden müssen, da die aktuellsten Angaben besagen, das Fletschhorn sei nur 3984 Meter hoch.

Erst einige Kurven und Tunnel hinter dem Dorf Simplon erreicht man deutlich weiter im Tal die Staatsgrenze zwischen der Schweiz und Italien, womit man mit dem Piemont die größte Region auf dem italienischen Festland erreicht hat.

Willkommen in Piemont

Nach einer kurzen, viertelstündigen Fahrzeit durch ein enges Tal auf der SS 33 erreichen wir das Ossola-Tal (italienisch Val d'Ossola) und steuern auf Domodossola zu. Dieser kleine Ort mit weniger als 20 000 Einwohnern ist namentlich in ganz Italien bekannt, auch wenn viele Italiener vielleicht gar nicht wissen, wo der Ort exakt liegt. Denn Domodossola ist der einzige größere Ort des Landes, der mit dem Buchstaben D beginnt und wird daher beim Buchstabieren oft benutzt.

Mehrere kleine Museen befinden sich im Ort. Darunter auch das Simplonmuseum, das sich mit dem Tunnel und dem Pass befasst. Der Simplontunnel ist zum Teil auch Thema im Naturwissenschaftlichen Museum, wo Gesteinsproben gezeigt werden, die beim Bau des Tunnels entnommen wurden. Wesentlich bedeutender ist jedoch der Berg Sacro Monte di Domodossola, der sich im Süden der Stadt erhebt. Er beherbergt oberhalb der Stadt eine Wallfahrtskirche aus dem 17. Jahrhundert, die mit acht anderen Kapellenanlagen und Pilgerstätten in Piemont und in der Lombardei unter dem

Der Gornergletscher ist der drittlängste der Alpen.

Brig ○
Aletschgletscher
Eggishorn
Massa-Schlucht
Stockalperschloss
Furkastraße
Simplonpass
60 km E 62
Domodossola ○

Der Simplonpass ist gut ausgebaut.

» TIPP

Abgelegener Stellplatz

Wer es sehr abgeschieden mag und sowohl Tank und Vorräte aufgefüllt hat, findet am Lago di Morasco (46.425064, 8.408893) einen äußerst ruhigen und extrem abseits gelegenen, aber kostenpflichtigen und offiziellen Stellplatz. Die Anfahrt ist lang und beschwerlich, doch ruhiger geht es in den Alpen selten. Allerdings muss man es mögen, direkt unterhalb einer Staumauer zu nächtigen. Für die rund 50 Kilometer lange Fahrt mit zahlreichen Spitzkehren sollte man ungefähr eine Stunde einplanen, dafür passiert man unterwegs noch den Wasserfall des Toce.

Weiter Blick über den Lago Maggiore bei Stresa.

Namen Sacri Monti zu den Weltkulturerbestätten der Unesco zählt.

In südliche Richtung folgen wir dem Fluss Toce, der nahe der Grenze zur Schweiz entspringt und nach 76 Kilometern in den Lago Maggiore mündet, unserem nächsten Ziel.

Rund um den zweitgrößten See Italiens

Der Lago Maggiore gehört zu den sogenannten Oberitalienischen Seen und ist nach dem Gardasee der zweitgrößte von ihnen. Entstanden sind die Gewässer durch das Schürfen bzw. Zurückziehen der Gletscher in der Eiszeit, was auch auf einer Karte gut erkennbar ist, denn die Hauptausdehnung der Seen verläuft in Nord-Süd-Richtung. Zu den Oberitalienischen Seen gehören außerdem der Comer See, Iseosee, Luganersee, Ortasee, Lago di Varese und der Idrosee.

Eine Fahrt auf der SS 33 am Westufer des Sees ist unbedingt lohnenswert, auch wenn es länger dauert als auf der weiter im Landesinneren liegenden Autobahn 26, denn die Straße ist nur wenige Meter vom Wasser entfernt und bietet immer wieder schöne Ausblicke. Einziger Makel: Die Besichtigung von malerischen Ortschaften wie Stresa und Lesa wird einem als Wohnmobilist nicht ganz einfach gemacht. Zahlreiche Schilder weisen meist am Seeufer auf ein Parkverbot für Wohnmobile hin. Dennoch gibt es einige offizielle Stell- und Parkplätze, die manchmal ein

wenig versteckt sind und daher im Anhang ausführlich beschrieben werden.

Baveno präsentiert sich mit der Kirche der Heiligen Gervaso und Protaso, an dem sich ein oktogonales Baptisterium anschließt. Mit Blick auf die beiden Inseln Superiore und Bella sowie auf die Ausläufer der Alpen im Hintergrund gelangt man in den wenige Kilometer entfernten Kurort Stresa. Die beiden Binneninseln gehören zu den vier Borromäischen Inseln und besonders die Isola Bella (Schöne Insel) ist die Überfahrt von Stresa aus wert. Ursprünglich handelte es sich nur um ein felsiges Eiland, das der Graf Carlo III. Borromeo im 17. Jahrhundert mit einem prächtigen Palast bebauen ließ.

Skulptur von innen

Der nächste lohnenswerte Stopp sollte kurz vor Arona eingelegt werden. Am Hotel Concorde biegt man in einer 180-Grad-Kurve rechts ab und fährt auf einen kleinen Hügel, wo ebenfalls Spuren aus dem Geschlecht der Borromäer zu finden sind. Der damalige Erzbischof von Madrid, ebenfalls Carlo Borromeo, aber nicht zu verwechseln mit dem Schlossbauer auf der Isola Bella, wurde in Arona geboren. Ihm zu Ehren ließ sein Cousin eine Kolossolstatue errichten, die bis zum Bau der New Yorker Freiheitsstatue die größte von innen begehbare Skulptur der Welt war. Sie besteht aus Kupfer und ist

23 Meter hoch. Im Bereich der Beine folgt man noch einer einfachen Wendeltreppe, doch von dort an klettert man an einer Sprossenleiter hoch. Leider kann man in Carlos Kopf keinen Rundumblick genießen, sondern nur durch seine Pupillen einen Blick auf seine Geburtsstadt werfen.

Hinter Arona entwässert der Lago Maggiore in den Ticino, den wir auf der SS 33 überqueren. Der Ticino entspringt im Tessin und ist Namensgeber für die Region. Nach der Durchquerung des Lago Maggiores fließt er durch die Poebene und mündet nach 248 Kilometern in Italiens größten Fluss.

Eine Fahrt mit dem Korblift

Gleichzeitig verlassen wir das Piemont und erreichen die Lombardei. Auf der SP 69 fahren wir östlich des Lago Maggiore gen Norden, können dabei aber nur noch selten einen Blick auf den See werfen. Erst ab Laveno-Mombello ist man dem See wieder nahe. Hier hat man aber eine ganz andere, aufregende Möglichkeit, den Lago Maggiore kennenzulernen. In der Via Lumaca (45.912127, 8.620367, der Parkplatz ist zu klein für Wohnmobile) befindet sich die Talstation einer außergewöhnlichen Seilbahn. Ein Korblift bringt maximal zwei Personen pro Korb auf den 1062 Meter hohen Sasso del Ferro, wo sich ein Ausflugslokal befindet. Von der Terrasse aus hat man einen herrlichen Überblick über einen Großteil des südlichen Lago Maggiore und kann bis zum Monte Rosa-Gebirgsmassiv blicken. Die Körbe der Bahn sind typischerweise so klein, dass die Passagiere während der 16-minütigen Auffahrt stehen müssen.

Im Norden des Lago Maggiore erreichen wir wieder Schweizer Staatsgebiet und folgen der Straße 13 bis Locarno.

Domodossola
Wallfahrtskirche
Lago Maggiore
Baveno
Arona
Kolossolstatue
Laveno-
Mombello
Korblift SS 33
150 km SP 69

Locarno

Ziel

Das Monte-Rosa-Massiv gehört teils zur Schweiz, teils zu Italien.

» PRAKTISCHE HINWEISE

TOURISTINFORMATIONEN

Montreux – Montreux-Vevey Tourisme, Rue du Théâtre 5, 8200 Montreux 2, Tel. 0041/(0)848/86 84 84, www.montreuxriviera.com

Zermatt – Zermatt Tourismus, Bahnhofplatz 5, 3920 Zermatt, Tel. 0041/(0)27/966 81 00, www.zermatt.ch

Brig – Tourismusbüro, Bahnhofplatz 1, 3900 Brig-Glis, Tel. 0041/(0)27/921 60 30, www.brig-simplon.ch

KARTEN

Kümmerley + Frey, Alpenstraßen 1:700 000 oder Schweiz 1:270 000
Italien Nord 1:650 000

CAMPINGPLÄTZE

Camping la Maladaire, Route de St-Maurice 310, 1814 La Tour-de-Peilz, Tel. 0041/(0)21/944 31 37 (46.446201, 6.877743). Kleiner Campingplatz auf der Hälfte zwischen Vevey und Montreux. Zwar direkt am Ufer des Sees gelegen und mit einem kleinen Strandabschnitt, aber auch gleich unterhalb der Straße 9.

Camping des Horizons Bleus, Rue du Quai 11, 1844 Villeneuve, Tel. 0041/(0)21/960 15 47, www.camping-club-vaudois.ch (46.395228, 6.921367). Ebenfalls kleiner Campingplatz, rund 5 Kilometer südlich von Montreux im Ort Villeneuve. Dort direkt am Yachthafen und an der Mündung des Flusses Eau Froide in den Genfer See.

Camping les Bouleaux, Route la Tronchenaz, 1844 Villeneuve, Tel. 0041/(0)79/241 79 28 (46.392421, 6.927208), sehr einfacher und zweckmäßiger Platz neben Bahngleisen. Rund 800 Meter vom See entfernt.

Camping Sedunum, Route des Ecussons 10, 1950 Sion, Tel. 0041/(0)27/346 42 68, www.camping-sedunum.ch (46.211352, 7.312194), Campingplatz am Ufer der noch jungen Rhone mit Blick auf den Haut de Cry.

Camping Valcentre, Route de Chippis 128, 1967 Bramois, Tel. 0041/(0)27/203 16 97, www.campingvalcentre.ch (46.23811, 7.414433), einfacher und kleiner Campingplatz an der Landstraße kurz hinter Sion.

Camping Swiss Plage, Gemmistraße, 3970 Salgesch, Tel. 0041/(0)27/455 66 08, www.swissplage.ch (46.301703, 7.564235), östlich von Sierre, am Ufer der Rhone.

Camping Bella-Tola, Waldstraße 133, 3952 Susten, Tel. 0041/(0)27/473 14 91, www.bella-tola.ch, (46.298901, 7.636001), in ruhiger Waldrandlage am Illbach südlich von Susten.

Camping Gemmi, Briannenstraße 8, 3952 Susten VS, Tel. 0041/(0)27/473 11 54, www.campgemmi.ch (46.297737, 7.659433), 60 komfortable Stellplätze, nur 500 Meter vom Kreisverkehr der A 9 bei Agarn gelegen.

Camping Rhone, Lampertji 7, 3945 Gampel-Bratsch, Tel. 0041/(0) 27/932 20 41, www.campingrhone.ch (46.306813, 7.741579), großer Campingplatz mit mehreren Freizeitmöglichkeiten am schmalen Ufer der Rhone.

Camping Randa Attermenzen, 3928 Randa, Tel. 0041/(0)27/967 25 55, www.restaurant-holeinone.ch (46.085566, 7.781152). Rund 1,5 Kilometer vor Täsch auf der linken Seite, bereits hinter Randa und daher ein guter Ausgangspunkt für Zermatt.

Camping Täsch, Neue Kantonsstraße, 3929 Täsch, Tel. 0041/(0)27/967 36 35, www.campingtaesch.ch (46.065355, 7.775165), kleiner Campingplatz am südlichen Ende von Täsch. Näher kommt man mit dem Wohnmobil nicht an Zermatt heran. Sehr guter Ausgangspunkt, um mit dem Taxi, dem Zug oder zu Fuß nach Zermatt zu gelangen.

Camping Lago delle Fate, Via Pallanza 22, Mergozzo (VB), Tel. 0039/(0)323/803 26, www.lagodellefate.com (45.961197, 8.456516). Kleiner und zweckmäßiger Campingplatz am Nordufer des Lago Mergozzo. Schöne Alternative zum Lago Maggiore.

Camping Orchidea, Via 42 Martiri 20, 28831 Feriolo di Baveno, Tel. 0039/(0)323/282 57, www.campingorchidea.it (45.933468, 8.481368).

Camping Conca d'Oro, Via 42 Martiri 26, 28835 Feriolo di Baveno (VB), Tel. 0039/(0)323/281 16, www.concadoro.it (45.93646, 8.487044).

Camping Isolino, Via per Feriolo 25, 28924 Fondotoce di Verbania (VB), Tel. 0039/(0)323/49 60 80 (45.93893, 8.497). Camping Orchidea, Conca d'Oro und Isolino sind sich alle ähnlich in Ausstattung, Preis und Lage. Sie befinden sich alle drei in unmittelbarer Nähe der Mündung des Toce in den Lago Maggiore.

Camping Village, Via Piave, 50, 28831 Baveno, Tel. 0039/(0)323/92 31 56, www.campingparisi.it (45.912188, 8.50585). Direkt am Ufer des Lago Maggiore.

Camping Solcio, Via al Campeggio 1, 28040 Lesa Novara, 0039/(0)322/74 97, www.campingsolcio.com (45.81582, 8.549642). Großer Campingplatz an einem Yachthafen mit Blick auf den südlichen Teil des Lago Maggiore.

Camping le Vele, Corso Cavour 81B, Dormelletto Novara, 0039/(0)322/49 79 71, www.campingholidayinn.it (45.728202, 8.581157). Einer von mehreren großen Campingplätzen, auf denen man weniger einen Kurzaufenthalt einlegt, sondern die für längere Aufenthalte ausgelegt sind, aber in direkter Lage am Ufer.

STELLPLÄTZE

Täsch, Wohnmobilstellplatz in Täsch vor Zermatt (46.069122, 7.776555). Am Parkplatz von Taxi Christophe ist das Übernachten für zehn Wohnmobile gegen Gebühr möglich. Es gibt keinerlei Versorgung und keinen Strom.

Die Gornergrat-Bahn entführt direkt in ein hochalpines Wanderparadies.

Lago di Morasco, offizieller Stellplatz am Lago di Morasco, siehe Tipp im Text.

Domodossola, Via Fontana (46.109793, 8.286327). Nicht schön, aber zweckmäßig. Auf dem Parkplatz Trocadero darf übernachtet werden, jedoch ohne Ver- und Entsorgung oder Strom. Guter Ausgangspunkt für eine kleine Wanderung zum Weltkulturerbe: Ein Kreuzweg beginnt vor der Zufahrt hinauf zur Kirche.

Domodossola, Via Piave (46.114226, 8.299094). Asphaltparkplatz hinter dem Bahnhof. Auch keine Schönheit und ohne Ver- und Entsorgung, aber Übernachtung ist gestattet.

Baveno, Via Berea (45.911291, 8.500642). Auf der SS 33 hinter der Brücke im Kreisverkehr rechts Richtung Busparkplatz und an der nächsten Möglichkeit halbrechts unter der Eisenbahnunterführung hindurch, kostenpflich-

tig. Maximaler Aufenthalt 72 Stunden, Ver- und Entsorgung vorhanden.

Stresa, Via Sempione Nord (45.911291, 8.500642). Hinter einer kleinen Brücke rechts Richtung Gignese und sofort auf der linken Seite hinter der Haltestelle, keine Schönheit.

Arona, Via Verbano (45.768566, 8.544622). Auf dem großen Schotterparkplatz neben dem eigentlichen Parkplatz an der Statue.

PÄSSE

Simplonpass (2006 m)
Furkapass (2429 m), nur als Abstecher

SONSTIGE BESONDERHEIT

Fahrt in das Mattertal bis kurz vor das autofreie Zermatt

5 IM AUF UND AB ÜBER DIE PÄSSE DER SCHWEIZ

Von Locarno bis St. Moritz

Start- und Endpunkt: Locarno und St. Moritz   **Beste Jahreszeit:** Sommer und Herbst   **Streckenlänge:** Je nach gewählter Strecke zwischen 400 und 480 Kilometern, zzgl. einiger lohnenswerter Abstecher   **Fahrzeit:** 3 bis 4 Tage   **Mautstrecken:** Vignettenpflicht in der Schweiz

Auf dieser Tour gibt es für jeden etwas. An erster Stelle sind die Passüberfahrten zu nennen, die uns mit spektakulären Landschaftsbildern begleiten und wunderbare Aussichten bieten. Die Auswahl ist dabei groß, denn nicht jeder Pass muss besucht werden, aber als Abstecher sind sie immer wieder lohnenswert. Naturfreunde kommen auf ihre Kosten, da sie nicht nur den Ausblick auf zwei Gletscher genießen können, sondern die Möglichkeit haben, diese zu besuchen. Aber auch Kulturinteressierte werden ihre Freude haben, wenn sie im Tecino-Tal Burgen besichtigen oder zwischen historischen Bauten durch Zürich wandeln. Zu guter Letzt werden Fans von Eisenbahnen in Versuchung kommen, das Wohnmobil auf einem Campingplatz stehen zu lassen, um mit den Welterbe-Panoramawagen der Albulabahn und des Berninaexpresses durch enge Schluchten und natürlich wieder über Pässe zu fahren.

Seit 2010 steht der Leuchtturm am Oberalppass.

Locarno ist namentlich bekannt für die Verträge von Locarno, die nach dem Ersten Weltkrieg verhandelt und unterzeichnet wurden, um den Status Deutschlands zu regeln. Darüber hinaus steht der Name der Stadt aber auch für das Internationale Filmfestival, das seit 1946 alljährlich im August stattfindet. Es ist zwar eines der kleineren Filmfestivals, jedoch trotzdem eines mit Weltruf.

Oberhalb der Stadt erhebt sich auf einem Hügel das Wahrzeichen, die Madonna del Sasso. Gegründet wurde dieses Sanktuarium im 15. Jahrhundert nach einer Marienerscheinung. Der ersten Kapelle folgte das heutige Bauwerk, das reichhaltig ausgestattet ist und 1918 zur Basilica Minor erhoben wurde. Die Madonna del Sasso gilt als bekannteste und bedeutendste Wallfahrtskirche im italienischsprachigen Teil der Schweiz.

Sehenswerte Burgen und Schlösser

Durch das Tal des Tecino erreichen wir in wenigen Minuten die Ortschaft Bellinzona. Mitten im Zentrum des Ortes erhebt sich ein flacher Bergrücken, der vom Castelgrande dominiert wird. Schon die Römer errichteten auf dem Rücken ein Kastell und sicherten so den Zugang zum Tal. Nach den Römern folgten weitere Befestigungen, die zum Entstehen der heutigen Burg, dem Castelgrande, führten. An das Castelgrande schließt sich die Murata an, eine Doppelmauer, die mit ihrer Optik an die Große Mauer in China erinnert. Sie ist zwischen zwei und fünf Metern breit und beherbergt einen Gang zwischen zwei Reihen von Zinnen. Anders als in China ist der Wehrgang jedoch grasbewachsen.

Inmitten der Anlage erhebt sich der Weiße Turm (Torre Bianco), der bestiegen werden kann und einen schönen Rundumblick über Bellinzona ermöglicht. Noch spek-

---

» SEHENSWERTES

Cardada

Zu erreichen ist die Madonna del Sasso mit der Standseilbahn, die sich in der Nähe des Bahnhofs befindet. Gegenüber der Bergstation an der Wallfahrtskirche kann man in die Gondelbahn umsteigen, die auf den Hausberg von Locarno fährt, den 1340 Meter hohen Cardada. Oben erwartet den Besucher ein atemberaubendes Panorama von der Aussichtsplattform Passarelle, die in Baumwipfelhöhe in die Luft ragt und ein wenig Mut und Schwindelfreiheit erfordert.

Der Oberalppass verbindet die Kantone Uri und Graubünden.

takulärer ist jedoch der Ausblick vom Castello di Montebello, der zweiten Burg von Bellinzona, die etwas höher als Castelgrande liegt und einen schönen Blick auf Stadt und Castelgrande ermöglicht. Sie ist deutlich jünger als Castelgrande und wurde zum ersten Mal im 13. Jahrhundert erwähnt. Seither ist sie baulich kaum verändert worden.

Um dem Ganzen aber noch eines draufzusetzen, besitzt die kleine Stadt eine dritte Burg, das Castello di Sasso Corbaro. Es erhebt sich deutlich erhöht auf einem Felssporn außerhalb der Altstadt. Dadurch ist es zwar nicht mit den beiden anderen Burgen verbunden, bietet aber dafür den wohl schönsten Ausblick. Denn während sich auf der gegenüberliegenden Talseite der Monte Carasso erhebt, strahlen die beiden Burgen in der hübschen Altstadt von Bellinzano um die Wette. Alle drei Burgen und der Wehrgang sind übrigens seit dem Jahr 2000 als Ensemble auf der Weltkulturerbeliste der Unesco eingetragen.

Durch oder über das St. Gotthardmassiv

Durch das enger werdende Tal des Tecino steuern wir gen Norden auf das Gotthardmassiv zu und stehen vor der Entscheidung, ob wir den längsten Straßentunnel der Alpen nutzen oder lieber über den St. Gotthardpass fahren.

Der St. Gotthardstraßentunnel ist fast 17 Kilometer lang und besteht zurzeit noch aus nur einer Röhre. Lkws müssen einen Abstand von 150 Metern zum vorausfahrenden Fahrzeug einhalten und werden daher im sogenannten Tropfenzählersystem via Ampelschaltung durch den Tunnel gelassen. Das führt natürlich dazu, dass es sich vor den Tunneleingängen oftmals staut und man für die Durchquerung Geduld mitbringen sollte. Es reicht zwar die schweizerische Vignette aus – eine weitere Maut wird nicht erhoben – doch löst der Tunnel bei vielen Reisenden ein mulmiges Gefühl aus. Um diesem entgegenzuwirken, bietet der Betreiber eine kostenpflichtige, zweistündige Tunnelführung an. Diese ist zwar nur für Gruppen möglich, aber sollte sich die Möglichkeit hierfür ergeben, lohnt sich die Teilnahme.

Dennoch ist es verständlich, wenn jemand den Gotthardpass lieber über die Passstraße überquert – alleine wegen der faszinierenden Landschaft und der Ausblicke. Schon früh war der Gotthardpass eine wichtige Nord-Süd-Verbindung in den Alpen. Bereits im 13. Jahrhundert wurde ein gekiester und gepflasterter Weg angelegt, der pro Jahr bis zu 12 000 Menschen die Passüberquerung ermöglichte. Das ist natürlich nichts gegen die bis zu 35 000 Fahrzeuge, die an heutigen Sommerwochenenden täglich (!) durch den Tunnel fahren, aber für damalige Verhältnisse selbstverständlich ganz beachtlich.

Im 18. Jahrhundert wurde der Pass zum ersten Mal mit einer Kutsche überquert. Allerdings hatte der damalige englische Geologe Greville eine 78-köpfige Begleitung dabei, die die Kutsche vor Hindernissen komplett auseinandernahm und sie hinter dem Hindernis wieder zusammensetzte. Auch Johann Wolfgang von Goethe kannte den Gotthardpass und überquerte ihn dreimal. Im

folgenden Jahrhundert verlor der Pass kurzzeitig an Bedeutung, da mittlerweile auch in anderen Regionen weitere Pässe geöffnet wurden und überquert werden konnten. Die Fertigstellung des Gotthardeisenbahntunnels Ende des 19. Jahrhunderts trug ebenfalls dazu bei, dass die Anzahl der Passüberquerungen deutlich abnahm.

Die heutige Gotthardstraße wurde Mitte des letzten Jahrhunderts fertiggestellt und führt nun auf den 2106 Meter hohen Pass, wo sich am Lago della Piazza das Nationale St. Gotthard-Museum befindet und auf inte-

Immer wieder ergeben sich fantastische Ausblicke.

Es ist geschafft: Ankunft auf dem Furkapass

auf, doch hat man schnell den Oberalppass (46.659098, 8.671012) mit einer Höhe von 2044 Metern erreicht. Zur Überraschung der Reisenden steht auf dem Pass ein Leuchtturm, doch gleich daneben erklärt die in einer kleinen Holzhütte untergebrachte Infostelle, dass der Leuchtturm eine Nachbildung eines Richtfeuers ist, das an der Rheinmündung in Rotterdam stand. Damit erinnert das kleine Türmchen an die Rheinquelle, die vom Pass aus in einer halbtägigen Wanderung erreicht werden kann. Als Quelle des Rheins wird der Tomasee (Lai da Tuma) betrachtet.

ressante Weise über die lange Geschichte des Passes informiert. Ein Grund mehr, auf die Tunneldurchfahrt zu verzichten.

Zahlreiche Varianten in Andermatt

Nach einer kurzen Fahrt hinter dem Pass und einigen Höhenmetern erreicht man zwar die Ortschaft Andermatt, hat aber die gesamte Abfahrt des Gotthardpasses noch nicht hinter sich. Ganz im Gegenteil, hier steht man vor einer weiteren Entscheidung, welche Strecke und welche Pässe man nun als Nächstes bewältigen kann.

Wanderer sollten sich zunächst für einen Abstecher in Richtung Osten entscheiden. Zwar geht es wieder eine Spitzkehre berg-

Nördlich von Andermatt indes verläuft die Gotthardstraße in engen Kehren bis Göschenen hinab, doch sollte man gleich nach der ersten Tunneldurchquerung hinter dem Kreisverkehr rechts anhalten und einen Blick auf die dortigen Teufelsbrücken werfen. Schon im 13. Jahrhundert wurde in der engen Schöllenenschlucht eine erste Teufelsbrücke aus Holz gebaut und drei Jahrhunderte später durch eine steinerne Brücke ersetzt. Nur über diese Brücke war es möglich, die enge Schlucht zu überwinden, weshalb sie ein wichtiger Bestandteil für die Überquerung des St. Gotthardpasses war. Eine zweite Brücke folgte der ersten, die dem Zerfall preisgegeben wurde und schließlich Ende des 19. Jahrhunderts einstürzte. Die neue Brücke wurde im letzten Jahrhundert durch eine weitere Brücke und einen Tunnel ergänzt. Heute ist die Schlucht Teil der Gotthardstraße und der damit verbundenen Passabfahrt und wird auch auf der vier Kilometer langen Schmalspurstrecke von der Schöllenenbahn als Zahnradbahn befahren. Die Brücken zusammen mit der Bahn sind ein beliebtes Fotomotiv.

Wer mit dem St. Gotthard genug an Passüberquerung hat, der folgt der Straße bergab und erreicht nach einer halben Stunde den Vierwaldstättersee und nach weiteren 30 Minuten Luzern. Doch lohnenswert ist auch der Umweg über die Straße 11 ab Wassen, wenig nördlich von Göschenen. Die Straße führt hinauf auf den Sustenpass. Die Passüberquerung in Höhe von 2224 Metern hat kaum eine verkehrstechnische Bedeutung und entstand daher erst in der ersten

Den Rhonegletscher kann man sogar von unten erkunden.

Vom Furkapass geht der Blick Richtung Grimselpass.

Hälfte des 20. Jahrhunderts. Doch touristisch ist auch diese Straße einen Ausflug wert, denn in einer der Spitzkehren befindet sich ein großer Parkplatz (46.730956, 8.426507), von dem aus man nicht nur einen wunderbaren Blick auf den vier Kilometer langen Steingletscher hat, sondern diesen auch von dort zu Fuß erreichen kann. Unterhalb der Gletscherzunge befindet sich der Steinsee, der erst durch den Rückgang des Gletschers in der zweiten Hälfte des letzten Jahrhunderts entstanden ist.

Zu guter Letzt bleibt in Andermatt noch die Auswahl, gen Westen zu fahren. Die Furkastraße bringt einen auf den gleichnamigen Furkapass in 2429 Metern Höhe. Auch hier erreichen wir einen Parkplatz, der Zugang zu einem Gletscher bietet. Der Rhonegletscher, der als Quelle der Rhone (frz. Rhône) gilt, ist noch rund zehn Kilometer lang und rund zwei Kilometer breit. Ab dem Parkplatz ist er über einen kurzen, kostenpflichtigen Fußweg erreichbar und kann auch durch eine von Menschenhand geschaffene Eisgrotte von innen betrachtet werden. Doch seine Größe nimmt

rapide ab und es ist nur noch eine Frage der Zeit, bis er sich deutlich von diesem Zugang zurückgezogen hat.

Über den Furkapass erreicht man die Ortschaft Gletsch, an die der Rhonegletscher noch Anfang des 20. Jahrhunderts heranreichte. Ab Gletsch folgen wir der Straße 6, um zum Abschluss der Passfahrten den 2164 Meter hohen Grimselpass zu überqueren. Wer auf seiner Alpenreise bisher noch nicht das Vergnügen hatte, einem Murmeltier zu begegnen, der sollte sein Glück am kostenfreien, kleinen Murmeltierpark auf dem Grimselpass versuchen.

Bevor man über den verhältnismäßig kleinen Brünigpass nach Luzern fährt, sollte man jedoch einen Besuch in Interlaken einplanen. Dort verkehrt die Jungfraubahn zum sogenannten Top of Europe. Ab Interlaken steigt man zwei Mal um, um mit der Zahnradbahn den Eigergletscher zu passieren und in einen Tunnel einzufahren. In diesem gibt es zwei kurze Zwischenstopps, bei denen man durch Panoramafenster aus der legendären Eiger Nordwand in die Tiefe

Bellinzona
Altstadt
Castelgrande
Castello
di Montebello
Castello di
Sasso Corbaro
Gotthardmassiv
St. Gotthardpass
Nationales St.
Gotthard-Museum
80 km   A 2

Andermatt

Der Eigergletscher ist über zwei Kilometer lang.

Stürmisch kann es auf dem Jungfraujoch zugehen.

schauen kann. An der Endhaltestelle wartet in über 3400 Metern Höhe neben einer Ausstellung, einem begehbaren Eispalast und mehreren Restaurants noch ein 100 Meter hoher Fahrstuhl, der die Besucher auf eine Aussichtsplattform bringt. Dort wird die Fahrt unter anderem mit einem sagenhaften Blick über den Aletschgletscher, der als Weltnaturerbe ausgezeichnet wurde, be-

lohnt. Zu guter Letzt kann man noch zahlreiche Produkte eines bekannten Schokoladenherstellers erwerben, die nirgendwo in der Schweiz günstiger sind als hier oben auf dem Jungfraujoch.

Besuch des Vierwaldstättersees

Der Vierwaldstättersee hieß bis zum 16. Jahrhundert eigentlich Luzerner See. Seinen heutigen Namen hat er von den vier Waldstätten, die sich um das Gewässer herum befinden. Eine Waldstätte ist eine schweizerische Gebietsbezeichnung, die vor den heutigen, bekannten Kantonen genutzt wurde. Da der See überwiegend aus Buchten und Armen besteht, lässt er sich an keiner Stelle komplett überblicken. Ein schönes Panorama auf den Vierwaldstättersee hat man jedoch vom Pilatus-Bergmassiv, das sich im Westen bis zu einer Höhe von 2128 Metern erhebt. Es gehört zu den Luzerner Voralpen und ist seit 1889 mit der Pilatusbahn ab Alpnachstadt (46.955519, 8.277511) sehr leicht zu erreichen. Diese Zahnradbahn ist die steilste der Welt und überwindet auf ihrer Gesamtlänge von über 4,5 Kilometern eine maximale Steigung von 48 Prozent. Nach rund einer halben Stunde hat man den Gipfel erreicht und kann nicht nur weite Teile des Vierwaldstättersees überblicken, sondern auch die Aussicht auf Luzern genießen. Wer gut zu Fuß ist, kann die 1700 Höhenmeter auch über einen angenehmen Wanderweg wieder hinab steigen. Alternativ besteht auch die Möglichkeit zu einer kombinierten Rundfahrt mit der Seilbahn und dem Schiff auf dem Vierwaldstätter See, um wieder zum Ausgangspunkt zurückzugelangen.

Anders als andere Städte in der Schweiz macht es Luzern den Wohnmobilisten verhältnismäßig leicht. Sowohl am Europaplatz (46.955519, 8.277511) zwischen Hauptbahnhof und Seeufer als auch in der Lidostraße am Verkehrshaus (47.050874, 8.337217) bestehen ausreichend Parkmöglichkeiten. Wer länger bleiben möchte, ist auf dem benachbarten Campingplatz Lido genau richtig.

Interessantes und Historisches in Luzern

Vom Europaplatz aus ist die Altstadt von Luzern in wenigen Gehminuten erreichbar. Gleich zu Beginn trifft man auf das Wahrzeichen der Stadt, die Kapellbrücke. Sie ist die älteste überdachte Holzbrücke Europas und mit fast 203 Metern Länge nur wenig kürzer als die längste Brücke ihrer Art. Sie überspannt die Reuss, die nur wenige Meter entfernt den Vierwaldstättersee wieder verlässt. In den Giebeln der Überdachung sieht man dreieckige Gemälde, die die Geschichte der Schweiz erzählen. Leider sind viele dieser Bilder bei einem schweren Brand 1993 vernichtet worden. Auch ein Teil der Brücke erlitt damals schwere Schäden.

Zur Kapellbrücke gehört außerdem der achteckige Wasserturm. Dieser war, wie die Brücke, ursprünglich ein Teil der Stadtbefestigung. Er ist jedoch kein klassischer Wasserturm, der der Wasserversorgung dient, sondern erhielt seinen Namen wegen seiner Lage mitten in der Reuss. Genutzt wurde er in den letzten Jahrhunderten wechselweise als Gefängnis, Folterkammer, Schatzkammer und als Stadtarchiv.

Rund 300 Meter weiter flussabwärts finden wir eine weitere, ähnliche Brücke. Die Spreuerbrücke ist zwar deutlich kürzer, beherbergt aber in ihren Dachgiebeln ebenfalls sehenswerte Bildmotive, die den Totentanz darstellen und im 17. Jahrhundert angefertigt wurden. Beide Brücken verbinden die Luzerner Altstadt mit der Neustadt. Die Altstadt am rechten, nördlichen Ufer besticht durch malerische Gassen und kunstvoll bemalte Hausfassaden. Die Sträßchen verbinden die wichtigsten Plätze der Stadt miteinander. Dazu zählen der Kapellplatz, der Kornmarkt und der Mühlenplatz.

Im Norden wird die Altstadt von der Museggmauer begrenzt, die ebenfalls Teil der einstigen Stadtbefestigung war. Sie ist bei-

Der Bahnhof Eigergletscher gehört zur Jungfraubahn.

Andermatt
Oberalppass
Rheinquelle
Teufelsbrücke
Sustenpass
Furkapass
Gletsch
Rhonegletscher
Älggi-Alp
Vierwaldstättersee
60 bis 110 km

Interlaken

Die Kapellbrücke überspannt in Luzern die Reuss.

nahe komplett erhalten und bringt es auf eine Länge von fast 900 Metern. Zu der zum Teil neun Meter hohen Mauer gehören auch die neun Museggtürme. Der Nölliturm befindet sich am westlichsten Mauerabschnitt und ist direkt am Reussufer, etwas unterhalb der Spreuerbrücke, nicht zu übersehen. Er wurde im 16. Jahrhundert erbaut, die Straßendurchfahrt durch den Turm entstand jedoch erst zu Beginn des letzten Jahrhunderts. Ihm folgt der Männliturm, der erklommen werden kann und einen

Markant ist das Erscheinungsbild des Eiger.

schönen Ausblick auf die Stadt ermöglicht. Der Luegislandturm ist mit 52 Metern der höchste der Museggtürme.

Ihm folgen der Heuturm und der markante Zytturm. Dieser ist auf der Südseite mit einer großen Wanduhr versehen und beherbergt eine Ausstellung historischer Uhren. Mit den vier letzten Türmen, Schirmerturm, Pulverturm, Allenwindenturm und Dächliturm, befindet man sich wieder im Zentrum von Luzern. Über die Museggstraße erreicht man von dort in wenigen Gehminuten das

Bourbaki-Panorama. Es handelt sich um ein 112 Meter langes Riesenrundgemälde innerhalb eines Rundbaus, das Szenen aus dem Deutsch-Französischen Krieg zeigt. Geschaffen wurde es vom Schweizer Maler Edouard Castres im Jahr 1881.

Neben dem Panorama-Rundhaus erreicht man durch die Denkmalstraße das Alpineum. Es berherbergt weitere Großgemälde, die die Aussichten von einigen bekannten Bergen zeigen wie den Blick vom Gornergrat bei Zermatt (siehe Tour 4) oder den Blick vom Luzerner Hausberg Pilatus. Zusammen ergeben diese Motive ein sehenswertes Diorama im ehemaligen Löwendenkmal-Museum.

Während die Großgemälde das Löwendenkmal-Museum ersetzten, ist das benachbarte Denkmal noch vorhanden und ebenfalls einen Besuch wert. Es wurde zu Beginn des 19. Jahrhunderts vom dänischen Bildhauer Bertel Thorvaldsen, der für zahlreiche Statuen in Dänemark, Deutschland und Polen verantwortlich ist, entworfen. Die in

Typische Berghöfe, aus viel Holz erbaut, ducken sich im Bergschatten.

eine Felswand gehauene Skulptur zeigt einen sterbenden Löwen, der an gefallene Soldaten der Schweizer Garde erinnert.

Zu guter Letzt sollte man noch nebenan den Gletschergarten besuchen. Als Geotop gewährt der Gletschergarten interessante Einblicke in die tiefen Gletschertöpfe, die während der Eiszeit entstanden. Dazu gibt es im Museum noch das älteste Gebirgsrelief der Welt und ein Landschaftsrelief der Schweiz zu sehen. Abschließend haben die kleinen Besucher einen großen Spaß beim Rundgang durch das Spiegellabyrinth, welches sich bereits seit 1899 am Ort befindet und mit 90 Spiegeln für Verwirrung sorgt.

Der zweite genannte Parkplatz in der Lidostraße befindet sich im Osten von Luzern und ist umgeben vom Campingplatz, einem Freibad und dem Verkehrshaus. Letzteres ist das meistbesuchte Museum der Schweiz und behandelt das Thema Verkehr. Schon von außen präsentiert es sich mit einer Glasfassade, hinter der zahlreiche Felgen, An-

triebsräder und Propeller das Thema Fortbewegung ansprechen. Interaktiv zeigt das Verkehrshaus eine umfangreiche Ausstellung zu den Themen Straße, Schiene, Luft- und Raumfahrt. Historische Originalflugzeuge sind dabei nur ein Teil des gesamten Museums. Mit Filzpantoffeln darf man zudem die 200 Quadratmeter große Swissarena betreten und so in wenigen Schritten die gesamte Schweiz auf einem Luftbild durchqueren. Die Entfernung zwischen Genf und Schaffhausen beträgt dabei rund 15 Meter. Doch der Clou an der Sache ist die interaktive Lupe, mit der man auf dem aus 7800 Luftaufnahmen zusammengesetzten Bild jedes Haus und jede Wiese in der Schweiz detailliert erkennen kann.

Auch vom Parkplatz in der Lidostraße und vom Campingplatz ist die Altstadt fußläufig erreichbar. Entlang dem Ufer vom Vierwaldstättersee können die rund 2,5 Kilometer bequem in einer halben Stunde zurückgelegt werden.

Durch diese hohle Gasse muss er kommen

Auf der Straße 2 verlassen wir Luzern und fahren in Ufernähe nach Küssnacht, von wo aus man einen schönen Blick über einen kleinen Teil des Vierwaldstättersees hat und sich am gegenüberliegenden Ufer der breite Rigi erhebt. Im Vergleich zu anderen Alpengipfeln ist er mit etwas weniger als 1800 Metern Höhe verhältnismäßig klein. Dadurch ist er jedoch gut erschlossen und bietet zahlreiche Freizeitmöglichkeiten. Von Vitznau und von Arth kann der Gipfel mit der Zahnradbahn erreicht werden, ab Weggis und Goldau mit einer Seilbahn.

Auf dem Weg nach Küssnacht sehen wir auf der rechten Seite am Seeufer eine kleine Kapelle. Sie erinnert an die belgische Königin Astrid, die durch Heirat Königin der Belgier wurde, jedoch in Stockholm geboren wurde und daher den Namen Astrid von Schweden trug. An einem Sommermorgen im Jahr 1935 fuhr sie mit ihrem Gemahl die Straße entlang und zeigte, nach Zeugenaussagen, mit einer Straßenkarte in der Hand auf den Berg Rigi, wäh-

rend der König das Fahrzeug ausnahmsweise selbst steuerte. Aus nicht eindeutig geklärten Gründen kam der Wagen von der Straße ab und die Königin wurde dabei aus dem Auto geschleudert. Sie verstarb noch an der Unfallstelle. Während im Heimatmuseum Küssnacht der Unfall ausführlich geschildert wird und auch kleine Fragmente des Fahrzeugs zu sehen sind, wurde der Wagen auf Geheiß des Königs im Vierwaldstättersee versenkt.

Bekannt aus Schillers »Wilhelm Tell«: die Hohle Gasse in Küssnacht

Rapperswil fasziniert mit seiner malerischen Altstadt.

Küssnacht ○
Astrid-Kapelle
Hohle Gasse
Pfäffikon
Holzbrücke ▭ A 4
▭ 4
50 km ▭ 3
Rapperswil ○

Für Ausblicke gut: Panoramawaggon des Bernina-Express

sodass der Zürichsee trockenen Fußes überquert werden kann.

Während die beiden Ortschaften noch im 14. Jahrhundert mit einer Fähre miteinander verbunden waren, ist für das folgende Jahrhundert bereits ein Holzsteg nachgewiesen worden. Dieser mit Wegezoll kostenpflichtige Übergang bestand aus über 500 Eichenpfählen und war fast 1,5 Kilometer lang.

Mit dem Bau des Seedamms entfiel die Funktion des Stegs, der daraufhin gegen Ende des 19. Jahrhunderts nach mehrmaliger Erneuerung entfernt wurde. In Anlehnung an diesen Steg wurde im Jahr 2001 ein neuer Holzsteg für Fußgänger errichtet, der dem ursprünglichen Verlauf des Übergangs entspricht. Wir sehen den 2,5 Meter langen Bau beim Überqueren des Seedamms auf der rechten Seite. Mit einer Länge von über 800 Metern handelt es sich um die längste Holzbrücke des Landes. Am einfachsten erreicht man ihn zu Fuß ab Rapperswil (47.224076, 8.816042).

Gleichzeitig sollte man beim Befahren des Damms seinen Blick nach links werfen, denn drei Fahnenmasten und eine Steinstele markieren an dieser Stelle den Dreiländerpunkt zwischen den Kantonen Zürich, Schwyz und St. Gallen.

Südlich von Rapperswil besteht die Möglichkeit, zum Kloster Einsiedeln zu gelangen, das als Benediktinerabtei eine bedeutende Station für Jakobspilger auf ihrem Weg nach Spanien ist. Es wurde bereits im 12. Jahrhundert gegründet und thront prächtig über der kleinen gleichnamigen Gemeinde Einsiedeln.

Ab Rapperswil fahren wir ostwärts und erreichen den lang gestreckten Walensee. Nach einer kurzen Fahrt am Südufer und durch einige Tunnel treffen wir in Sargans auf das Rheintal, wo wir auf der linken Seite einen kurzen Blick auf Liechtenstein werfen können und der Autobahn 13 durch das Rheintal südwärts nach Chur folgen.

Das Gebiet, auf dem sich die als älteste Stadt der Schweiz geltenden Ortschaft befindet, war vermutlich schon in der Jungsteinzeit, also um 3000 v. Chr. besiedelt. Während der Römerzeit entstand hier eine

Bei Immensee fahren wir auf der Autobahn 4 westlich des Zugersees nach Norden in Richtung Cham. Der Zugersee wird von dem rund 30 Kilometer langen Fluss Lorze durchflossen. Nördlich von Cham wechseln wir auf die Autobahn 4a, um ab Sihlbrugg über die Landstraße zur Autobahn 3 und Richtung Pfäffikon zu gelangen.

Vom Zürichsee zum Walensee

Pfäffikon liegt an der engsten Stelle des Zürichsees, gleich gegenüber von Rapperswil. Von südlicher Seite aus ragt die Halbinsel Hurden in den See hinein, die über die Straße 9 erreicht wird. Diese Straße wurde durch einen Seedamm künstlich verlängert,

Schwindelerregende Höhenunterschiede überbrücken die Viadukte.

Siedlung, die Ausgangspunkt für eines der ersten Bistümer nördlich der Alpen wurde.

Zwischen Rhein und Autobahn befindet sich der Campingplatz Au, der bei einem längeren Aufenthalt in Chur empfehlenswerter ist als eine Parkplatzsuche in der kleinen Ortschaft. Die Altstadt liegt am Ausgang des schmalen Plessurtals und ist zwar nicht groß, bietet jedoch einen schönen Stadtbummel mit sehenswerten Häusern.

Direkt an der Passhöhe des Julierpasses liegt ein malerischer See.

Auf den Spuren nostalgischer Züge

Chur ist aber auch Ausgangsort für den Berninaexpress, der berühmt ist für seine beiden Streckenabschnitte Albulabahn und Berninabahn. Diese werden unter anderem mit Panoramawagen befahren und gehören zum Weltkulturerbe der Unesco. Diese Schmalspurbahn lässt die Herzen aller Eisenbahnfreunde höher schlagen. Sie passiert auf einer Länge von 62 Kilometern

zwischen Thusis und St. Moritz 144 Brücken und über 40 Tunnel. Der bekannteste Teil der Bahnlinie ist immer wieder ein sehenswertes und spektakuläres Fotomotiv: das Landwasserviadukt (46.680445, 9.675591). Hier fährt die Bahn in einer engen Kurve über ein 65 Meter hohes Viadukt und taucht am anderen Ende der Brücke sofort in einen Tunnel in der steilen Felswand ein. Hier sollte man mal für einen Tag das Wohnmobil mal stehen lassen und die Strecke von Chur nach Tirano in Italien hin- und zurückfahren. Rund vier Stunden benötigt der Berninaexpress je Richtung und bietet unvergleichliche Aussichten. Höhepunkte sind neben dem Landwasserviadukt, über das der Zug für die Touristen extra langsam fährt – vorausgesetzt er hat keine Verspätung – die vielen Kehrtunnel und das Brusio-Viadukt, bei dem der Zug in einer weiten Kehre an Höhe verliert, nachdem er den 2091 Meter hoch gelegenen Bahnhof Alp Grüm passiert. Seit dem Jahr 2010 kann man der Bahntrasse auch auf einem 131 Kilometer langen Fernwanderweg folgen, von dem aus man immer wieder einen wunderbaren Ausblick auf die zahlreichen Bauten der Albulabahn genießen kann.

In Chur verlassen wir das Rheintal und folgen der Straße 3 südwärts in Richtung Churwalden und Tiefencastel. Durch Tiefencastel fährt in malerischer Lage die bereits angesprochene Albulabahn. Die Straße verläuft am Bergmassiv vorbei und bringt uns mit einer Maximalsteigung von 12 Prozent zum Julierpass (46.472057, 9.727116). Dabei passieren wir zuvor den Lai da Marmorera, einen Stausee der 1954 fertiggestellt wurde und für den die Bewohner des gleichnamigen Dorfes zuvor umgesiedelt werden mussten.

Dass der Julierpass bereits zu Zeiten der Römer eine große Bedeutung hatte, belegen die römischen Säulen, die bei Ausgrabungen gefunden wurden und auf der Passhöhe aufgestellt sind. Nach der Abfahrt vom 2284 Meter hohen Pass gelangen wir nach Silvaplana, wo bis zum Jahr 2016 eine neue Passstraße gebaut wird.

Silvaplana liegt malerisch am gleichnamigen See und ist ein beliebter Ferienort.

Rapperswil
Walensee
A 3
92 km | A 13

Chur
Berninaexpress
Albulabahn
Tiefencastel
Julierpass
Lai da Marmorera
Silvaplana
76 km | 3

St. Moritz
Albulapass

Ziel

Auch Friedrich Nietzsche war hier vor Ort und umrundete den See. Dabei wurde er zu seinem Gedanken von der Ewigen Wiederkunft des Gleichen inspiriert, den er in seinem wohl bedeutendsten Werk »Also sprach Zarathustra« verfasste. Eine Gedenktafel erinnert an den Ort.

In den Ort der Reichen und Schönen

Von Silvaplana aus sind es nur noch wenige Minuten bis zum Etappenziel und zum nächsten Ferienort St. Moritz.

St. Moritz ist als Kurort über die Grenzen hinaus bekannt und war Austragungsort von zwei Olympischen Winterspielen innerhalb von zwei Jahrzehnten (1928 und 1948). Als Wahrzeichen der Ortschaft gilt der Schiefe Turm, der als Überrest der einstigen Mauritiuskirche mit einer deutlichen Neigung stehen geblieben ist. Außerdem ist St. Moritz berühmt als Urlaubsort für zahlreiche Prominente, von denen einige Immobilien vor Ort besitzen.

Nicht weniger spektakulär als die Albulabahn ist die bereits erwähnte Bernina-

bahn, die ebenfalls in das Weltkulturerbe der Unesco eingetragen ist. Sie startet im Bahnhof von St. Moritz und fährt über den 2328 Meter hohen Berninapass, um auf südlicher Seite in engen Spitzkehren den Berg hinab nach Tirano zu gelangen. Für die absolvierte Fahrt wird sogar eine Urkunde ausgehändigt.

Bei der Kirche von St. Moritz gibt's Stellplätze für Wohnmobile.

Der Julierpass wurde schon von den Römern genutzt.

» PRAKTISCHE HINWEISE

TOURISTINFORMATIONEN

Locarno – Lago Maggiore Tourist Office, Largo Zorzi 1, 6600 Locarno, Tel. 0041/(0)848/09 10 91 www.ascona-locarno.com

Andermatt – Andermatt-Urserntal Tourismus GmbH, Gotthardstraße 2, 6490 Andermatt, Tel. 0041/(0)41/888 71 00, www.andermatt.ch

Luzern – Tourist Information, Zentralstraße 5, 6002 Luzern, Tel. 0041/(0)41/227 17 17, www.luzern.com

Rapperswil-Jona, Verkehrsverein Rapperswil-Jona, Fischmarktplatz 1, 8640 Rapperswil, Tel. 0041/(0)55/220 57 57, www.vvrj.ch

Chur – Regionales Infozentrum in der Personenunterführung am Bahnhof, 7000 Chur, Tel. 0041/(0)81/252 18 18, www.churtourismus.ch

Silvaplana – Tourist Information, Via dal Farrer 2, 7513 Silvaplana, Tel. 0041/(0)81/838 60 00, www.silvaplana.ch

St. Moritz – Tourist Information, Via Maistra 12, 7500 St. Moritz, Tel. 0041/(0)81/837 33 33, www.stmoritz.ch

KARTEN

Kümmerley + Frey, Alpenstraßen 1:700 000 oder Schweiz 1:301 000 (mit Gratis-Downloadversion für das Smartphone)

CAMPINGPLÄTZE

Lido Mappo Camping, Via Mappo, 6598 Svizzera, Tel. 0041/(0)91/745 14 37, www.lidomappo.ch (46.176918, 8.844398).

Camping Campofelice, Via alle Brere 16, 6598 Tenero, 0041/(0)91/745 14 17, www.campofelice.ch (46.166844, 8.853904).

Caravan Camping Miralago, Via Roncaccio, 6598 Tenero, Tel. 0041/(0)91/745 12 55, www.camping-miralago.ch (46.173063, 8.84661). Die Campingplätze Lido, Campofelice und Miralago sind nur eine Auswahl von mehreren Campingplätzen, die sich östlich von Locarno am Ufer des Lago Maggiore drängeln. Sie bieten allen Komfort, sind aber eher auf Urlauber mit längerer Aufenthaltsdauer ausgelegt.

TCS Camping Bellinzona, Via San Gottardo 131, 6500 Bellinzona, Tel. 0041/(0)91/829 11 18, www.tcs.ch (46.21195, 9.03841). Campingplatz vom TCS am Flussufer.

Camping Gotthard, 6490 Andermatt, www.gotthard-camping.ch (46.632133, 8.591221). Am Rande von Andermatt gelegener, guter Ausgangspunkt für Besuche der umliegenden Pässe, der Teufelsbrücke und der Rheinquelle. Allerdings komplett auf Asphalt und beinahe schon eher als

Stellplatz zu bezeichnen.

Camping Gadmen, Obermaad 343E, 3863 Gadmen, Tel. 0041/(0)33/975 12 30, www.camping-gadmen.ch (46.738158, 8.361856). Kleiner, familiärer Campingplatz an der Sustenstraße unterhalb des Sustenpasses.

TCS Camping Bönigen-Interlaken, Campingstraße 14, 3806 Böningen, Tel. 0041/(0)33/822 11 62, www.tcs.ch. Campingplatz unter Bäumen und direkt am Ufer des Brienzer Sees.

TCS Camping Interlaken, Brienzstraße 24, 3800 Interlaken-Ost, Tel. 0041/(0)33/822 44 34. Kleiner Campingplatz am Ufer der Aare. Guter Ausgangspunkt für eine Fahrt mit der Bahn auf das Jungfraujoch, da der Bahnhof Interlaken Ost direkt auf der anderen Seite des Flusses liegt.

Camp Obsee AG, Campingstraße 1, 6078 Lungern, Tel. 0041/(0)41/678 14 63, www.obsee.ch. Campingplatz für Dauercamper, aber auch mit Stellflächen für Wohnmobile am Südufer des Lungerersees.

TCS Camping Buochs, 6374 Buochs-Ennetbürgen, Tel. 0041/(0)41/620 34 74, www.tcs.ch (46.979627, 8.41786). Nur durch einen Sportplatz vom Vierwaldstättersee getrennt, aber auch gleichzeitig in der Einflugschneise des kleinen Flugplatzes Buochs.

TCS Camping Luzern-Horw, Seefeldstraße, 6048 Horw, Tel. 0041/(0)41/340 35 58, www.tcs.ch (47.011121, 8.310915). Im Süden von Luzern und am Fuße des Pilatus. Das Zentrum von Luzern ist mit der Buslinie 20 in rund 15 Minuten erreichbar.

Camping International Lido, Lidostraße 19, 6006 Luzern, Tel. 0041/(0)41/370 21 46, www.camping-international.ch (47.050167, 8.337796). Für eine Stadtbesichtigung von Luzern ein sehr günstig gelegener Campingplatz in unmittelbarer Nähe des Verkehrshauses und nur wenige Schritte vom Vierwaldstättersee entfernt.

Camping Vierwaldstättersee, Luzernerstraße 271, 6402 Merlischachen, Tel. 0041/(0)41/850 08 04, www.seecamping.ch (47.061695, 8.402979). Auf halber Strecke zwischen Luzern und Küssnacht und direkt am Seeufer mit Blick auf den Rigi.

TCS Camping Zugersee, Chamer Fußweg 36, 6300 Zug, Tel. 0041/(0)41/741 84 22, www.tcs.ch (47.176955, 8.495623). Am Nordufer des Zugersees zwischen Zug und Cham.

Camping Gäsi, 8872 Weesen, Tel. 0041/(0)55/610 13 57, www.zkgl.ch (47.127808, 9.111254). In Waldlage und unmittelbar am Ufer des Walchensees kleiner, gemütlicher Campingplatz.

Camp Au, Felsenaustraße 61, 7000 Chur, Tel. 0041/(0)81/284 22 83, www.camping-chur.ch (46.861783, 9.507352). Campingplatz an der Mündung der Plessur in den Rhein. Auch Wohnmobil-Stellplätze für den Kurzaufenthalt vorhanden.

St. Moritz: Wohnmobil abstellen und durch den mondänen Ort flanieren …

Camping Pradafenz, Engelhard Gerber-Lieberherr, Tel. 0041/(0)81/382 19 21, 7075 Churwalden, www.prada-fenz.ch (46.777412, 9.541443). Zwischen Chur und Tiefencastel am Ortsrand gelegen.

Campingplatz Silvaplana, 7513 Silvaplana, Tel. 0041/(0)81/828 84 92, www.campingsilvaplana.ch (46.456016, 9.793098). Schön gelegener Platz am Ufer des Silvaplanasees.

TCS Camping St. Moritz, Via San Gian, 7500 St. Moritz, Tel. 0041/(0)81/833 40 90, www.tcs.ch (46.477916, 9.826035). An der Skischanze genau zwischen Silvaplana und St. Moritz. In der Hauptsaison ist eine vorherige Reservierung empfehlenswert.

STELLPLÄTZE

Bellinzona, Via Brunani. 7 einfache Stellflächen am Flussufer, teilweise jedoch unter einer Brücke (46.201185, 9.017235).

Oberalppass. Auf der Seite des Kantons Uri verläuft die alte Passstraße, die von Wohnmobilisten in der Nacht kostenlos genutzt werden darf. Keine Ausstattung, aber schöne Lage. Die Zufahrt erfolgt an der Galerie oder gegenüber vom kleinen Bahnhof.

Grimselpass. Das Hotel Grimselblick bietet auf der Passhöhe neben dem Murmeltierpark einen kleinen schotterigen Übernachtungsplatz für 10 Franken an. Die Toiletten des Hotels dürfen während der Öffnungszeiten mitgenutzt

werden. Duschen kosten extra, kein Strom. Sehr schöne Lage und nachts außerordentlich ruhig.

Giswil, Panoramastraße. 3 kostenlose Stellflächen an einer Hauptstraße und einer Bushaltestelle an der Kirche. Ver- und Entsorgungsmöglichkeiten befinden sich 200 Meter Luftlinie auf der anderen Seite des Flusses Laui und sind über die Holzbrücke ausgeschildert. Nachts jedoch laut, da die Kirche im Viertelstundentakt läutet.

Chur – Camp Au, Felsenaustraße 61, 7000 Chur, 0041/(0)81/284 22 83, www.camping-chur.ch (46.861783, 9.507352). Der Campingplatz an der Mündung der Plessur in den Rhein bietet auch Wohnmobil-Stellplätze für den Kurzaufenthalt an.

Rona, zwischen Tiefencastel und dem Julierpass befindet sich eine Stellfläche für max. 15 Wohnmobile, inkl. Strom und Wasser (46.561258, 9.623969).

PÄSSE

St. Gotthardpass (2106 m), alternativ dazu der St. Gotthardtunnel (17 km)
Oberalppass (2044 m), als Abstecher zur Rheinquelle
Sustenpass (2224 m), optional zum Besuch des Steingletschers
Furkapass (2429 m), optional zum Besuch des Rhonegletschers
Grimselpass (2164 m), nur in Verbindung mit dem Furkapass möglich
Julierpass (2284 m), oder als Alternative Albulapass

6 WINTERTOUR DURCH DAS VORALPENLAND

Auf der Deutschen Alpenstraße

Start- und Endpunkt: Lindau und Berchtesgaden   **Beste Jahreszeit:** Ganzjährig, im Winter sehr empfehlenswert   **Streckenlänge:** Rund 450 km   **Fahrzeit:** 4 bis 5 Tage   **Mautstrecken:** Tatzelwurmstraße, Rossfeldpanoramastraße

Die Deutsche Alpenstraße ist eine touristische Straße, die den Bodensee mit dem Königssee im Berchtesgadener Land verbindet. Dabei bietet sie wunderbare Blicke auf die Nordseite der Alpen, ohne anstrengend zu sein. Die Pässe auf der Tour erreichen kaum nennenswerte Höhen, dürfen jedoch nicht unterschätzt werden und beinhalten dennoch einige spannende Spitzkehren. Nach dem Besuch von so bekannten Ortschaften wie Füssen, Garmisch-Partenkirchen und Reit im Winkl erlebt man am Ende der Fahrt einen wahren Höhepunkt mit der Rossfeldpanoramastraße.

Hübsche Fassaden prägen das Stadtbild von Lindau am Bodensee.

	Start
Lindau	○
Altstadt	
Hafen	
Leuchtturm	
Bodensee	
Deutsche	
Alpenstraße	B 12
Paradies	B 31
42 km	B 308
Oberstaufen	○

Vom Stellplatz in der Reutiner Straße erreicht man zu Fuß innerhalb von 15 Minuten die Altstadt von Lindau, die sich auf einer Insel mitten im Bodensee befindet. Die Ursprünge der Stadt liegen eigentlich auf dem Festland, doch aus Sicherheitsgründen siedelte man den damaligen Markt im 10. Jahrhundert auf die Insel über. Seit Mitte des 19. Jahrhunderts ist die Insel nicht nur durch eine Brücke, sondern auch über einen Eisenbahndamm mit dem Festland verbunden. Dieser Kopfbahnhof sollte zu Beginn des 21. Jahrhunderts auf das Festland verlegt und als Durchgangsbahnhof gebaut werden, doch nach jahrelanger Diskussion und einer Volksabstimmung sieht der aktuelle Planungsstand vor, dass der Kopfbahnhof auf der Insel weiterhin für Regionalzüge genutzt werden soll und der neue Bahnhof dem Fernverkehr dienen wird.

Die Altstadt im See

Über die Seebrücke spaziert man an der evangelischen Kirche St. Stephan vorbei zum Marktplatz und erkennt, dass sich gleich neben der Kirche ein weiteres Gotteshaus erhebt. Das Münster Unserer lieben Frau wurde als katholische Pfarrkirche im 18. Jahrhundert neu errichtet, nachdem der Vorgänger-

bau bei einem verheerenden Stadtbrand vernichtet wurde. Durch die schmale Cramergasse gelangt man zur Maximilianstraße, der wichtigsten Fußgängerzone von Lindau und der Haupteinkaufsstraße mit zahlreichen historischen Bügerhäusern. Auf der linken Seite erhebt sich das Alte Rathaus aus dem Jahr 1422. Bereits die Nordfassade mit ihrem überdachten Treppengiebel ist eine Augenweide. Es lohnt sich aber auch auf jeden Fall ein Gang um das Gebäude herum, um die detailreichen Wandmalereien auf der Südseite zu besichtigen.

Wenn wir schon dort sind, sollten wir gleich über den Reichsplatz unseren Stadtspaziergang fortsetzen, bis wir nach wenigen Augenblicken das Wahrzeichen der Stadt erreicht haben – den Hafen von Lindau mit Bayerns einzigem Leuchtturm. Der 20 Meter hohe Mangenturm hat einen quadratischen Grundriss und ist mit einem glasierten Ziegelhelm überdacht. Als Leuchtfeuer diente er jedoch nur rund 120 Jahre. Der Betrieb wurde bereits im Jahr 1300 eingestellt. Gleich dahinter erstreckt sich der Hafen mit der Hafeneinfahrt als Lindauer Wahrzeichen. Während sich am Horizont die Alpengipfel der Schweiz und von Österreich abzeichnen, besticht die Einfahrt in den Lindauer Hafen mit dem neuen

An der Lindauer Hafeneinfahrt wacht ein bayerischer Löwe.

Leuchtturm aus dem 19. Jahrhundert, der über 139 Stufen bestiegen werden kann und ein wunderbares Panorama bereithält. Auf der anderen Seite der Einfahrt hockt der aus Marmor bestehende Bayerische Löwe, der genau diese Aussicht über den Bodensee bis zu den Alpengipfeln zu genießen scheint.

Der Bodensee gilt nach dem Balaton in Ungarn und nach dem Genfer See als der drittgrößte See in Mitteleuropa und als der größte See Deutschlands. Doch teilt sich Deutschland den See mit den beiden anderen Anrainerstaaten Österreich und Schweiz. Dabei gibt es jedoch innerhalb des Sees bis heute keine definierte Grenzziehung zwischen den Staaten. Eine Besonderheit, die es auf dem gesamten europäischen Kontinent kein zweites Mal gibt. Zwar wird auf Landkarten oft eine Grenze eingezeichnet, die jedem Land einen prozentualen Anteil des Gewässers zusprechen würde, doch in der Praxis ist die Nutzung des Bodensees als Kondominium weit verbreitet, d. h. dass alle drei Staaten gleiche Hoheitsrechte ausüben können.

Deutlicher als die Grenzziehung sind die Fakten über den Bodensee. Der größte Teil des Gewässers besteht aus dem Obersee, der sich von Ost nach West erstreckt und sich im westlichen Abschnitt zum Überlinger See verjüngt. Südlich davon befindet sich der kleinere Untersee, der zum Bodensee gezählt wird. Er ist durch den rund vier Kilometer langen Seerhein mit dem Obersee verbunden.

Der Rhein ist außerdem der wichtigste Zulauf des Bodensees, jedoch nicht der einzige. Über 200 kleinere Flüsse füllen den See mit Wasser. Jedoch ist der Rhein der einzige Abfluss des Sees. Neben der Insel Lindau erheben sich noch zwei weitere bedeutende Eilande aus dem Wasser. Die Insel Mainau als sogenannte Blumeninsel und die Insel Reichenau als Unesco-Weltkulturerbe befinden sich im Westen des Bodensees.

An seiner tiefsten Stelle bringt es der Bodensee auf eine Tiefe von 254 Metern. Damit ist er nicht nur der größte, sondern auch der tiefste See Deutschlands. Wer nun aber versucht, vom Westufer der Insel

Lindau bis nach Konstanz zu blicken, der wird enttäuscht werden. Durch die Länge des Sees, die in ihrer größten Entfernung bei rund 63 Kilometern liegt, und die damit verbundene Erdkrümmung ist es auch bei bester Fernsicht nicht möglich, von Ufer zu Ufer zu blicken.

Nach der Besichtigung Lindaus beginnen wir unsere Fahrt auf der Deutschen Alpenstraße, indem wir auf der B 12 die Stadt verlassen und auf den Bundesstraßen 31 und 308 ostwärts fahren. Diese Tour eignet sich auch verhältnismäßig gut für eine Fahrt im Winter, da die Pässe nicht ganz so hoch sind wie zum Beispiel im österreichischen Alpenraum und daher ganzjährig befahren werden können. Darüber hinaus existieren entlang der Route mehrere Wohnmobilstellplätze, die auch auf Besucher im Winter eingestellt sind.

Die ersten Serpentinen lassen dennoch nicht lange auf sich warten. Der sogenannte Rohrachanstieg an der gleichnamigen Schlucht bringt uns in mehreren engen Kehren auf den Pfänderrücken. Oben erwartet uns das kleine Städtchen Lindenberg im Allgäu, das für seine Hutmachertradition bekannt ist und diese im einzigen Hutmachermuseum Bayerns präsentiert. Außerdem wird in der Gemeinde alle zwei Jahre die Hutkönigin gewählt.

Zum gleichnamigen Naturpark Nagelfluhkette gehört auch unser nächstes Ziel, der Schrothkurort Oberstaufen. Die Ortschaft erlangte 2010 bundesweite Aufmerksamkeit, als sich in der deutschen Bevölkerung Widerstand gegen Veröffentlichungen von Straßenzügen bei Google Streetview breitmachte. Oberstaufen erkannte indes die Möglichkeit der Werbung und bot sich in einer PR-Aktion an, als erste Ortschaft Deutschlands Streetview-Aufnahmen der Stadt im Internet zu zeigen. Wir hingegen schauen uns die Ortschaft ohne virtuelle Hilfsmittel an und schlendern durch das gemütliche Zentrum, das sich rund um die Pfarrkirche St. Peter und Paul ausbreitet. Das Gotteshaus mit seinem 65 Meter hohen Turm entstand im neogotischen Stil im 19. Jahrhundert. Es ersetzte eine Vorgängerkirche, die vermutlich schon im 13. Jahrhundert bestand. Aus dieser Zeit sind zumindest noch die Grundmauern des Kirchturms geblieben. Sehenswert sind im Inneren die Malereien der Decke aus dem Jahr 1913.

Die Deutsche Alpenstraße führt von Lindau zum Königssee.

Rast im Allgäu bei Schnee und Sonnenschein.

» SEHENSWERTES

Wanderparkplatz Paradies
Zwischen Oberreute und Oberstaufen führt die Straße noch einmal bergauf und durch eine scharfe Linkskurve. Gleich dahinter lohnt sich der Stopp auf dem Wanderparkplatz Paradies (47.54329, 9.989506) auf der linken Seite. Dort lässt sich nicht nur im gleichnamigen Café einkehren, sondern es bietet sich auch ein wunderbarer Ausblick auf die Nagelfluhkette am Nordrand der Allgäuer Alpen.

Kurzer Stopp in Immenstadt

Auf der Deutschen Alpenstraße fahren wir anschließend durch das Tal der Konstanzer Ache, die wenig später den Großen und den Kleinen Alpsee bildet, bevor sie Immenstadt durchquert. Zentraler Punkt von Immenstadt ist der Marienplatz, an dessen westlicher Seite sich das schlichte Stadtschloss erhebt, welches die Tourismusinformation beherbergt. Auf dem Platz befindet sich die Mariensäule, die als Pestsäule errichtet wurde. Ein Kuriosum ist, dass sie erst 140 Jahre nach Erlöschen der Pest erbaut wurde und es weitere 200 Jahre dauerte, bis der von Anfang an geplante Brunnen rund um die Säule erstellt wurde.

Das folgende Sonthofen war im Jahr 2005 Alpenstadt des Jahres und ist die südlichste Stadt Deutschlands. Zwar liegt Oberstdorf noch weiter südlich, hat aber keine Stadtrechte. Neben der katholischen Pfarrkirche St. Michael gibt es einige weitere sehenswerte Bauten rund um die kleine Fußgängerzone.

In fröhlichen Farben prunkt die Kirche St. Peter und Paul in Oberstaufen.

Almabtrieb

Im Zentrum von Immenstadt trifft man immer wieder auf sehenswerte Skulpturen wie den entspannten Biertrinker, zu dem man sich auf einer Sitzbank gesellen kann oder auf die Skulpturengruppe Alpzug. Sie erinnert an den traditionellen Almabtrieb, im Allgäu auch Viehscheid genannt, der im Spätsommer gefeiert wird und mittlerweile zu einer spektakulären Touristenattraktion geworden ist. Einige der bis zu 1000 Rinder, die zum Überwintern in ihre Ställe gebracht werden, sind dabei farbenfroh geschmückt. Immenstadt ist die einzige Ortschaft Deutschlands, in der diese Tradition noch stattfindet.

Sportfaszination in Oberstdorf

Bevor wir auf der Deutschen Alpenstraße weiterfahren, lohnt sich noch ein kurzer Abstecher auf der Bundesstraße 19 durch das Tal der Iller, die uns südwärts nach Oberst-

dorf bringt. Die Gemeinde besticht durch zahlreiche Unterkunftsmöglichkeiten und ist ein beliebtes Urlaubsziel. Grund hierfür sind unter anderem die zahlreichen Sehenswürdigkeiten wie die Breitachklamm, aber auch die Sportmöglichkeiten im und um den Ort herum. Skispringen ist dabei ein Klassiker, der aus Oberstdorf nicht mehr wegzudenken ist. Die Heini-Klopfer-Skiflugschanze ist Austragungsort für den Auftakt der Vierschanzentournee, die immer rund um den Jahreswechsel stattfindet. Zwei Tage vor Silvester herrscht in Oberstdorf Ausnahmezustand und wer dann mit einem Wohnmobil die dortigen Stell- oder Campingplätze aufsuchen möchte, sollte vorab reserviert haben.

Eine weitere Besonderheit in der Region ist das Kleinwalsertal, das nur über die deutsche Bundesstraße 19 zu erreichen ist, jedoch zu Österreich gehört. Im Süden ist das Tal durch die Allgäuer Alpen vom Rest des Landes abgetrennt. Diese Tatsache führt natürlich zu einigen Besonderheiten. So dürfen zum Beispiel deutsche Staatsangehörige, die im Kleinwalsertal verhaftet werden, nicht auf dem Landweg in eine andere österreichische Stadt gebracht werden, sondern müssen per Helikopter überführt werden.

Nach dem Besuch des Kleinwalsertals und Oberstdorf machen wir uns wieder auf

Schlitten oder Kutsche? Mit Pferdekraft unterwegs in Oberstaufen

» WISSENSWERTES

Zipfelpass
Mit seiner Lage gehört Oberstdorf zu den sogenannten Extrempunkten Deutschlands. Denn das Haldenwanger Eck, ein Bergsattel auf über 1900 Metern Höhe, ist der südlichste Punkt Deutschlands. Die drei anderen Extrempunkte Deutschlands liegen in Selfkant (NRW), auf Sylt und in Görlitz. Die vier Gemeinden haben sich zum Zipfelbund zusammengeschlossen und bieten eine Überraschung, wenn man innerhalb von vier Jahren in allen vier Orten eine Nacht verbracht hat. Nachweisen kann man dies über den Zipfelpass, der von den jeweiligen Tourismusbüros ausgegeben und abgestempelt wird.

Oberstaufen
Immenstadt
B 308
38 km B 19

Oberstdorf
Breitachklamm
Haldenwanger
Eck B 19
Kleinwalsertal B 308
50 km B 310

Nesselwang

Nesselwang ist ein Luftkurort zu Füßen der Alpspitze.

den Weg nach Norden, um weiter der Deutschen Alpenstraße zu folgen. Die Idee zu dieser touristischen Straße stammt übrigens aus dem Jahr 1927 als ein Sanitätsarzt die Quertäler zwischen Bodensee im Westen und dem Königssee im Osten miteinander verbinden wollte. Sie verläuft über eine Handvoll Pässe, die in ihrer Höhe vergleichsweise gering sind, bietet jedoch immer wieder faszinierende Ausblicke auf die Alpen und ist für Unerfahrene genau der richtige Einstieg für eine Tour durch die

Alpen. Unser nächstes Ziel ist der Oberjochpass, der gleich am Ostrand von Hindelang in die Höhe führt und mit der Kanzel (47.510943, 10.391317) einen Zwischenstopp mit einer wunderbaren Aussicht auf die Ortschaft bietet.

Im Anschluss passieren wir den rund 2,5 Kilometer langen Grüntensee und steuern wenig später Nesselwang an. Dem Ort sollte man sich nicht zu schnell nähern, denn bei der Ortseinfahrt gibt es einen kleinen Parkplatz auf der rechten Seite, der

ein tolles Panorama bietet. Fast schon wie ein klassisches Motiv für einen Kalender oder ein Puzzle präsentiert sich Nesselwang mit seiner barocken St. Andreaskirche, die sich zwischen den Wohnhäusern erhebt, während sich im Hintergrund die Alpengipfel abzeichnen.

Hinter Nesselwang durchqueren wir Pfronten, das aus mehreren kleinen Dörfern besteht, die weit versprenkelt in der Landschaft zu liegen scheinen. Von Pfronten aus verläuft die Deutsche Alpenstraße nördlich

des Zirngrats auf der Bundesstraße 310, doch wir hätten auch die Möglichkeit, im Süden dieser Erhebung durch österreichisches Gebiet zu fahren, um nach wenigen Kilometern Füssen zu erreichen.

Romantische Schlösser

Füssen befindet sich nicht nur an der Deutschen Alpenstraße, sondern ist auch Endpunkt der Romantischen Straße, einer weiteren touristischen Route und an der Via

Ein bisschen Schnee kann doch einen Wohnmobilisten nicht schrecken.

Wie berühmt Füssen ist, erkennt man sehr schnell an der Beschilderung in den zahlreichen Souvenirläden, in Restaurants und sogar auf den Schildern der touristischen Straßen, die oft auch japanische Schriftzeichen aufweisen.

Fast 1,5 Millionen Touristen kommen jährlich nach Füssen, um Schloss Neuschwanstein (47.557795, 10.740685) zu besuchen. Viele davon reisen aus dem fernen Japan an, wo Neuschwanstein als Motiv für Deutschland gilt und der Besuch des Bauwerks zum Pflichtprogramm gehört.

König Ludwig II. ließ dieses Schloss errichten und wünschte ein Bauwerk, das seiner Vorstellung einer mittelalterlichen Ritterburg entsprechen sollte. 1869 wurde mit dem Bau begonnen, der ursprünglich nur drei Jahre dauern sollte. Doch streng genommen ist Schloss Neuschwanstein nie fertiggestellt worden. Der Bauherr König Ludwig II. konnte zwar zum ersten Mal im Jahr 1884 die ersten Räumlichkeiten beziehen, übernachtete aber gerade einmal 172 Tage im Schloss – also noch nicht einmal ein halbes Jahr. Für dieses und seine anderen Schlösser überschuldete sich der König so sehr, dass das damalige bayerische Ministerium seine Entmündigung einleitete und von seinen Ärzten als seelengestört bezeichnet wurde. Er wurde im Juni 1886 auf Neuschwanstein festgenommen und zum heutigen Starnberger See (damals noch Würmsee) gebracht, wo er unter bis heute mysteriösen Umständen zu Tode kam. Schloss Neuschwanstein war zu diesem Zeitpunkt noch nicht fertiggestellt. König Ludwig II. ordnete zwar ursprünglich an, dass es sich bei dem Bauwerk um seine Privatgemächer handeln sollte und diese der Öffentlichkeit niemals zugänglich zu machen seien, doch schon sechs Wochen nach seinem Tod öffnete man das Schloss für Besucher. Nicht zuletzt auch, um die gewaltigen Kredite, die für den Bau angefallen waren, abbezahlen zu können.

Heute kann Schloss Neuschwanstein im Rahmen einer halbstündigen Führung besichtigt werden. Aufgrund des großen Andrangs empfiehlt es sich, viel Zeit mitzubringen. Einen besonders schönen

Auch im Winter werden die Allgäuer Straßen stets zeitnah geräumt.

Claudia Augusta. Letztere war eine der wichtigen Straßen der Römer, die das Voralpenland mit Norditalien verband. Kein Wunder also, dass die Anfänge der Stadt in der römischen Zeit begannen. Es wird vermutet, dass an der Stelle des heutigen Füssen im 3. Jahrhundert ein römisches Militärlager errichtet wurde. Sicher ist jedoch ein Kastell, das bei Ausgrabungen auf dem Schlossberg entdeckt wurde und aus dem 5. Jahrhundert stammt. Nach den Römern kam der Einsiedler Magnus, der das Kloster St. Mang gründete. Doch berühmt geworden ist Füssen selbstverständlich durch die beiden Schlösser Neuschwanstein und Hohenschwangau. Sie gehören zum sogenannten Königswinkel, zu dem auch das Hohe Schloss Füssen und drei Burgruinen zählen.

Blick auf das Schloss hat man übrigens von der Marienbrücke, die sich als Fußgänger-brücke über die Pöllatschlucht spannt.

Auf dem Weg zum Schloss Neuschwan-stein passiert man Schloss Hohenschwan-gau, das bereits im 12. Jahrhundert Erwähnung fand und vom Wittelsbacher Fürsten Maximilian II. im 19. Jahrhundert wieder neu aufgebaut wurde. Der spätere König Ludwig II. wuchs weitgehend im Schloss Hohenschwangau auf.

Nördlich von Füssen bildet der Lech eine weitere von Menschenhand geschaffene Se-henswürdigkeit, denn der Forggensee ist der größte Stausee Deutschlands. Der Forggen-see wurde zwar schon im 19. Jahrhundert geplant, doch fertiggestellt wurde er erst nach vierjähriger Bauzeit im Jahr 1954.

Östlich des Forggensees fahren wir auf der Bundesstraße 17, die hier nicht nur Teil der Deutschen Alpenstraße ist, sondern auch zur Romantischen Straße gehört, nord-wärts und am deutlich kleineren Bannwald-see vorbei, um in Steingaden rechts zur

Wallfahrtskirche zum gegeißelten Heiland auf der Wies abzubiegen, besser bekannt als Wieskirche (47.682361, 10.899418).

Das von außen verhältnismäßig schlichte Gotteshaus wurde Mitte des 18. Jahrhun-derts erbaut und 1983 von der Unesco auf die Liste der zu schützenden Weltkulturerben ge-setzt. Sie ist ein prächtiges Beispiel des Ro-koko und präsentiert sich im Inneren mit detailreichen Wand- und Deckengemälden.

Die Passstraße windet sich durch lichte Wäl-der und Weideflächen.

» SEHENSWERTES

Echelsbacher Brücke

Auf dem weiteren Weg der Deutschen Alpenstraße lohnt ebenfalls ein kurzer Stopp am Parkplatz Echelsbacher Brücke (47.711045, 10.975019), bevor wir das 76 Meter hohe Bauwerk überqueren. Ein kleiner Aussichtspunkt mit Blick auf die Brücke, die das enge Tal der Ammer überspannt, ist zwar im Winter leider gesperrt, doch kann man die Brücke auch zu Fuß überqueren und den Ausblick hinab in das Tal genießen.

Schloss Linderhof sollte man unbedingt besuchen.

Parallel zum Tal der Ammer passieren wir das kleine Dorf Unterammergau und erreichen das etwas größere Oberammergau. Ein kurzer Spaziergang durch den Ort lohnt sich schon allein wegen der zahlreichen Gebäude, die mit detailreichen und liebevollen Lüftlmalereien versehen sind. Berühmt ist Oberammergau aber auch für die Passionsspiele, die bereits im Jahr 1634 stattfanden, aber seit 1680 im Zehnjahresrhythmus aufgeführt werden. Zurückzuführen sind die Passionsspiele auf die Pest im Jahr 1633, bei der 80 Einwohner in Oberammergau verstarben. Die Überlebenden veranlassten die Aufführung, wenn die Ortschaft dafür in Zukunft von der Pest verschont bliebe. Bei den bisher letzten Passionsspielen 2010 sahen über eine halbe Million Menschen die 110 Aufführungen, die von Mitte Mai bis Anfang Oktober veranstaltet wurden und mittlerweile eine wichtige Einnahmequelle für Oberammergau sind.

Von Schlössern und Klöstern

Südlich von Oberammergau erreichen wir den Abzweig zum Schloss Linderhof. Auch Schloss Linderhof wurde, wie Schloss Neuschwanstein, im Auftrag von König Ludwig II. errichtet. Es ist das einzige Schloss, das noch zu seinen Lebzeiten fertiggestellt wurde. Das Schloss mit seinem symmetrischen Grundriss steht inmitten einer herrschaftlichen Parkanlage, in der sich wiederum mehrere kleine Gebäude und Pavillons wie das Marokkanische Haus und der Maurische Kiosk befinden. Ursprünglich sollte das Bauwerk dem Schloss Versailles nachempfunden werden, doch das Tal erwies sich als zu eng, weshalb es »nur« ein Nachbau von Schloss Marly-le-Roi bei Paris wurde.

Wenn wir vom Schloss Linderhof wieder zurück zur Bundesstraße 23 fahren und rechts abbiegen, dann erscheint nach kurzer Zeit auf der linken Seite in einem ebenfalls engen Tal das Kloster Ettal. Das Kloster wurde bereits im April 1330 gegründet und es entstand eine gotische Klosterkirche. In den ersten Jahrhunderten des Bestehens war es recht still um das Kloster. Das änderte sich aber als Kurfürst Max II. Emanuel ein Marienbild nach Ettal brachte und der Ort damit zu einer Wallfahrtsstätte wurde. Mitte des 18. Jahrhunderts wurde jedoch die komplette Klosteranlage durch einen verheerenden Brand vernichtet. Der Wiederaufbau erfolgte im Stile des Barocks, was man besonders im farbenfrohen Inneren der Klosterkirche zu sehen bekommt. Höhe-

Nesselwang
Pfronten
20 km B 310
Füssen
Neuschwanstein
Hohenschwangau
Lechfall
Wieskirche
Echelsbacher
Brücke
Schloss Linderhof B 17
Kloster Ettal B 23
Kochelsee B 2
Benediktbeuern B 11
130 km
Bad Tölz

Die Wieskirche ist eine prächtige Wallfahrts- kirche im Pfaffenwinkel.

spitze, Garmisch-Partenkirchen und Mitten-wald siehe Route 7)

Von Süden kommend fahren wir gemüt-lich am Westufer des Walchensees entlang und überqueren am Ende des Sees den Kes-selberg, um plötzlich auf der linken Seite das nächste Gewässer zu erblicken. Der Kochel-see liegt im Süden der gleichnamigen Ort-schaft Kochel, wo der Expressionist Franz Marc viele Sommer verbrachte. Ihm zu Ehren wurde in Kochel am See ein eigenes Museum (47.649995, 11.36263) eröffnet, das einige seiner Werke präsentiert.

Nördlich von Kochel am See erwartet uns Benediktbeuern mit seinem gleichna-migen Kloster (47.708704, 11.399269). Die-ses ist durch die beiden Zwiebeltürme der Klosterkirche weithin sichtbar. Nach der Wieskirche und dem Kloster Ettal ist die Klosterkirche von Benediktbeuern das dritte Gotteshaus, das sich im Inneren alles andere als schlicht präsentiert. Ausgiebige Stuckornamente mit zahlreichen Gewölbe-bildern prägen den Innenraum. Die umfas-sende Anlage des Klosters beherbergt heute unter anderem eine Jugendherberge, Abteilungen von zwei Hochschulen und ein Institut für Salesianische Spiritualität.

Direkt an der Isar befindet sich der Wohnmobilstellplatz in Bad Tölz, der ein idealer Ausgangspunkt für einen Spazier-gang durch das kleine Städtchen bildet. Auf der Isarbrücke sehen wir den Kalvarienberg, auf der die Heilig-Kreuz-Kirche wie eine Landmarke wirkt. Die Doppelkirchenanlage stammt aus dem 18. Jahrhundert und ist unter anderem über einen Kreuzweg zu er-reichen. Wer es weniger sakral mag, der wird trotzdem leicht bergauf gehen und ge-mütlich auf der breiten Fußgängerzone durch das Stadtzentrum von Bad Tölz schlendern wollen. Zahlreiche wandbemalte Patrizierhäuser säumen die Marktstraße, die im Winter mit den Ständen des Weihnachts-marktes und im Sommer mit zahlreichen Cafés lockt.

Durch das Tal der Isar, die rund 850 Hö-henmeter auf ihrem Weg von der Quelle bis zur Mündung in die Donau hinter sich lässt, fahren wir auf der Bundesstraße 13 wieder südwärts. Dabei durchqueren wir den Win-

punkt ist besagte Marienstatue im Altar sowie die Kuppel der Kirche, die mit einem Fresko reichhaltig verziert ist.

Auf der Ettaler Bergstraße geht es hinab in das Tal der Loisach, die in Tirol entspringt und nach rund 114 Kilometern in die Isar mündet. Im Tal biegen wir rechts auf die Bundesstraße 2 ab und folgen dieser in Richtung Garmisch-Partenkirchen. Die be-rühmte Alpenstadt erreichen wir nach Durchquerung des fast 2,5 Kilometer langen Farchant-Tunnel, der im Jahr 2000 eröffnet wurde. Auf der Deutschen Alpenstraße blei-ben wir bis Krün am Isartal (Infos zur Zug-

tersportort Lenggries, der sich mit der barocken St. Jakobskirche und dem Schloss Hohenburg präsentiert.

Südlich von Lenggries erreichen wir einen See, der beinahe an norwegische Fjorde erinnert. Während sich im Hintergrund die massiven Berge des Vorkarwendels erheben, glitzert im Vordergrund die im Winter zugefrorene Oberfläche des Sylvensteinsees und bietet einen prachtvollen Anblick. Das Gewässer ist ein Stausee, der in den 1950er-Jahren erbaut wurde und seither das Wasser der Isar staut. An einer Verengung, wo sich zwei der »Fjord«-Arme treffen, kann der See auf einer Brücke überquert werden. Gleich dahinter befindet sich übrigens der Wohnmobilstellplatz.

Auf der Bundesstraße 307 verlassen wir den Stausee und wenig später auch Deutschland, denn wir überqueren die Grenze zu Österreich, biegen links ab und erreichen nach nur einem Kilometer wieder deutschen Boden. Die weitere Fahrt verläuft an Wildbad Kreuth vorbei, entlang dem Tegernsee, dem Schliersee bis zur Autobahn 8. Die einzelnen Sehenswürdigkeiten sind in Route 11 beschrieben, die an diesem Abschnitt denselben Verlauf nimmt.

An der Ausfahrt 106 verlassen wir die Autobahn 8 südlich vom Chiemsee und haben den Chiemgau erreicht, eine historisch-kulturelle Landschaft, die sich rund um den Chiemsee ausdehnt. Südlich vom See erstrecken sich außerdem die Moore rund um Bernau, die zugleich das Hochmoor Kendlmühlfilzn bilden, das größte zusammenhängende Moor in Bayern. Lohnenswert ist hierfür der Besuch im Bayerischen Moor- und Torfmuseum, untergebracht in der ehemaligen Zimmerei eines Gefängnisses.

Schneesichere Landschaften

Hinter Marquartstein verläuft unsere Fahrt wieder deutlich bergauf. Wir überqueren den 793 Meter hohen Masererpass und erreichen kurz darauf Reit im Winkl.

Reit im Winkl gilt als schneesicherer Ort, in dem Schnee noch dann fällt und liegen bleibt, wenn in anderen Ortschaften auf gleicher Höhe kein Wintersport möglich ist. Das liegt an der Lage in einem engen Tal, in dem sich die Wolken stauen und häufig auch die Sicht nehmen. So kann durchaus im fünf Kilometer entfernten Marqartstein die Sonne bei strahlendblauem Himmel zu sehen sein, während Reit im Winkl im Nebel liegt. Besonders hervorzuheben ist die Winklmoosalm im Osten von Reit im Winkl. Sie ist ein bedeutendes Skizentrum und liegt auf einer Höhe von rund 1170 Metern. Erreicht werden kann es innerhalb von zehn Minuten mit der fast drei Kilometer langen Gondelbahn Seegatterl. Allerdings ist der an der Talstation befindliche Parkplatz etwas unterdimensioniert, weshalb man sich über ein kleines Verkehrschaos auf der Bundesstraße 305 nicht wundern sollte. Ähnliches gilt für den Wohnmobilstellplatz am Campingplatz Seegatterl, der zuvor reserviert werden sollte und nur enges Parken ermöglicht.

An Weitsee, Mittersee und Lödensee vorbei haben wir die Möglichkeit, Ruhpolding einen Besuch abzustatten. Besonders sehenswert ist in dem Ort, in dem bereits viermal die Biathlon-Weltmeisterschaften (1979, 1985, 1996 und 2012) ausgetragen wurden, das Holzknechtmuseum. Auf zwei Etagen zeigt es mit historischen Bauten und Werkzeugen die harte Waldarbeit der sogenannten Holzknechte. Ab Ruhpolding bleiben wir auf der Bundesstraße 305 und erreichen südlich von Inzell die Weißbachschlucht mit dem dortigen sogenannten Gletschergarten. Zahlreiche Findlinge und Gletscherschliffe erinnern

Direkt an der Bahnlinie findet sich der Mittenwalder Stellplatz.

Die Tatzlwurm-Wasserfälle stürzen sich über fast 100 Meter rauschend in die Tiefe.

an die Eiszeit, in der sich der damalige Saalachgletscher seinen Weg bahnte. Heute können wir uns den Weg bahnen, indem wir auf einem rund fünf Kilometer langen Wanderweg die enge Weißbachschlucht erkunden und an zahlreichen Kaskaden vorbeikommen.

Dunkle Vergangenheit

Zum Abschluss der Deutschen Alpenstraße erreichen wir die Berchtesgadener Alpen, die sich um den gleichnamigen Ort herum erheben. Herausragend ist in Berchtesgaden das Königliche Schloss aus dem 12. Jahrhundert mit der angrenzenden Stiftskirche. Beide gehörten zum ehemaligen Augustinerchorherrenstift und bilden heute ein sehenswertes Gebäudeensemble. Doch in Berchtesgaden blickt man auch auf einen dunklen Teil deutscher Geschichte, denn Adolf Hitler hatte hier seinen Zweitwohnsitz. Auf dem Obersalzberg befand sich das sogenannte Führersperrgebiet, in dem Hitler sein Feriendomizil einrichtete und bereits seit 1928 auf dem sogenannten Berghof verweilte. Zu sehen ist von dem Berghof heute nichts mehr, da er 1952 gesprengt wurde. Doch auf dem Gelände, auf dem auch andere Politiker jener Zeit wie Hermann Göring und Albert Speer ihre Landhäuser errichteten, ist eine sehenswerte Dokumentationsstätte eingerichtet. Südlich vom Obersalzberg erhebt sich der 1834 Meter hohe Kehlstein mit dem Kehl-

steinhaus. Dieses wurde Hitler zum 50. Geburtstag von der NSDAP geschenkt. Es verfügt über einen Fahrstuhl innerhalb des Berges, der in nur 41 Sekunden die 124 Höhenmeter überwindet. Um diesen zu erreichen, muss man jedoch auch 124 Meter durch einen Tunnel in den Berg hineingehen. Ab dem Obersalzberg besteht aber ebenfalls die Möglichkeit, das Kehlsteinhaus auf einer gut zweieinhalbstündigen Wanderung zu erreichen. Das Kehlsteinhaus bietet neben einer Gastronomie und einer weiteren Ausstellung zur NS-Zeit ein wunderbares Panorama über die Berchtesgadener Alpen.

Rossfeldpanoramastraße

Wer die 24-prozentige Steigung zum Obersalzberg auf sich genommen hat, sollte unbedingt zum Abschluss einer Fahrt auf der Deutschen Alpenstraße auch noch eine kurze Tour auf der Rossfeldhöhenringstraße absolvieren. Die Privatstraße ist zwar mautpflichtig und sicherlich die überflüssigste Straße Deutschlands, doch eine Fahrt auf ihr ist geradezu ein Genuss. Denn es handelt sich um die höchstgelegene, durchgängige Straße Deutschlands und sie bringt uns auf eine Höhe von 1560 Metern zu einem schmalen Bergkamm. Oben erwarten uns mehrere Parkplätze, ein Kiosk und ein kleiner Rundwanderweg während rechts und links der Straße der Berg steil abfällt. Auch hier kommt man natürlich in den Genuss eines fantastischen Ausblicks, unter anderem bis über Salzburg hinweg. Ein weiteres Kuriosum der Straße ist die Tatsache, dass sie auf dem Bergrücken österreichischen Boden berührt und dafür ein Staatsvertrag abgeschlossen werden musste. Rein rechtlich ist die Bundesrepublik Deutschland als Eigentümerin der Privatstraße im österreichischen Bezirksgericht Hallein als Eigentümerin eingetragen.

Ganz zum Abschluss lohnt sich natürlich noch der Besuch des legendären Königssees und des Nationalparks Berchtesgaden, der mittlerweile Teil des Unesco-Biosphärenreservats ist. Außerdem gibt es noch den Anblick des 2713 Meter hohen, markanten Watzmann zu genießen.

Bad Tölz ○
Sylvensteinsee
Wildbad Kreuth | B 13 |
Reit im Winkl | B 307 |
| A 93 |
| A 8 |
230 km | B 305 |

Berchtesgaden ○
Obersalzberg
Rossfeld-panoramastraße
Nationalpark Berchtesgaden

| Ziel |

Hinein ins Vergnügen: Aufbruch zur Skitour vom Wohnmobil aus

» PRAKTISCHE HINWEISE

TOURISTINFORMATIONEN

Allgäu GmbH – Allgäu GmbH, Gesellschaft für Standort und Tourismus, Allgäuer Straße 1, 87435 Kempten, Tel. 0049/(0)831/575 37 30, www.allgaeu.info

Lindau – Lindau Tourismus und Kongress GmbH, Lennart-Bernadotte-Haus, Alfred-Nobel-Platz 1, 88131 Lindau im Bodensee, Tel. 0049/(0)8382/26 00 30, www.lindau-tourismus.de

Sonthofen – Tourist-Info Sonthofen, Rathausplatz 1, 87527 Sonthofen, Tel. 0049/(0)8321/61 52 91, www.sonthofen.de

Füssen – Füssen Tourismus und Marketing, Kaiser-Maximilian-Platz 1, 87629 Füssen, Tel. 0049/(0)8362/938 50, www.fuessen.de

Oberammergau – Tourist Information Oberammergau, Eugen-Papst-Straße 9a, Tel. 0049/(0)8822/92 27 40, www.ammergauer-alpen.de

Garmisch-Partenkirchen – Tourist Information, Richard-Strauss-Platz 2, 82467 Garmisch-Partenkirchen, Tel. 0049/(0)8821/18 07 00, www.gapa.de

Bad Tölz – Tourist-Information, Max-Höfler-Platz 1, 83646 Bad Tölz, Tel. 0049/(0)8041/786 70, www.bad-toelz.de

Tegernsee – Tegernseer Tal Tourismus GmbH, Hauptstraße 2, 83684 Tegernsee, Tel. 0049/ (0)8022/92 73 80, www.tegernsee.com

Bayrischzell – Touristinfo, Kirchplatz 2, 83735 Bayrischzell, Tel. 0049/(0)8023/648, www.bayrischzell.de

Reit im Winkl – Tourist Info Reit im Winkl, Dorfstraße 38, 83242 Reit im Winkl, Tel. 0049/(0)8640/800 20, www.reitimwinkl.de

Berchtesgaden – Berchtesgadener Land Tourismus GmbH, Bahnhofplatz 4, 83471 Berchtesgaden, Tel. 0049/(0)8652/656 50 50, www.berchtesgadener-land.com

KARTEN

Kümmerley + Frey, Alpenstraßen 1:700 000 oder Regionalkarte Bayern (Süd) 1:275 000

CAMPINGPLÄTZE

Campingpark Gitzenweiler Hof, Gitzenweiler 88, 88131 Lindau, Tel. 0049/(0)8382/949 40 (47.58516, 9.706452), nördlich von Lindau.

Park-Camping Lindau am See, Fraunhoferstraße 20, 88131 Lindau, Tel. 0049/(0)8382/722 36 (47.537522,

Hier scheiden sich die Wege: Geht es romantisch oder alpin weiter?

9.73049), direkt am Seeufer, aber verhältnismäßig weit von der Altstadtinsel entfernt.

Campingplatz Alpenblick, Schreckenmanklitz 18, 88171 Weiler im Allgäu, Tel. 0049/(0)8381/34 47 (47.598878, 9.899759), in ruhiger Lage unmittelbar neben der Deutschen Alpenstraße.

Alpsee Camping, Seestraße 25, 87509 Immenstadt, Tel. 0049/(0)8323/77 26 (47.572523, 10.193568), direkt am Ostufer vom Alpsee gelegen. Mit dem Rad ist Immenstadt gut erreichbar.

Campingplatz an der Iller, Sinwagstraße 2, 87527, Sonthofen, 0049/(0)8321/23 50, www.illercamping.de (47.505827, 10.273509), lang gestreckter Campingplatz zwischen Iller und einem Gewerbegebiet im Süden von Sonthofen.

Campingplatz Bergheimat, Paßstraße 60, 87541 Oberjoch, Tel. 0049/(0)8324/71 08, www.camping-bergheimat.de (47.517846, 10.421663). Gleich neben der Bundesstraße 308. Im Winter idealer Ausgangspunkt zu verschiedenen Skiliften.

Camping Waldesruh, Bahnhofstraße 19, 87497 Wertach, Tel. 0049/(0)8365/10 04, www.camping-oberallgaeu.de (47.608648, 10.417627), überschaubarer Platz in einsamer Lage.

Camping Grüntensee, Grüntenseestraße 41, 87497 Wertach, Tel. 0049/(0)8365/375, www.camping-gruentensee.de (47.609975, 10.447107), großer, aber ruhig gelegener Campingplatz am Südufer des Grüntensees.

Campingplatz Bannwaldsee, Münchner Straße 151, 87645 Schwangau, Tel. 0049/(0)8362/930 00, www.camping-bannwaldsee.de (47.591697, 10.772223), am Südufer des Bannwaldsees. Auch Betreiber des gleichnamigen Stellplatzes.

Terrassen-Camping am Richterbichl, 82401 Rottenbuch, Tel. 0049/(0)8867/15 00, www.camping-rottenbuch.de (47.727161, 10.96671), kleiner Campingplatz direkt an der Bundesstraße, nördlich der Echelsbacher Brücke.

Camping-Park Oberammergau, Ettaler Straße 56b, 82487 Oberammergau, Tel. 0049/(0)8822/941 05, www.campingpark-oberammergau.de (47.59029, 11.070414). Am Südrand des Ortes, direkt an der Bundesstraße 2.

Camping Erlebnis Zugspitze, Griesener Straße 2, 82491 Grainau, Tel. 0049/(0)8821/943 91 11, www.pure-camping.de (47.480473, 11.053495). In einer Schleife der Loisach. Nicht weit von der Alpspitzbahn entfernt. Guter Ausgangspunkt für eine Fahrt auf die Zugspitze.

Alpen-Caravanpark Tennsee, Am Tennsee 1, 82494 Krün, Tel. 0049/(0)8825/170, www.camping-tennsee.de (47.490362, 11.255352), ruhig gelegener Campingplatz zwischen Krün und Mittenwald. Der Tennsee ist jedoch kleiner als der Campingplatz.

Vorbildlich ausgeschildert: Parkplätze für Wohnmobile

Naturcampingpark Isarhorn, Am Horn 4, 82481 Mittenwald, Tel. 0049/(0)8823/52 16, www.camping-isarhorn.de (47.472641, 11.277765). Im Norden von Mittenwald in einer Schleife der Isar, aber auch direkt an der Bundesstraße 2. Zum Campingplatz gehört der Stellplatz in Bahnhofsnähe.

Campingplatz Lobisau, 82432 Walchensee, Tel. 0049/(0)8858/92 91 68, www.camping-walchensee.de (47.58267, 11.31023), an einem Seitenarm des Walchensees.

Campingplatz Kesselberg, Altjoch 2, 82431 Kochel am See, Tel. 0049/(0)8851/464, www.campingplatz-kesselberg.de (47.636774, 11.348435). Am Ufer des Kochelsees.

Camping Renken, Mittenwalder Straße 106, 82431 Kochel am See, Tel. 0049/(0)8851/61 55 05, www.campingplatz-renken.de (47.639543, 11.354589), direkt am Ufer des Kochelsees. Zu Fuß sind der Ort und das Franz-Marc-Museum gut erreichbar.

Campingplatz Demmelhof, Stallau 148, 83646 Bad Tölz, Tel. 0049/(0)8041/81 21, www.campingplatz-demmelhof.de (47.75047, 11.499744), sehr schön gelegener Campingplatz zwischen Bad Heilbrunn und Bad Tölz, am Nordrand des Stallauer Weihers.

Alpen-Campingplatz Arzbach, Alpenbadstraße 20, 83646 Wackersberg-Arzbach, Tel. 0049/(0)8042/84 08, www.alpen-campingplatz.de (47.707643, 11.550288), kleiner, ruhig gelegener Campingplatz im Isartal.

Campingplatz Wallberg, Rainerweg 10, 83700 Weißach am Tegernsee, Tel. 0049/(0)8022/53 71, www.camping-platz-wallberg.de (47.688677, 11.747966), an der Bundes-straße 318 im Westen von Rottach-Egern, jedoch nicht direkt am Tegernsee.

Camping LIDO Schliersee, Westerbergstraße 27, 83727 Schliersee, Tel. 0049/(0)8026/66 24, www.camping-lido.de (47.727532, 11.852369), direkt am Westufer des Schlier-sees, rund 1 Kilometer vom gleichnamigen Ort entfernt.

Campingplatz Litzelau, Litzelau 4, 83246 Oberwössen, Tel. 0049/(0)8640/87 04, www.camping-litzelau.de (47.717478, 12.478859), auf dem Weg nach Reit im Winkl auf der linken Seite.

Campingplatz Simonhof, Alte Reichenhaller Straße 110, 83486 Ramsau, Tel. 0049/(0)8657/284, www.camping-si-monhof.de (47.627863, 12.870155), ruhig am Ausgang des engen Tals nach Berchtesgaden gelegen.

Campingplatz Allweglehen, Allweggasse 4, 83471 Berchtesgaden, Tel. 0049/(0)8652/23 96, www.allwegle-hen.de (47.646985, 13.03944), im Nordosten von Berch-tesgaden, zwischen den beiden Mautstationen der Panoramastraße.

Campingplatz Mühlleiten, Königsseer Straße 70, 83471 Schönau am Königssee, Tel. 0049/(0)8652/45 84, www.camping-muehlleiten.de (47.599667, 12.989185), gleich an der Bundesstraße 20 auf dem Weg zum Königs-see

Camping Grafenlehen, Königsseer Fußweg 71, 83471 Schönau am Königssee, Tel. 0049/(0)8652/655 44 88, www.camping-grafenlehen.de (47.594885, 12.986224), nördlich vom Königssee, nicht direkt am Ufer.

STELLPLÄTZE

Lindau, Reutiner Straße, städtischer Stellplatz mit Ver- und Entsorgung, rund 15 Minuten Fußweg zur Insel, je-doch sehr teuer (47.558226, 9.700808).

Wohnmobilpark Scheidegg, Am Hammerweiher, betreu-ter Stellplatz mit Sanitäreinrichtungen für 20 Wohnmobile, inkl. W-Lan. Anmeldung im Kurhaus oder in der Touris-musinformation (47.572378, 9.84466), www.womo-schei-degg.eu.

Immenstadt, Badeweg. Großer Schotterparkplatz am Ortsrand. Ver- und Entsorgung vorhanden (47.561793, 10.208629).

Blaichach, Wohnmobilpark Alpenrundblick, Am Eichbichl 1. Inkl. Strom, Ver- und Entsorgung und einem Sanitär-häuschen (47.546068, 10.260087), www.alpen-rundblick.de.

Wohnmobilstellplatz am Wiesengrund, Ostrachstraße 23, 87541 Bad Hindelang, 30 Stellplätze mit Ver- und Ent-sorgung, W-Lan, und Sanitäreinrichtungen. Gehört zu den

Top-Stellplätzen (47.499641, 10.372432), www.wohnmo-bil-stellplatz-hindelang.de.

Nesselwang, An der Riese, großer Schotterplatz für 60–70 Wohnmobile. W-Lan möglich, Ver- und Entsorgung vor-handen (47.619878, 10.498125), gehört ebenfalls zu den Top-Stellplätzen.

Pfronten, Am Wiesele 7, Tel. 0049/(0)8363/64 37. Sehr net-ter Empfang, 44 Stellflächen. Modernes Sanitärgebäude, eigenes kleines Wirtshaus (Bj. 2013), Brötchenservice, Ver- und Entsorgung, Gastausch (47.598213, 10.552212), www.wohnmobilstellplatz-pfronten.de.

Füssen, Abt-Hafner-Straße 9. In einem Gewerbegebiet ge-legen, rechts und links eines Elektromarktes befinden sich zwei Parkplätze für insgesamt 126 Wohnmobile. Ver- und Entsorgung und ein Sanitärgebäude vorhanden sowie ein Café. Gehört zu den sogenannten Top-Stellplätzen (47.582348, 10.701064), www.wohnmobilplatz-fuessen.de.

Füssen, Abt-Hafner-Straße 1. Kleinerer Stellplatz für rund 30 Wohnmobile, der sich im selben Gewerbegebiet befin-det, jedoch nicht zum obigen Wohnmobilstellplatz gehört (47.582229, 10.703467)

Schwangau, Münchener Straße 151. 24 Stellplätze vor dem Campingplatz Bannwaldsee, inkl. Strom und Ver- und Entsorgung. Direkt neben der Bundesstraße (47.591813, 10.772941), www.camping-bannwaldsee.de.

Reisemobilstellplatz am Wank, Wankbahnstraße 2, 82467 Garmisch-Partenkirchen. Großer Stellplatz für 110 Fahrzeuge auf zwei Ebenen. Direkt an der Talstation der Wankbahn, inkl. Gastausch, Ver- und Entsorgung, Sanitär-einrichtung, Waschmaschine, Trockner, W-Lan, Café, Bröt-chenservice www.alpencamp-gap.de.

Grainau, Griesener Straße 2. 80 Stellflächen vor dem Campingplatz Zugspitze. Die Einrichtungen des Cam-pingplatzes können mitgenutzt werden. Von den Top-Stell-plätzen ausgezeichnet (47.480074, 11.055399).

Mittenwald, Albert-Schott-Straße 35. Stellplatz mit Schranke direkt neben den Bahngleisen kurz vor dem Bahnhof. Fußläufig zum Zentrum. Ver- und Entsorgung, öffentliches WC am Bahnhof (47.437518, 11.264205), www.karwendelstellplatz.de.

Wohnmobilstellplatz am Walchensee, an der Bundes-straße 11, kurz vor dem See der sogenannte Nachtpark-platz (47.56902, 11.303353).

Benediktbeuern, Schwimmbadstraße. Öffentlicher Stell-platz auf ehemaligem Sportplatz, jedoch nur von April bis Herbst, Ver- und Entsorgung (47.699096, 11.416181).

Bad Tölz, Königsdorfer Straße. Parkplatz mit Stellplatz di-rekt am Isarufer, rund 10 Minuten Fußweg bis in das Zen-trum von Bad Tölz, Ver- und Entsorgung (47.76311, 11.550229).

Lenggries, Dürrachstraße. Sogenannter Nachtparkplatz direkt am Sylvensteinstausee. Idyllische Waldlage. Ver-

Ganzjährig befahrbar ist die Rossfeld-Panoramastraße – Ausblicke inklusive.

und Entsorgung und öffentliche Toiletten vorhanden, jedoch keine Stromversorgung (47.57075, 11.533626).

Wildbad Kreuth. Einfacher Wanderparkplatz ohne Versorgung an der Bundesstraße 307, an der das Nächtigen gegen Gebühr erlaubt ist. Südlich von Kreuth am Zugang zum Wildbad (47.626115, 11.746755).

Spitzingsee. Parkplatz mit Wohnmobilstellplatz am Ostufer des Spitzingsees, gleich gegenüber der Talstation der Taubensteinbahn (47.665756, 11.888054).

Bayrischzell, Seebergstraße. Neuer Stellplatz am südlichen Ortsrand, direkt an der Bundesstraße 307. 10 Stellflächen inkl. Strom und Ver- und Entsorgung (47.671846, 12.010022)

Reit im Winkl, Am Waldbahnhof 7, 250 Stellflächen am Ufer der Lofer. Duschen vorhanden (jedoch kein WC!) (47.670311, 12.481906), www.wohnmobilpark-reitim-winkl.oom.

Reit im Winkl. Seegatterl. Etwas außerhalb der Ortschaft, östlich gelegen, direkt an der Talstation der

Gondelbahn zur Winklmoosalm. Gehört mit rund 50 Stellflächen zum Stellplatz am Waldbahnhof (47.658732, 12.541053), das Sanitärgebäude steht nur den Ganzjahresgästen des angrenzenden Campingplatzes zur Verfügung, beide Stellplätze in Reit im Winkl gehören zu den Top-Stellplätzen, www.wohnmobilpark-reitimwinkl.com.

Berchtesgaden, Renothenweg 15. Zweckmäßiger Stellplatz unterhalb der Rossfeldpanoramastraße inkl. Strom und Ver- und Entsorgung (47.650598, 13.070737).

PÄSSE

Oberjochpass (1178 m)
Achenpass (941 m)
Sudelfeldpass (1123 m)
Masererpass (793 m)
Schwarzbachwacht (868 m)
Rossfeldpanoramastraße (1560 m), nicht zwingend notwendig

7 ÜBER DIE PÄSSE UND DURCH DIE TÄLER TIROLS

Von Vaduz nach Innsbruck

Start- und Endpunkt: Vaduz und Innsbruck **Beste Jahreszeit:** Sommer und Herbst **Streckenlänge:** Rund 350 km **Fahrzeit:** 2 bis 3 Tage **Mautstrecken:** Generelle Mautpflicht in Österreich, Silvretta-Hochalpenstraße, Arlberg-Straßentunnel

Auf eine wahre Talfahrt begeben wir uns bereits in Liechtenstein, wo wir das Rheintal aber schnell verlassen und durch das Walgau nicht nur Österreich erreichen, sondern in das Montafon gelangen. Dort wartet für ambitionierte Sportler die längste Treppe Europas, die einen Höhenunterschied von 700 Metern überwindet. Nicht weniger hoch fahren wir anschließend auf einer der Traumstraßen des Kontinents. Die Silvretta-Hochalpenstraße bietet uns in jeder Kurve eine andere tolle Aussicht. Das enge Paznauntal, das beliebte Tal am Arlberg, und das ruhige Lechtal begleiten uns auf dem Weg zu Deutschlands höchstem Berg. Mit einem Abstecher in die Urlaubsorte Garmisch-Partenkirchen und Mittenwald überqueren wir abschließend den Scharnitzpass, bevor wir hinter Seefeld steil in das Inntal hinabfahren.

Schloss Vaduz liegt auf einer Fels-terrasse hoch über dem gleichnamigen Ort.

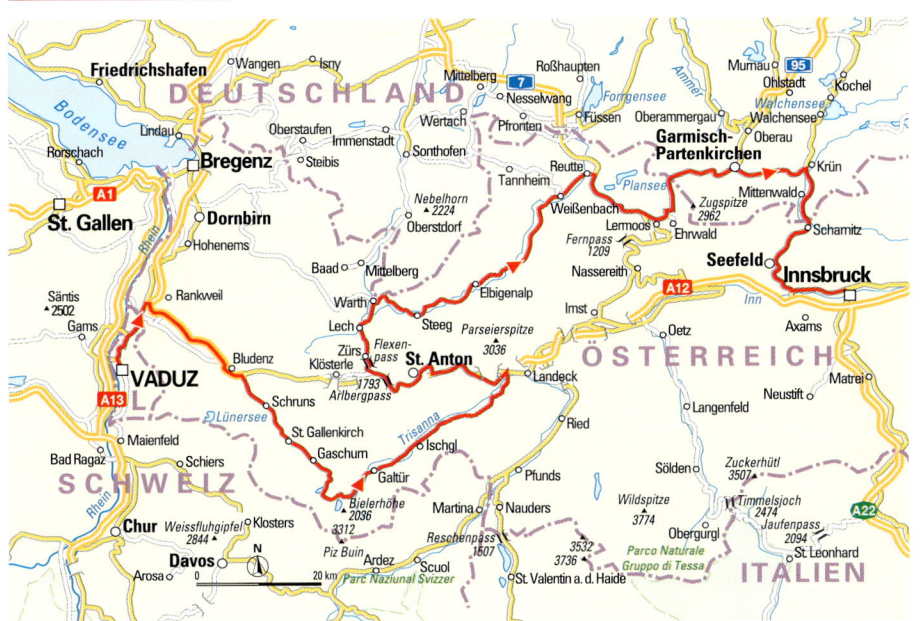

Start

Vaduz
Rheintal
Bludenz
Montafon
Silvretta-
Hochalpenstraße
Silvretta-Stausee
Bieler Höhe
Paznauntal

90 km

Galtür

B 191
B 190
B 188

Durch das Rheintal gelangen wir schnell aus Liechtenstein heraus und wenden uns in Feldkirch nach rechts auf die Bundesstraße 190, auf der wir die auf einem Hügel liegende Schattenburg unterqueren. Damit befinden wir uns im Walgau, das von dem etwas über 70 Kilometer langen Fluss Ill durchzogen wird. Direkt am Ufer verläuft die sogenannte Rheintalautobahn (A 14), doch wir können auch auf der Straße 190 bleiben, die uns durch Nenzing hindurch nach Bludenz bringt.

Besuch in Bludenz

Die Stadt Bludenz ist überschaubar, weswegen es kaum Probleme bei der Parkplatzsuche gibt. Idealerweise bieten sich jedoch die Parkplätze am Rande der Alstadt in der Zürcherstraße an (47.156661, 9.822461). Die modern wirkende Altstadt wird von der Werdenbergerstraße als Hauptachse geteilt. Im Gegensatz zu den anderen Einkaufsstraßen von Bludenz besticht sie durch ihre hübschen Laubengänge. Durch die Kirchgasse gelangt man zur St. Laurentiuskirche, die über einen Treppenaufgang erreichbar ist und mit dem benachbarten Barockschloss Gayenhofen ein harmonisches Ensemble abgibt. Das Schloss wurde Mitte des

18. Jahrhunderts ursprünglich als vierflügeliges Gebäude errichtet, der nördliche Trakt wurde später wieder abgerissen. An der Stelle des Schlosses stand jedoch vom 13. bis zum Ende des 15. Jahrhunderts eine ältere Burganlage, die von den Grafen von Werdenberg gebaut und durch einen Brand komplett zerstört wurde.

Bludenz liegt im Schnittpunkt mehrerer Täler, doch wir bleiben weiterhin dem Ill treu und fahren auf der Bundesstraße 188 in das Montafon. Das fast 40 Kilometer lange Tal bringt uns mit steter Steigung in die Ge-

Entlang des Rheintals geht's durch das Fürstentum Liechtenstein.

Den Silvretta-Stausee erreicht man über die mautpflichtige Hochalpenstraße.

birgsgruppe der Silvretta. Es ist sowohl im Winter als auch im Sommer eine beliebte Ferienregion und bietet über 60 Bergbahnen, mit denen man das Tal nach rechts oder links auf die umliegenden Berge verlassen kann.

Maut auf der Silvretta-Hochalpenstraße

Hinter Partenen wird unsere Fahrt kurz von einer Mautstation unterbrochen, da ab hier die Silvretta-Hochalpenstraße beginnt. Mit einer maximalen Steigung von rund 14 Prozent erreicht man durch 32 Spitzkehren den Silvretta-Stausee auf der Passhöhe von 2032 Metern. Die Straße gilt heute als eine der schönsten Straßen der Alpen, ist jedoch eher durch Zufall entstanden. Die Vorarlberger Illwerke, die Besitzer und Betreiber der Straße sind, bauten vornehmlich die Stauseen in der Region. Hierfür wurde selbstverständlich ein Transportweg benötigt, der der heutigen Westrampe ab Partenen entsprach. Nach der Fertigstellung des Silvretta-Stausees musste das hierfür notwendige Arbeitsgerät wieder ins Tal geschafft werden. Dazu

gehörte ein überdimensionaler Bagger, der in Einzelteilen hinaufgebracht wurde und so eigentlich auch wieder hinabtransportiert werden sollte. Doch man entschied, dass der Bagger sich seinen eigenen Weg in das Paznauntal nach Galtür schaufeln sollte. So entstand Mitte des letzten Jahrhunderts die Silvretta-Hochalpenstraße, die damit das nördlicher gelegene Zeinisjoch ablöste, welches heute von Westen aus nicht mehr mit dem Auto erreicht werden kann. Im Winter ist die Silvretta-Hochalpenstraße für den Individualverkehr gesperrt. Beachten sollte man, dass die Illwerke bis voraussichtlich 2017 an einem weiteren Kraftwerk arbeiten und so auf der Passstraße einige Baustellen bestehen.

Auf dem Weg zum Silvretta-Stausee an der sogenannten Bieler Höhe passiert man zuvor den etwas kleineren und älteren Vermuntstausee. Am Silvretta-Stausee herrscht reges Treiben, immerhin passieren bis zu 400 000 Menschen den Pass in der kurzen Zeit zwischen Mai und November. Ein Wanderweg rund um den See bietet zahlreiche Ausblicke auf die umliegenden Berge und ist innerhalb von rund zwei Stunden leicht begehbar. Südlich des Sees erhebt sich die Silvretta-Gruppe mit dem 3410 Meter hohen Piz Linard als höchster Berg des Massivs. Dieser befindet sich jedoch schon auf Schweizer Seite, da beide Länder Anteil an dem Gebirgsmassiv haben. Auf österreichischer Seite ist der Piz Buin mit 3312 Metern der höchste Berg und damit auch der höchste Gipfel in Vorarlberg. Vom Stausee aus ist der Berg mit seinen Nachbarn, dem Kleinen Piz Buin und dem Ochsentaler Gletscher, gut zu erkennen.

Östlich vom Pass verlassen wir das Bundesland Vorarlberg und erreichen Tirol. Die Silvretta-Hochalpenstraße weist auf dem Weg in das Paznauntal fast gar keine Spitzkehre auf und bringt uns nach Wirl. Kurz hinter der zweiten Mautstation sehen wir die Zeinisjochstraße. Diese führt auf den gleichnamigen Zeinisjoch hinauf, wo sich der jüngste Stausee der Illwerke befindet, der Kops-Stausee. Die dortige Westrampe, die wieder in das Montafon hinunterführt, ist für den Pkw-Verkehr gesperrt, aber bei Radfahrern sehr beliebt.

Durch das enge Paznaun

Durch das Paznaun fahren wir zwischen Verwallgruppe zu unserer Linken und der Samnaungruppe zu unserer Rechten weiter nach Galtür. Das Tal galt schon von jeher als lawinengefährdet. Bis zum Jahr 1999 kam es in-

nerhalb von 500 Jahren in Galtür zu 13 Lawinenabgängen, die bereits insgesamt 57 Tote forderten. Doch dann folgte das schwerste Lawinenunglück Österreichs, durch das der Ort traurige Berühmtheit erlangte. Nach tagelangen Schneefällen löste sich am 23. Februar 1999 eine Lawine mit einer Breite von 400 Metern und begrub sieben Häuser komplett unter sich. Weitere 60 Gebäude wurden zumindest beschädigt, genauso wie 100 Fahrzeuge, die unter den Schneemassen komplett zerstört wurden. Schon alleine diese Zahlen machen das Ausmaß unvorstellbar. 31 Personen starben bei dem Unglück, sieben weitere Menschen kamen bei einer weiteren Lawine am Folgetag im benachbarten Valzur ums Leben. Durch die tagelangen Schneefälle, die den Lawinen vorausgingen, war die einzige Zufahrtstraße ins Paznaun gesperrt, sodass

Zugang zur Europatreppe: Gleich liegen 3609 Stufen vor einem!

» KULTURTIPP

Alpinarium

In Folge des Lawinenunglücks vom 23. Februar 1999 entstand in Galtür das Alpinarium. Es handelt sich dabei um ein Museum, das unter anderem die Geschehnisse von damals aufgreift, aber auch über Galtür und das Paznauntal im Allgemeinen informiert. Die Ausstellungsräume befinden sich in einem 345 Meter langen Gebäude, das gleichzeitig als Lawinenschutzwand dient und noch im selben Jahr des Unglücks gebaut wurde. Außerdem kann die Dachplattform des Museums begangen werden und bietet einen wunderbaren Panoramarundblick durch das Tal. Alpinarium Galtür, Hauptstraße 29c, 6563 Galtür, Tel. 0043/(0)5443/200 00, www.alpinarium.at.

Das Paznaun fasziniert durch malerische Landschaft und unberührte Natur.

Galtür komplett von der Außenwelt abgeschnitten und nur bei entsprechender Wetterlage mit Helikoptern erreicht werden

konnte. Während der mehrtägigen Rettungsaktion waren rund 50 Hubschrauber vom österreichischen Bundesheer, der deutschen Bundeswehr, der US Army, der französischen und schweizerischen Luftwaffe im Einsatz.

Das Paznaun ist aber nicht nur für die Lawinengefahr bekannt, sondern eben auch für die Schneesicherheit in einer Höhenlage von 900 bis 1800 Meter. So gilt schon der nächste Ort, Ischgl, als eines der beliebten Winterreiseziele in den Alpen. Über 40 Liftanlagen befördern die Skifahrer auf die Silvretta Arena in eine Höhe von über 2800 Metern. Im Sommer ist die Region besonders bei Mountainbikern beliebt.

Kappl, weiter talauswärts, und auch einige andere Ortschaften in Tirol litten im Jahr 2005 besonders unter heftigen Regenfällen, die starke Überschwemmungen zur Folge hatten. Ein Drittel der Ortsstraßen wurde weggespült, was dazu führte, dass Kappl mit seinen zahlreichen Weilern rund eine Woche lang nicht erreichbar war.

![Alpinarium Galtür building with mountain backdrop and flags]

Fotomotive am Talausgang

Spätestens bei Wiesberg endet unsere Fahrt auf der Silvretta-Straße. Dann nämlich, wenn wir das Paznauntal verlassen und die imposante Trisannabrücke unterqueren. Auf einer Länge von 230 Metern überspannt sie den Eingang zum Tal in einer Höhe von fast 90 Metern. Bei ihrer Fertigstellung im Jahr 1884 galt sie damals als längste Eisenbahnbrücke Österreichs. Genutzt wird die Brücke von der Arlbergbahn, die die beiden Städte Bludenz in Vorarlberg und Innsbruck in Tirol miteinander verbindet. In unmittelbarer Nachbarschaft zur Brücke befindet sich das im 13. Jahrhundert auf einem Felsen oberhalb des Tales erbaute Schloss Wiesberg. Zusammen ergeben Schloss und Brücke ein interessantes und kontrastreiches Motiv, das bei Hobbyfotografen beliebt ist, besonders dann, wenn gerade ein Zug über die Brücke fährt.

Würden wir über die Bundesstraßen 188 und 171 weiterfahren, kämen wir nach wenigen Minuten in die Stadt Landeck, die eine der größeren Orte auf dieser Route wäre.

Sie wird dominiert vom Schloss Landeck, das sich südlich der Stadt am Ausgang des Inntals befindet. Es ist ähnlich alt wie Schloss Wiesberg und beherbergt heute das Bezirksmuseum Landeck. Genau nördlich von Wiesberg befindet sich die Parseierspitze. Sie ist mit einer Höhe von 3036 Metern der höchste Berg der nördlichen Kalkalpen und gleichzeitig auch ihr einziger Dreitausender.

Wir wollen jedoch in westliche Richtung durch das Stanzertal und haben die Möglichkeit, auf der Straße 316 durch das Tal zu fahren oder die Arlberg-Schnellstraße zu benutzen. Sie ist die wichtigste Verbindung zwischen Vorarlberg und Tirol und verläuft zu großen Teilen unterirdisch. Der längste Tunnel ist hierbei der Arlbergtunnel, der mit einer Länge von fast 14 Kilometern der längste Straßentunnel Österreichs ist. Er wurde im Jahr 1974 in Betrieb genommen und besteht aus nur einer Röhre. Die Maut für diesen Tunnel können wir uns jedoch sparen, wenn wir der Arlberg-Ersatzstraße (B 316) durch das Tal nach St. Anton am Arlberg folgen.

Das Alpinarium beherbergt eine Ausstellung zum Leben in den Bergen.

Galtür	○
Alpinarium	
Kappl	
Trisannabrücke	
Stanzertal	
Arlbergtunnel	
Arlbergpass	B 188
Bregenzerwald	D 316
Gaichtpass	B 197
150 km	B 198
Reutte	○

135

Über den Flexenpass nach Lech

Die kleine Ortschaft befindet sich unterhalb des Arlbergpasses und entstand im Zuge des Verkehrs, der sich ab dem 13. Jahrhundert über den Pass entwickelte. Heute ist St. Anton am Arlberg einer der beliebtesten Urlaubsorte der Region und in einer Wintersaison werden bis zu einer Million Übernachtungen gezählt. Zwar gibt es auch fast

100 Kilometer markierte Wanderwege und zahlreiche andere Freizeitmöglichkeiten im Sommer, dennoch ist gut erkennbar, dass der Ort seine Haupteinnahmequelle aus dem Wintersport mit dem damit verbundenen Après-Ski bezieht.

Auf der Straße 197 nähern wir uns Stuben, biegen aber vorher rechts auf die Bundesstraße 198 ab, die uns durch die Galerie des Flexenpasses bringt. Der Flexenpass

wurde schon früh als Nord-Süd-Verbindung genutzt, doch erst mit der Fertigstellung der Arlbergbahn Ende des 19. Jahrhunderts bestand Bedarf, diese Passüberquerung auszubauen. Im Gegensatz zu anderen Pässen wird dieser weniger über Serpentinen und Spitzkehren passiert, sondern man fährt durch eine Galerie, die in den Fels geschlagen wurde und die durch die Überdachung vor Lawinen und Felsstürzen schützt.

Am nördlichen Ende der Galerie passieren wir Zürs und gelangen wenig später nach Lech. Hier treffen die beiden Quellbäche des Lechs zusammen. Der zehn Kilometer lange Formarinbach entspringt an dem markanten Berg Rote Wand im Lechquellengebirge, während der Spullerbach zwar ähnlich lang ist, aber aus dem Spullersee entspringt. Aus diesen beiden Bächen entsteht der über 260 Kilometer lange Lech, der

Beim Abstecher ins Tannheimer Tal kann man über dem Haldensee den Gimpel sehen.

bei Füssen den gleichnamigen Lechfall hinunterstürzt, Augsburg durchquert und schließlich in die Donau mündet.

Entlang der Hornbachkette

Hinter dem Lech bleiben wir auf der Straße 198, die auf dem folgenden Abschnitt nach Warth im Winter wegen Lawinengefahr durchgängig gesperrt ist. In Warth sind wir nur zwei Kilometer vom südlichsten Punkt Deutschlands, dem Haldenwanger Eck, entfernt und befinden uns in der Region Bregenzerwald. Wir überqueren wieder die Grenze vom österreichischen Bundesland Vorarlberg nach Tirol und folgen der Lechtalstraße auf ihrem bergab verlaufenden Weg durch das immer breiter werdende Lechtal. Zu unserer Linken sehen wir dabei die rund 15 Kilometer lange Hornbachkette als Teil der Allgäuer Alpen, die mit ihrem höchsten Punkt, der Hornbachspitze, eine Höhe von maximal 2533 Metern aufweist.

Das Ende und damit auch den nördlichsten Punkt dieser Gebirgskette haben wir in

Vorderhornbach erreicht, wo das Hornbachtal nach Westen abzweigt. Wir bleiben jedoch vorläufig noch im Lechtal und passieren Weißenbach am Lech, das an der Mündung des gleichnamigen Weißenbachs in den Lech liegt und auch am Beginn des Tannheimer Tals. Wer will, kann hier einem Abstecher in das Tannheimer Tal folgen und über den Gaichtpass (47.454131, 10.623767), der nur aus einer Brücke besteht, zum über 1100 Meter hoch gelegenen Haldensee fahren. Dieser ist ein beliebtes Erholungsgebiet mit zahlreichen Freizeitmöglichkeiten. Unter anderem dient er als Ausgangspunkt für Wanderungen auf den 1866 Meter hohen Einstein im Norden des Tannheimer Tals, der einen schönen Rundumblick ermöglicht und mit ein wenig Trittsicherheit gut zu erklimmen ist.

Zurück im Lechtal erreichen wir wenig später Reutte, das viele deutsche Touristen nur als Ort am Wegesrand wahrnehmen, wenn sie die deutsche Autobahn 7 verlassen und über den Fernpass weiter Richtung Innsbruck oder Brennerpass fahren. Dabei beherbergt Reutte mitten im Ortszentrum ein schönes, aber schlichtes und denkmalgeschütztes Franziskanerkloster, das im 17. Jahrhundert entstand. Südlich von Reutte, in Richtung Fernpass, lohnt es sich, die Bundesstraße zu verlassen, denn dort wartet die sogenannte Burgenwelt Ehrenberg. Diese besteht aus einem ursprünglich heiß umkämpften Gebäudeensemble, denn wo sich heute die Touristen den Weg nach Süden bahnen, befand sich mit der Via Claudia Augusta schon früh eine Römerstraße, die im Mittelalter als Handelsroute genutzt wurde.

Reutte war zu Beginn des Jahrtausends unbeabsichtigter Ausrichter einer Schatzsuche, nachdem am 6. April 2002 ein Meteorit über Innsbruck hinweg auf das Gemeindegebiet zusteuerte und in einer Höhe von rund 22 Kilometern auseinanderbrach und in mehreren Teilstücken zu Boden fiel. Drei Stücke dieses Meteoriten konnten innerhalb der folgenden Monate aufgrund intensiver Berechnungen von Amateurastronomen gefunden werden. Die Fundstellen lagen wenige Kilo-

meter östlich von Reutte an den Hängen des Ochsenälpeleskopfs und des Altenbergs. Der Meteorit konnte beim Eintritt in die Erdatmo-

Herbstlicher Ausblick vom Fernpass über den Blindsee auf die Zugspitze und die Sonnenspitze.

» SEHENSWERTES

Burgenwelt Ehrenberg

Die Burgenwelt Ehrenberg besteht aus der Burgruine Ehrenberg in einer Höhe von 1100 Metern, die vermutlich Ende des 13. Jahrhunderts entstanden ist und erlebte ihre ersten schweren Kämpfe rund zwei Jahrhunderte später. Es folgten der Dreißigjährige Krieg und der Spanische Erbfolgekrieg, bei denen die Burg der Verteidigung diente und in deren Verlauf die Burg auch den Besitzer wechselte. Der Spanische Erbfolgekrieg war daher auch Auslöser dafür, dass rund 150 Meter oberhalb der Burg Ehrenberg mit der Festung Schlosskopf die Verteidigungsanlage erweitert wurde. Festung Schlosskopf bestand aber im Wesentlichen noch nicht einmal ein halbes Jahrhundert, denn schon wenige Jahrzehnte nach der Fertigstellung im Jahr 1744 gab man die Festung auf, ohne dass sie auch nur einmal genutzt wurde. Zum Gebäudeensemble gehört des Weiteren neben einer Klause, die als Zollstation diente, noch das Fort Claudia auf dem gegenüberliegenden Falkenberg.

Auch dieses entstand im Rahmen der Festung Schlosskopf. Heute können die Ruinen besichtigt werden, besonders sehenswert ist dabei die Festung Schlosskopf, die zu einer Schaufestung mit einem barocken Laufradkran und einem Aussichtsturm umgestaltet wurde. Für den Weg hinauf sollte rund eine Stunde Wanderung veranschlagt werden. Kinder haben die Möglichkeit, sich auf dem Weg nach oben auf Schatzsuche zu begeben. Informationen dazu gibt es an der Kasse. Um die Burgenwelt noch attraktiver zu gestalten, wird geplant, eine Hängebrücke zu installieren, die die Burg Ehrenberg mit dem Fort Claudia verbinden soll. Der Besucher wird dann in einer Höhe von 110 Metern über die schwankende Brücke gehen. Es wird sich mit einer Länge von über 400 Metern um die längste Hängebrücke der Welt handeln. Geplant ist die Errichtung dieser Attraktion für den Herbst 2014, spätestens 2015. Burgenwelt Ehrenberg, Klause 1, 6600 Reutte/Tirol, Tel. 0043/(0)5672/620 07, www.ehrenberg.at.

sphäre rund sechs Sekunden lang beobachtet werden und zog eine 90 Kilometer lange Leuchtspur hinter sich her, weshalb zahlreiche Bürger besorgt waren.

Erste Begegnung mit der Zugspitze

Zwischen den Lechtaler Alpen und dem Mieminger Gebirge befindet sich der Fernpass, der jedoch wegen seiner Höhe von nur 1216 Metern im Vergleich zu anderen Alpenpässen relativ unspektakulär ist. Daher verlassen wir die Fernpassstraße (Bundesstraße 179) kurz vor Lermoos und erreichen auf der Straße 187 eine breite Beckenlandschaft, die von hohen Bergen umrahmt wird. Während sich im Süden die Lechtaler Alpen sowie das Mieminger Gebirge und im Norden die Ammergauer Alpen erheben, blicken wir vor uns in Richtung Osten auf das markante Wettersteingebirge, das den höchsten Berggipfel Deutschlands beherbergt, die Zugspitze.

2962 Meter hoch ragt der höchste Berg Deutschlands, der im August 1820 zum ersten Mal bestiegen wurde. Auch heute lässt sich die Zugspitze zu Fuß erklimmen. Beliebt sind hier die Wanderungen durch das Höllental mit der markanten Höllentalklamm und durch das Reintal, das durch die Partnachklamm erreichbar ist. Aber es geht auch bequemer hinauf, denn drei Seilbahnen in der sogenannten Zugspitzarena sorgen dafür, dass zu Spitzenzeiten täglich mehrere Tausend Besucher die Aussicht vom Gipfel genießen können. Darüber hinaus startet in Garmisch-Partenkirchen

Burg Ehrenberg

noch eine Zahnradbahn, die durch das Innere der Nordflanke zum Zugspitzblatt
fährt. Von dort erreicht man den Gipfel über
eine Seilbahn oder durch eine deutlich kürzere Wanderung.

Bekannt ist die Zugspitze auch für die
meteorologische Station inklusive einer
Sendemastanlage sowie für eine Wetter-
warte, die bereits seit dem Jahr 1900 in Betrieb ist und seither fast ununterbrochen im
24-Stundendienst das Wetter beobachtet.
Nicht vergessen werden sollte die Tatsache,
dass der Berg für Deutschland zwar als
höchster Gipfel eine besondere Bedeutung
inne hat, jedoch über den Gipfel die Staatsgrenze verläuft und Österreich damit ebenfalls Anteil an der Zugspitze hat. In der
Alpenrepublik taucht die Zugspitze noch
nicht einmal unter den 100 höchsten Gipfeln
des Landes auf.

Südlich von Lermoos entspringt die Loisach, die nach ihrem 114 Kilometer langen
Lauf in die Isar mündet. Dem Abschnitt des
noch jungen Flusses folgen wir durch die Tal-
landschaft Ehrwalder Becken gen Norden,
wo wir Österreich vorläufig verlassen und
auf der deutschen Bundesstraße 23 wenig

später Grainau passieren und Garmisch-
Partenkirchen erreichen. Es wird übrigens
angenommen, dass die Loisach vor über
4000 Jahren noch nach Süden floss, doch
durch einen gewaltigen Bergsturz, der den
heutigen Fernpass schuf, wurde ihr der Weg
versperrt.

Grainau (47.474055, 11.027757) wirkt
manchmal ein wenig wie der kleine Bruder
von Garmisch-Partenkirchen und scheint im

*Imposant erhebt sich
die Zugspitze hinter
Ehrwald.*

*Tolle Ausblicke bieten
sich von den
Parkplätzen.*

Schatten des berühmten Olympiaortes zu stehen. Doch sollte der Ort aus touristischer Sicht nicht unterschätzt werden. Immerhin beginnt hier die Zugspitzbahn ihre Bergstrecke auf Deutschlands höchsten Gipfel und außerdem beherbergt Grainau den Eibsee, der oft als schönster See der bayerischen Alpen bezeichnet wird.

Der Eibsee (47.457181, 10.991171) liegt in malerischer Landschaft am Fuß der Zugspitze und ist besonders bekannt für seine grünliche Färbung. Entstanden ist der Gebirgssee in fast 1000 Metern Höhe einerseits durch den Rückzug eines Gletschers und andererseits durch einen gewaltigen Bergsturz, dessen Folgen noch heute deutlich sichtbar sind. Denn aus der Wasseroberfläche lugen neun kleine Inselchen hervor, die zwar heute bewachsen sind, jedoch Trümmer des Bergsturzes waren. Um den Eibsee herum führt ein leicht zu gehender Wanderweg mit einer Länge von etwas über sieben Kilometern. Dabei überquert man im nordöstlichen Bereich auch eine Brücke an der Stelle, wo der wesentlich kleinere Untersee an den Hauptsee angrenzt.

Der Eibsee liegt malerisch am Fuß der Zugspitze.

» SEHENSWERTES

Zugspitzbahn

Neben den Parkplätzen des Sees befindet sich eine weitere Haltestelle der Zugspitzbahn. Die Zugspitzbahn ist nur noch eine von vier Zahnradbahnen Deutschlands (die weiteren Zahnradbahnen sind in Stuttgart, am Drachenfels bei Bonn und am Wendelstein (siehe Tour 6)). Sie wurde Ende der 1920er-Jahre eröffnet, wobei zunächst nur die Strecke zwischen Grainau und dem Eibsee in Dienst gestellt wurde. Noch im selben Jahr folgt der Anschluss an die damalige Deutsche Reichsbahn in Garmisch-Partenkirchen und im Jahr 1930 konnte man nach insgesamt zweijähriger Bauzeit die erste Fahrt auf die Zugspitze durchführen. Ein Höhepunkt der Fahrt ist dabei die Durchquerung des fast 4,5 Kilometer langen Tunnels zwischen der Haltestelle Riffelriss und dem Schneefernerhaus. Bayerische Zugspitzbahn, Olympiastraße 27, 82467 Garmisch-Partenkirchen, Tel. 0049/(0)8821/79 70, www.zugspitze.de

Ein Haus mit der typischen Lüftlmalerei in Oberammergau.

» SEHENSWERTES

AlpspiX

Südlich von Garmisch-Partenkirchen erhebt sich in unmittelbarer Nähe zur Zugspitze die Alpspitze mit einer Höhe von 2628 Metern. Diese kann mit der Alpspitzbahn (Talstation: 47.471474, 11.061686) erreicht werden und bietet an der Bergstation eine stählerne Aussichtsplattform namens AlpspiX. Der Skywalk ragt mit zwei Stahlarmen rund 13 Meter über die Felskante hinaus und bietet einen schwindelerregenden Blick in das Tal bis Garmisch-Partenkirchen. Der Besucher wandelt auf einem Gitterrost und kann daher direkt senkrecht nach unten blicken.

Nur wenige Hundert Meter von der Großen Olympiaschanze geht es in der Partnachklamm weniger hoch, dafür aber eng zu. Auf einer Länge von über 700 Metern kann man durch die sehr enge und feuchte Schlucht spazieren, die sich im Laufe von Jahrmillionen entwickelte und die bereits seit 1912 als Naturdenkmal ausgewiesen ist. Sie kann das ganze Jahr hindurch kostenpflichtig betreten werden und bietet vor allem auch im Winter spektakuläre Anblicke.

An Olympiasportstätten und Lüftlmalereien vorbei

Östlich von Grainau erreicht man Garmisch-Partenkirchen, das sich in einem Talkessel zwischen Kramerspitz, Wank und dem Zugspitzmassiv ausbreitet. Entstanden ist der heutige Ortsname in der Zeit des Nationalsozialismus als anlässlich der Olympischen Winterspiele im Jahr 1936 die beiden Nachbargemeinden Garmisch und Partenkirchen zusammengelegt wurden. Diese Spiele wurden, genauso wie kurz darauf die Olympischen Sommerspiele in Berlin, von der Nazi-Diktatur zu Propagandazwecken missbraucht. Dennoch sollten auch die darauffolgenden Olympischen Winterspiele im Jahr 1940 in Garmisch-Partenkirchen stattfinden, nachdem das japanische Sapporo und St. Moritz dem Olympischen Komitee eine Absage erteilt hatten und nicht mehr als Austragungsorte zur Verfügung standen. Sogar nach Kriegsausbruch wurde noch kurzzeitig an den Plänen der Olympischen Spiele festgehalten, bis diese dann im November 1939 komplett abgesagt wurden. Bis heute waren die Winterspiele im Jahr

1936 die einzigen auf deutschem Boden. Großes Aufsehen erregte die Kandidatur der Stadt München als Austragungsort für die Olympischen Winterspiele im Jahr 2022. Diese hätten unter anderem nicht nur in München, sondern auch in Ruhpolding und Garmisch-Partenkirchen stattfinden sollen. Nach eindeutigen Bürgerentscheiden im Herbst 2013 wurde jedoch auf eine Kandidatur verzichtet.

Berühmt ist Garmisch-Partenkirchen außerdem für die legendäre Kandahar-Abfahrt. Wer sich bei dem Namen dieser alpinen Rennstrecke an Afghanistan erinnert fühlt, befindet sich sogar im Recht. Denn benannt wurde die Strecke nach dem Arlberg-Kandahar-Rennen, das seit 1928 in St. Anton am Arlberg, im französischen Sestriere sowie in den Schweizer Wintersportorten Mürren und Chamonix und eben auch in Garmisch-Partenkirchen stattfindet. Diese traditionsreiche Veranstaltung wurde wiederum nach den beiden Organisatoren benannt, dem Skiclub Arlberg und dem Kandahar Ski Club. Letzterer hatte seinen Namen von Frederick Roberts erhalten, der Ende des 19. Jahrhunderts als Heerführer aus dem Anglo-Afghanischen Krieg als Earl von Kandahar nach Europa zurückgekehrt war.

Nicht minder berühmt ist Garmisch-Partenkirchen für die Große Olympiaschanze, die bereits 1921 Austragungsort für das Neujahrsspringen war. Als Große Olympiaschanze wurde sie selbstverständlich erst ab dem Jahr 1936 tituliert. Der heutige Anlauf- und Schiedsrichterturm entstand im Jahr 2007, als die ursprünglichen Bauten altersbedingt gesprengt wurden. Der Schanzenrekord auf der alten Schanze wurde im Jahr 2001 vom polnischen Skispringer Adam Małysz mit einer Weite von 129,5 Metern aufgestellt. Auf der neuen Schanze liegt der Rekord seit dem Neujahrsspringen im Jahr 2010 bei

Garmisch-
Partenkirchen
Alpspitze
AlpspiX
Mittenwald
Scharnitzpass B 2
Seefeld B 177
60 km B 171

Innsbruck

Ziel

Die Große Olympiaschanze ist ein Wahrzeichen der Stadt Garmisch-Partenkirchen.

Blick ins Mittenwalder Geigenmuseum.

Bis ins 10. Jahrhundert datieren die Anfänge des Innsbrucker Doms zurück.

» KULTURTIPP

Geigenbaumuseum

Neben den zahlreichen Lüftlmalereien, die im Ortskern fast jedes Gebäude verschönern, ist Mittenwald auch bekannt für den Geigenbau. Begründet wurde der Geigenbau durch den Mittenwalder Matthias Klotz. Dieser ließ sich in einer Lautenmacherwerkstatt in Padua ausbilden und brachte den Geigenbau in seinen Heimatort, den mehrere seiner Kinder fortführten. Im 1930 eröffneten Geigenbaumuseum wird auf zwei Etagen ausführlich über die Geschichte und den Geigenbau informiert. Geigenbaumuseum, Ballenhausgasse 3, 82481 Mittenwald, Tel. 0049/(0)8823/25 11, www.geigenbaumuseum-mittenwald.de.

ter westlich gelegenes Pendant. Die Ortschaft Mittenwald entstand jedoch erst einige Jahrhunderte später, wurde dann wichtiger Handelsplatz entlang der Route. Touristisch erschlossen und in gewisser Weise entdeckt wurde Mittenwald mit der Fertigstellung der Bahnlinie nach Innsbruck Anfang des 20. Jahrhunderts. Wenige Jahre später wurden die ersten Vorläufer der heutigen Gebirgsjäger in Mittenwald stationiert. Heute werden die Soldaten an der Gebirgs- und Winterkampfschule für den Kampf im schwierigen Gelände ausgebildet.

Über die Bundesstraße 2 ist es entlang der Isar nur ein Katzensprung bis zur Grenze nach Österreich, die über den Scharnitzpass verläuft. Der Pass ist eine Engstelle, die im Winter wegen Lawinengefahr auch gesperrt sein kann. Dann wird der Verkehr nach Seefeld weiter westlich durch das Leutaschtal und auf der Westseite der Großen Arnspitze umgeleitet. Auch Seefeld ist ein beliebter Urlaubs- und Wintersportort. Im Jahr 1964 fanden hier die nordischen Ski-Wettbewerbe der Olympischen Spiele von Innsbruck statt. Anders als in Mittenwald wirkt das Zentrum von Seefeld jedoch weniger traditionell, sondern ist geprägt von zahlreichen Beherbergungsmöglichkeiten.

Über die steil abfallende Bundesstraße fahren wir vorsichtig ins Inntal und erreichen wenig später das Etappenziel Innsbruck.

143,5 Metern, die vom Schweizer Simon Ammann erreicht wurden.

Über die Bundesstraße 2 gelangen wir südlich vom Wank in weniger als einer halben Stunde nach Mittenwald. Ähnlich wie am Fern- und am Reschenpass, wo die Via Claudia Augusta eine wichtige Nord-Süd-Verbindung der Römer bildete, verlief bei Mittenwald die Via Raetia als Römerstraße zwischen Verona und Augsburg und wurde im Laufe der Zeit sogar wichtiger als ihr wei-

» PRAKTISCHE HINWEISE

TOURISTINFORMATIONEN

Liechtenstein und Vaduz – Liechtenstein Marketing, Äulestraße 30, 9490 Vaduz, Tel. 00423/(0)239/63 63, www.tourismus.li

Bludenz Tourismus – Werdenbergerstraße 42, 6700 Bludenz, Tel. 0043/(0)5552/63 62 17 90, www.vorarlberg-alpenregion.at

Montafon Tourismus – Montafonerstraße 21, 6780 Schruns, Tel. 0043/(0)5556/72 25 30, www.montafon.at

Tourismusverband Paznaun-Ischgl – Dorfstraße 43, 6561 Ischgl, Tel. 0043/(0)50/990, www.paznaun-ischgl.com

Tourismusverband Arlberg, Dorfstraße 8, 6580 St. Anton am Arlberg, Tel. 0043/(0)5446/226 90, www.stantonamarlberg.com

TVB Naturparkregion Reutte, Untermarkt 34, 6600 Reutte, Tel. 0043/(0)5672/623 36, www.reutte.com

Garmisch-Partenkirchen – Tourist Information, Richard-Strauss-Platz 2, 82467 Garmisch-Partenkirchen, Tel. 0049/(0)8821/18 07 00, www.gapa.de

Tourist-Information Mittenwald, Dammkarstraße 3, 82481 Mittenwald, Tel. 0043/(0)8823/339 81, www.alpenwelt-karwendel.de

Informationsbüro Seefeld, Klosterstraße 43, 6100 Seefeld, Tel. 0043/(0)508/80 50, www.seefeld.com

KARTEN

Kümmerley + Frey, Alpenstraßen 1:700 000 oder Vorarlber – Tirol – Südtirol 1:150 000

CAMPINGPLÄTZE

Camping Mittagsspitze, 9495 Triesen, Liechtenstein, Tel. 00423/(0)392/36 77, www.campingtriesen.li (47.086262, 9.527179). Im Süden von Liechtenstein, in ruhiger Lage im Rheintal zwischen Triesen und Balzers.

Waldcamping Feldkirch, Stadionstraße 9, 6800 Feldkirch, Tel. 0043/(0)5522/760 01 31 90, www.feldkirch.at, (47.258444, 9.583063), Am Südrand eines Naturschutzgebietes, das nur 100 Meter entfernt von der Ill, kurz vor der Mündung in den Rhein, durchzogen wird.

Alpencamping Nenzing, Garfrenga 1, 6710 Nenzing, Tel. 0043/(0)5525/62 49 10, www.alpencamping.at (47.183081, 9.682269). In ruhiger Waldlage südwestlich von Nenzing.

Camping Seeberger, Obdorfweg 9, 6700 Bludenz, http://members.aon.at/seeberger/index.html (47.161952, 9.815954). Kleiner, aber feiner Platz mitten in Bludenz.

Panorama Camping Sonnenberg, Hinteroferst 12, 6714 Nüziders bei Bludenz, Tel. 0043/(0)5552/640 35, www.camping-sonnenberg.com (47.16979, 9.807462). Etwas größerer Platz als Camping Seeberger und ein bisschen mehr außerhalb. Dennoch ist der Kern von Bludenz gut zu Fuß erreichbar.

Urlaub am Auhof, Familie Tschugmell, 6706 Bürs, www.auhofbuers.at (47.146441, 9.816168). Kleiner, familiär geführter Campingplatz mit 30 Stellflächen an einer Reithalle außerhalb von Bludenz.

Camping Thöny, Flurstraße 4, 6780 Schruns, Tel. 0043/(0)5556/726 74, www.camping-thoeny.com (47.077001, 9.90912). Direkt neben der Bundesstraße im Tal gelegen.

Waldcamping Batmund, Silvretta-Bundesstraße 65c, 6791 St. Gallenkirch, Tel. 0043/(0)5557/218 93, www.camping-montafon.at (47.02993, 9.957019). In Waldlage und dennoch mitten im Tal gelegen.

Camping Nova, Campingstraße 138a, 6793 Gaschurn, Tel. 0043/(0)5558/89 54, http://campingnova.at (46.997853, 10.012809).

Camping Zeinisee, Zeinisjoch, 6563 Galtür, Tel. 0043/(0)5443/85 62, www.camping-galtuer.at (46.978166, 10.127492). Kleiner Campingplatz mit 20 Stellflächen für Wohnmobile direkt am Kops-Stausee. Leider nicht ganz günstig (es wird z. B. ein Kurzaufenthaltszuschlag erhoben, wenn man nur eine Nacht bleibt), aber landschaftlich einer der am schönsten gelegenen Campingplätze auf dieser Route.

Campingplatz Arlberg, 6574 Pettneu am Arlberg 235, Tel. 0043/(0)5448/22 26 60, www.camping-arlberg.at (47.144762, 10.335816). Großer Campingplatz südlich von Pettneu am Arlberg, gleich unterhalb der Autobahn.

Arlberg-Panorama-Camping, A-6574 Pettneu am Arlberg, Tel. 0043/(0)5448/83 52, www.arlberg-panorama-camping.at (47.148075, 10.346121). Etwas kleinerer Campingplatz am Ortsrand von Pettneu und am Talboden.

Camping Rudi, Luxnach 122, 6651 Häselgehr, Tel. 0043/(0)5634/64 25, www.lechtal-camping-rudi.at (47.315303, 10.498589). Familiär geführter, kleiner Campingplatz direkt am Lech-Ufer.

Camping Reutte, Ehrenbergstraße 53, 6600 Reutte, Tel. 0043/(0)5672/628 09, www.camping-reutte.com (47.477917, 10.722854). Südlich von Reutte. Guter Ausgangspunkt für Wanderungen rund um die Burg Ehrenberg.

Hotel Fischer am See, 6611 Heiterwang, Tel. 0043/(0)5674/51 16, www.fischeramsee.at (47.455861, 10.759595). In ruhiger Lage am westlichen Ufer des Heiterwanger Sees.

Happy-Camp, Garmischer Straße 21, 6631 Lermoos, Tel. 0043/(0)5673/29 80, www.camping-lermoos.com (47.402625, 10.88785). Im Talbecken östlich von Lermoos mit wunderbarem Blick auf das Wettersteinmassiv.

Camping Dr. Lauth, Zugspitzstraße 34, 6632 Ehrwald, Tel. 0043/(0)5673/26 66, www.campingehrwald.at (47.411115, 10.923985). Am Fuße des Wettersteinmassivs und direkt an der Einfahrt in das Loisachtal gelegen. Guter Ausgangspunkt für Fahrten auf die Zugspitze.

Camping Erlebnis Zugspitze, Griesener Straße 2, 82491 Grainau, Tel. 0049/(0)8821/943 91 11, www.pure-camping.de (47.480473, 11.053495). In einer Schleife der Loisach. Nicht weit von der Alpspitzbahn entfernt. Guter Ausgangspunkt für eine Fahrt auf die Zugspitze.

Alpen-Caravanpark Tennsee, Am Tennsee 1, 82494 Krün, Tel. 0049/(0)8825/170, www.camping-tennsee.de (47.490362, 11.255352). Ruhig gelegener Campingplatz zwischen Krün und Mittenwald. Der Tennsee ist jedoch kleiner als der Campingplatz.

Naturcampingpark Isarhorn, Am Horn 4, 82481 Mittenwald, Tel. 0049/(0)8823/52 16, www.camping-isarhorn.de (47.472641, 11.277765). Im Norden von Mittenwald in einer Schleife der Isar, aber auch direkt an der Bundesstraße 2. Zum Campingplatz gehört der Stellplatz in Bahnhofsnähe.

Karwendelcamp Scharnitz, Am Brandlift 390, 6108 Scharnitz, Tel. 0043/(0)699/10 10 90 09, www.karwendelcamp.at (47.384705, 11.262772). Gleich hinter der deutsch-österreichischen Grenze im Süden von Scharnitz.

Holiday Camping Leutasch, Reindlau 230b, 6105 Leutasch, Tel. 0043/(0)5214/657 00, www.holiday-camping.at (47.398171, 11.180079). Großer Campingplatz mit allem erdenklichen Komfort im Leutaschtal.

Camping Alpin, Leutascher Straße 810, 6100 Seefeld, Tel. 0043/(0)5212/48 48, www.camp-alpin.at (47.336998, 11.177939). Großer Campingplatz mit zahlreichen Einrichtungen am Ortsrand von Seefeld.

Camping Innsbruck Kranebitterhof, Kranebitterallee 216, 6020 Innsbruck, Tel. 0043/(0)512/27 95 58, www.campingplatz-innsbruck.at (47.263771, 11.326306). Großer Campingplatz im Westen von Innsbruck. Zwar unmittelbar am Innufer, aber auch in direkter Nähe zum Flugplatz.

Camping Innsbruck, Natterer See 1, 6161 Natters, Tel. 0043/(0)512/54 67 32, www.natterersee.com (47.237433, 11.338812). Campingplatz an einem kleinen See südlich von Innsbruck. Mit dem stündlich fahrenden Bus ist man in rund einer Stunde in der Innsbrucker Altstadt.

STELLPLÄTZE

Vaduz, Rheinstraße, Liechtenstein (47.138729, 9.510847), Stellplatz für die maximal zweimalige Übernachtung auf dem Parkplatz des Rheinstadions. Direkt am Rheinufer und nur 15 Minuten Fußweg in das Zentrum von Vaduz.

Stellplätze am Campingplatz Arlberg, 6574 Pettneu am Arlberg 235, Tel. 0043/(0)5448/22 26 60, www.camping-

Aussteigen und die Natur genießen: Dafür sind die Parkplätze an der Hochalpenstraße gedacht.

arlberg.at (47.144762, 10.335816). Auf dem Campingplatz befindet sich ein abgetrennter Bereich, der als Wohnmobilstellplatz betrachtet wird. Einfahrt rund um die Uhr möglich. Stellplatzfläche jeweils 12 x 6 Meter, Vorzelt nicht gestattet. Strom, Ver- und Entsorgung vorhanden.

Reisemobilstellplatz am Wank, Wankbahnstraße 2, 82467 Garmisch-Partenkirchen. Großer Stellplatz für 110 Fahrzeuge auf zwei Ebenen. Direkt an der Talstation der Wankbahn. Inkl. Gastausch, Ver- und Entsorgung, Sanitäreinrichtung, Waschmaschine, Trockner, W-Lan, Café, Brötchenservice, www.alpencamp-gap.de.

Grainau, Griesener Straße 2. 80 Stellflächen vor dem Campingplatz Zugspitze. Die Einrichtungen des Campingplatzes können mitgenutzt werden, von den Top-Stellplätzen ausgezeichnet (47.480074, 11.055399).

Mittenwald, Albert-Schott-Straße 35. Stellplatz mit Schranke direkt neben den Bahngleisen kurz vor dem Bahnhof. Fußläufig zum Zentrum. Ver- und Entsorgung, öffentliches WC am Bahnhof.

PÄSSE

Silvrettapass (2032 m)
Zeinisjoch (optional, 1842 m)
Arlbergpass (1793 m)
Flexenpass (1773 m)
Gaichtpass (optional, 1093 m)
Fernpass (optional, 1216 m)
Scharnitzpass (955 m)

8 DIE FÜNF-LÄNDER-ROUTE DURCH DIE ALPEN

Vom Bodensee nach Meran

Start- und Endpunkt: Lindau und Meran   **Beste Jahreszeit:** Winter und Herbst   **Streckenlänge:** Rund 270 Kilometer (ohne Abstecher)   **Fahrzeit:** 2 bis 3 Tage   **Mautstrecken:** Autoverladung durch den Vereina-Tunnel (optional als Alternative zum Flüelapass, der im Winter gesperrt ist), Munt-la-Schera-Tunnel (optional), Stilfserjoch (optional, Maut ist in Planung)

Gleich durch fünf Staaten führt uns diese Route und zeigt uns ein wunderschönes Bild der Alpen. Zugegeben, ein Land berühren wir nur sehr kurz und auch von den anderen Ländern bekommen wir nur einen flüchtigen Eindruck. Doch dieser passt zu unserem Bild von den Alpen. Im Tal des Alpenrheins haben wir die massiven Gipfel rechts und links der Strecke, doch schon bald geht es durch das enge Prättigau in die Höhe, bis wir hinter Davos den Flüelapass überqueren. Den wohl schönsten Abschnitt dieser Reise erleben wir im Grenzgebiet zwischen der Schweiz und Italien, wo der Schweizerische Nationalpark und der Nationalpark Stilfserjoch aufeinandertreffen und uns eine Passfahrt bis zu 48 Spitzkehren bieten. Zum Abschluss fahren wir durch das Südtiroler Etschtal, wo wir einen kurzen Abstecher in das kleinere Schnalstal

Auf verschlungenen Wegen geht's hinauf zum Stilfser Joch.

einlegen sollten. An seinem Ende wartet nämlich bei einer Wanderung der Ort mit einem der berühmtesten Leichenfunde auf uns, das Ötzi-Denkmal am Hauslabjoch.

Nach der Besichtigung der Lindauer Altstadt (siehe Tour 6) verlassen wir den Wohnmobilstellplatz und erreichen nach kurzer Fahrt auf der Bundesstraße 12 den Grenzübergang zu Österreich. Mit der Einreise nach Österreich überqueren wir auch gleichzeitig den Grenzfluss Leiblach, der nach 33 Kilometern durch das Allgäu in den Bodensee mündet.

Bregenz macht es den Wohnmobilfahrern leider nicht leicht, da die beiden größten Parkplätze (P7 und P8) in unmittelbarer Nähe der Seebühne für Wohnmobile gesperrt sind. Aber gar nicht so weit vom Zentrum entfernt befindet sich ein kleiner Friedhofsparkplatz (47.498389, 9.742292), von dem aus man zu Fuß auch schnell am Bodenseeufer ist.

Bühnenreifes Programm in Bregenz

Die wohl berühmteste Attraktion der Bodenseestadt ist die Seebühne. Sie befindet sich auf dem Wasser und wurde im Jahr 1946 zum ersten Mal mit Mozarts »Bastien und Bastienne« bespielt. Seither finden jährlich im Sommer die Bregenzer Festspiele statt, in denen anfangs jährlich, seit 1985 alle zwei Jahre ein anderes Stück gespielt wird. Das Publikum sitzt auf der 7000 Zuschauer um-

fassenden Tribüne am Ufer und genießt bei den Aufführungen die Bodenseekulisse im Hintergrund.

Doch es lohnt sich in Bregenz auch der Weg abseits des Sees, denn im Süden des Zentrums befindet sich die sogenannte Oberstadt, die durch ein Stadttor betreten wird. Die dortigen Stadtmauern stammen teilweise noch aus dem 13. Jahrhundert, doch Anziehungspunkt ist in der Regel der Martinsturm. Er entstand Anfang des 17. Jahrhunderts und beherbergt einen der

» WANDERTIPP

Käsewanderweg
Auf der Pfänderspitze startet der Käsewanderweg. Der zehn Kilometer lange Wanderweg passiert ein Dutzend Hinweistafeln, die Wissenswertes und Interessantes über die Herstellung von Käse erläutern. Der Weg wird auch als Josef-Rupp-Käsewanderweg bezeichnet und erinnert an die gleichnamige Privatkäserei, die in der Region eine der bedeutendsten Käsereien ist. Bis zu 9000 Laibe Bergkäse reifen in den Lagern der Käserei Rupp. Entlang dem Wanderweg existieren zahlreiche Rastmöglichkeiten und kleine Hofladen, in denen man sich nicht nur mit Käse stärken kann.

Der Tunnel durch den Munt la Schera ist nur einspurig befahrbar.

Pfänder mit der Seilbahn, die 1927 erbaut wurde und seither einen Höhenunterschied von rund 600 Metern in rund sechs Minuten überwindet.

Auf der A 14, der sogenannten Rheintal/Walgau-Autobahn, fahren wir parallel zum Alpenrhein in südliche Richtung und passieren dabei Dornbirn und Hohenems. In Hohenems lohnt ein Zwischenstopp am Jüdischen Museum in der Mühlgasse (47.364456, 9.688632). In einer Villa des 19. Jahrhunderts berichtet die Ausstellung über die ehemalige jüdische Gemeinde von Hohenems und über die Vertreibung, aber auch über die jüdische Gegenwart in Europa. Zwar handelt es sich eigentlich um ein regionales Museum, doch es hat internationale Bedeutung und ist über die Grenzen Österreichs hinaus bekannt.

An der Ausfahrt Feldkirch-Nord verlassen wir die Autobahn und steuern auf der Bundesstraße 190 Liechtenstein entgegen. Kurz vor dem Grenzübergang sehen wir in Feldkirch auf der linken Seite die stattliche Schattenburg (47.236961, 9.601181). Sie wurde vom Stadtgründer Graf Hugo zu Beginn des 13. Jahrhunderts errichtet und umfasst seither neben einem Palas einen 21 Meter hohen Bergfried, der einen schönen Blick über das Rheintal ermöglicht.

größten Zwiebeltürme in Europa. Einstmals als Getreidespeicher geschaffen, bietet er heute eine Ausstellung und einen Ausblick auf die Stadt.

Einen weiteren schönen Ausblick auf Bregenz und über den Bodensee bis hin zur Altstadt von Lindau kann man von der 1064 Meter hohen Pfänderspitze genießen. Er wird auch Vierländerblick genannt, weil man von ihm nicht nur nach Deutschland, in die Schweiz und nach Österreich blicken kann, sondern ebenso die Gipfel von Liechtenstein sieht. Zu erreichen ist der

» WISSENSWERTES

Pilzkioske

Wer in Bregenz am Ufer entlangschlendert, dem wird am Bahnübergang westlich der Seebühne ein kleiner Kiosk in Form eines Fliegenpilzes auffallen. Diese Verkaufsstelle ist eine von nur noch acht erhalten gebliebenen Pilzkiosken, die aus den 1950er-Jahren stammen und damals in der Regel Milch und Milchprodukte verkauften. Während die anderen sieben Pilzkioske (einer befindet sich in Lindau) auch andere Produkte verkaufen, liegt beim Pilzkiosk in Bregenz das Hauptaugenmerk immer noch auf Milchprodukten. Es lohnt sich, gleich neben dem Kiosk mit einer frischen Milch auf einer der Sitzbänke Platz zu nehmen und dem Treiben am Seeufer zuzuschauen.

Kleines Land ganz groß

Ab dem Zollamt Schaanwald verlassen wir Österreich auf dieser Route und fahren vorläufig durch das Fürstentum Liechtenstein. Liechtenstein ist das kleinste deutschsprachige Land und kurioserweise der einzige Staat, in dem nur Deutsch als alleinige Amtssprache gilt. Eine weitere Kuriosität entsteht durch die geografische Lage, die Liechtenstein mit Usbekistan gemeinsam hat. Nur bei diesen beiden Ländern handelt es sich um Binnenstaaten, die von weiteren Binnenstaaten umgeben sind. Und wenn wir schon bei den Aufzählungen dieser Besonderheiten sind, sollten wir nicht vergessen, dass das kleine Fürstentum das einzige der Reiseländer in diesem Buch ist, das ausschließlich in den Alpen liegt. Dennoch besteht trotzdem nur rund die Hälfte des

» SEHENSWERTES

Alte Holzbrücke

Südlich des Wohnmobilstellplatzes am Nationalstadion befindet sich die letzte erhalten gebliebene Holzbrücke im Alpenrheintal. Sie ist 135 Meter lang und steht seit 1910 auf den Grundpfeilern einer früheren Holzbrücke. Seit Mitte der 1970er-Jahre dient sie nur noch dem nicht-motorisierten Verkehr, da nur 200 Meter weiter flussaufwärts die heutige Straßenbrücke gebaut wurde. Daher wird sie heute überwiegend von Radwanderern genutzt, die am Alpenrhein entlangradeln. Ein schönes Fotomotiv der Brücke ergibt sich vom schweizerischen Rheinufer aus, wenn im Hintergrund das Schloss Vaduz zu sehen ist.

neben dem Nationalstadion am Rheinufer ansteuern sollten.

Die Hauptsehenswürdigkeit von Vaduz ist das gleichnamige Schloss, das sich oberhalb der Hauptstadt befindet und seit dem frühen 18. Jahrhundert Sitz einer der ältesten Adelsfamilien Europas, dem Haus Liechtenstein, ist. Daher kann das Schloss leider nicht besichtigt werden, doch auch von außen ist es mit seiner Hanglage unbedingt sehenswert.

Zu den weiteren Sehenswürdigkeiten der Hauptstadt von Liechtenstein zählen die St. Florinkathedrale, die mit ihrem Turm weithin sichtbar ist und das mittelalterliche Rote Haus. Hierbei handelt es sich um einen Wohnkomplex, der sich im einstigen Zentrum von Vaduz befindet.

Landes aus Gebirge. Die andere Hälfte besteht zum Großteil aus dem Rheintal.

Durch Schaan erreichen wir die Hauptstadt Vaduz, wo wir direkt den Parkplatz bzw. Wohnmobilstellplatz (47.138848, 9.510843)

Auf Wandertour mit dem Adler

In Liechtenstein gibt es nicht allzu viele Straßen ins Hochgebirge. Die Fahrt nach Malbun ist so ziemlich die einzige Möglich-

Die typisch gelben Schweizer Postbusse sind immer gut besetzt.

Das Kloster in Müstair zählt zum Unesco-Welterbe.

keit, mit dem Wohnmobil aus dem sogenannten Unterland in die Höhe zu fahren. Dabei durchquert man den ampelgesteuerten Malbuntunnel und erreicht das Hochplateau auf einer Höhe von rund 1600 Metern. Dort wartet die Falknerei Galina mit einer ganz besonderen Attraktion. Auf der Terrasse des dazugehörigen Restaurants werden täglich von Dienstag bis Sonntag um 15 Uhr Greifvogelschauen veranstaltet. Vor der prächtigen Bergkulisse Liechtensteins zeigen Uhus, Bussarde und Falken ihre Flugfähigkeiten und ihr Jagdverhalten. Eine Besonderheit ist jedoch die Adler-Erlebniswanderung. Sie ist mit 150 Schweizer Franken für die erste und 50 Schweizer Franken für jede weitere Person alles andere als ein Schnäppchen, dauert jedoch 90 Minuten und beinhaltet eine Wanderung mit dem Falkner in Begleitung eines Steinadlerweibchens.

Durch das Prättigau aufwärts

Südlich von Vaduz verlassen wir Liechtenstein über die Landstraße und erreichen die Schweiz. Durch das Tal des Alpenrheins gelangen wir nach Landquart und wechseln dort auf die Straße 28, die uns durch das Prättigau bringt. Dabei beeindruckt uns zu Beginn des Tals der Klus genannte schluchtartige Zugang zum Prättigau, bevor wir einen Teil des Klus durch den gleichnamigen Tunnel unterqueren.

Mit Saas im Prättigau treffen wir auf den ersten Ort der Tourismusregionen Klosters und Davos. Zwar leitet die Straße 28 mittlerweile einmal um den Ort herum – das war vor wenigen Jahren noch anders – dennoch kann ein Blick nach Saas hinein wegen der vielen, schönen Holzhäuser von Interesse sein.

Wer anschließend nach Klosters hinein möchte, der kann auch auf der alten Landstraße weiterfahren. Die Straße 28 durchquert den Gotschnafelsen mit dem Gotschnatunnel, der wiederum Teil der neuen Ortsumfahrung Klosters ist. Nicht zuletzt an der Ortsumfahrung erkennen wir, dass der Ausbau der Straße 28 recht jung und teilweise noch nicht abgeschlossen ist.

» TIPP

Autoverlad

Wer auf Davos und den folgenden Flüelapass verzichten möchte, der hat in Klosters die Möglichkeit, in das Inntal bei Susch mit dem Autoverlad abzukürzen. Die Zugstrecke wird von der Rhätischen Bahn betrieben und verläuft rund 19 Kilometer durch den Vereinatunnel. Nach achtjähriger Bauzeit wurde der Tunnel 1999 feierlich eröffnet und bringt Fahrzeuge fast aller Größen in rund 19 Minuten von Klosters ins Unterengadin.

Das bedeutet, dass das Prättigau noch im letzten Jahrzehnt nur auf der kleinen Landstraße durchquert werden konnte. Zum Leidwesen der Anwohner, denn das Tal ist ein wichtiges Verbindungsglied zwischen dem Rheintal und Davos.

Sport, Freizeit und Wirtschaft in Davos

Hinter Klosters passiert man wenig später den bei Surfern und Seglern beliebten Davosersee, kurz bevor man Davos erreicht. Der verhältnismäßig kleine Ort entwickelte sich im 19. Jahrhundert zu einem weltweit berühmten Kurort, was dazu führte, dass zahlreiche Sanatorien gebaut wurden. In etwa zur gleichen Zeit etablierte sich Davos aber auch als Wintersportort. Während heute die Besucher überwiegend Ski fahren und rodeln, hat sich Davos in der Schweiz einen Namen als Rekordmeister im Eishockey gemacht. Besonders beachtenswert ist hierbei das dazugehörige Eisstadion, die Vaillant-Arena. Von außen fällt die Arena durch die hohen Glasfronten auf, aber wirklich schön wird es erst im Inneren, wenn die Spieler vom HC Davos unter einer imposanten Holzdecke auflaufen. Gleich nebenan befindet sich im Winter die größte Natureisbahn Europas, die zu malerischen Schlittschuhfahrten einlädt.

Einmal im Jahr, in der Regel im Januar oder Februar, macht Davos weltweit Schlagzeilen, wenn das Weltwirtschaftsforum tagt und zu einem Forum einlädt. Dieser Einladung kommen hochrangige Wirtschaftsver-

treter und Politiker aus zahlreichen Staaten nach. Auf der Gästeliste stehen dann Namen wie Angela Merkel, Al Gore, Bill Clinton, John Kerry und andere namhafte Persönlichkeiten aus dem Bereich der Politik. Das mehrtägige Weltwirtschaftsforum ist daher keine gute Zeit, Davos als Urlaubsort genießen zu wollen. Schon aus Sicherheitsgründen ist man während der Veranstaltung im Ort stark eingeschränkt. Hinzu kommen Demonstrationen von Globalisierungsgegnern, die in den letzten Jahren aber deutlich kleiner geworden sind.

Von Davos aus können wir durch das Landwassertal das gleichnamige Viadukt bei Tiefencastel erreichen und dem weiteren Verlauf der Route 5 aus diesem Buch folgen.

Buntes Treiben am Dorfplatz von Glurns

Vaduz ○
Malbun
Prättigau
Klosters
Nutli Hüschi
Davosersee
67 km B 28

Davos ○

Große Bäume spenden am Campingplatz von Glurns Schatten.

» TIPP

Mit dem Pferdegespann auf den Flüelapass

Den Flüelapass kann man auch mit der Postauto Schweiz AG erreichen – und zwar im historischen Ambiente. Von Juli bis September verlässt ein Sechser-Pferdegespann jeden Mittwoch um 9.15 Uhr den Bahnhof von Davos und erreicht das Hospiz um 13 Uhr. Die Anmeldung hierfür muss bis zum Vorabend um 18 Uhr im Hotel Davos Event erfolgen. Allerdings kostet die einfache Fahrt 128 Schweizer Franken.

Der Kirchturm des versunkenen Ortes Alt-Graun ragt aus dem Reschensee.

Über den Flüelapass

In dieser Route bleiben wir jedoch weiterhin auf der Straße 28 und folgen ihr aufwärts bis zum Flüelapass (46.750179, 9.947475). Die Passstraße wurde im Jahr 1867 fertiggestellt und befindet sich auf einer Höhe von 2383 Metern. Auf der Passhöhe verläuft die Straße zwischen dem Schottensee sowie dem kleineren Schwarzsee und am Flüela Hospiz vorbei, das zu einer Einkehr in wunderschöner Lage einlädt.

Auf dem weiteren Weg, den Pass hinab, fahren wir nicht nur am Fluss Susasca entlang, sondern haben auch noch zahlreiche weitere Parkmöglichkeiten, um die Landschaft zu genießen, bevor wir am Ende der Passüberfahrt nach Susch gelangen und das Unterengadin erreichen.

Kurze Fahrt durch das Inntal

Der Name Engadin leitet sich vom Fluss En ab, der hier durch das Tal fließt. Die Quelle des Flusses befindet sich westlich von Silvaplana in der Nähe des Malojapasses. Er ist der längste Fluss innerhalb der Alpen und mündet nach 517 Kilometern in Passau in die Donau. Dort ist der Fluss natürlich als Inn bekannt. Die Bezeichnung En stammt aus dem Rätoromanischen. Das heißt, der Inn hat seinen Ursprung in der Schweiz, leiht dem Engadin seinen Namen, durchquert das österreichische Tirol, wo er ebenfalls Namensgeber für den dort größten Ort Innsbruck ist, bevor er südlich von Rosenheim die Alpen verlässt und das letzte Drittel seines Verlaufs beginnt. Hier in Susch wird der noch junge Fluss von einer malerischen Holzbrücke überspannt, kurz bevor er das Wasser der Susasca aufnimmt.

Durch das teilweise enge Tal fahren wir auf der Straße 28 nach Zernez und verlassen dort den Inn, um durch das Tal des Spöls zu fahren. Auf der rechten Seite sehen wir gegenüber der Kirche von Zernez die Tourismusinformation und das Besucherzentrum des Schweizerischen Nationalparks (46.699259, 10.09548).

Auf der Ofenpassstraße in den Nationalpark

Nach einer steten Bergfahrt auf der Ofenpassstraße erreichen wir in einer engen Rechtskurve den Schweizerischen National-

» TIPP

Munt la Schera

Inmitten des Schweizerischen Nationalparks erhebt sich unter anderem der 2586 Meter hohe Munt la Schera. An seiner Westflanke befinden sich ein Parkplatz und eine Tunneleinfahrt. Durch den fast 3,5 Kilometer langen Tunnel erreicht man das Nordufer des Lago di Livigno, der auf italienischer Seite liegt. Daher befindet sich vor der Einfahrt in den Tunnel eine Station des Schweizer Zolls. Der italienische Zoll liegt auf der anderen Seite des Tunnels, westlich der 130 Meter hohen Seestaumauer, mit der seit 1968 der Fluss Spöl gestaut wird. Da der Tunnel nur einspurig ist und im Viertelstundentakt die Fahrtrichtung geändert wird, sollte man für die Durchfahrt Zeit mitbringen. Besonders in der Hochsaison kann es während der Wartezeit zu Rückstaus kommen, die auch den Verkehr auf der Ofenpassstraße behindern.

park, der im Übrigen wirklich so heißt. Im Jahr 2014 feierte dieser Nationalpark sein 100-jähriges Bestehen und ist damit der älteste Nationalpark innerhalb der Alpen. Er ist zwar der einzige Nationalpark der Schweiz, gilt aber gleichzeitig als Biosphärenreservat der Unesco. Wanderer und Naturfreunde kommen hier voll auf ihre Kosten. Ein Wanderwegenetz, bestehend aus 21 Routen, führt über rund 80 Kilometer durch den Nationalpark und bietet mit etwas Glück Blickkontakt mit Murmeltieren, Gämsen und vielleicht sogar mit dem seltensten Greifvogel in Europa, dem Bartgeier. Im Besucherzentrum werden zahlreiche Informationen zum Nationalpark bereitgestellt. Außerdem kön-

nen dort geführte Wanderungen gebucht und für individuelle Wanderungen auch GPS-Geräte ausgeliehen werden.

Auf der Ofenpassstraße passiert man den Tunneleingang durch den Munt la Schera und erreicht rund sieben Kilometer später den Ofenpass mit einer Höhe von 2149 Metern. Mit der Abfahrt vom Ofenpass fährt man gleichzeitig durch das Val Müstair, auch Münstertal genannt.

Weltkulturerbe am Ende der Schweiz

Durch das weite Tal verlassen wir etwa 20 Minuten hinter dem Pass das fünfte und letzte Land auf dieser Route. Doch nur rund

In abenteuerlichen Serpentinen erreicht man das Stilfser Joch.

In einer Höhe von 1259 Metern überqueren wir die schweizerisch-italienische Grenze und haben nicht nur Italien betreten, sondern ebenso das deutschsprachige Südtirol bzw. auch das Vinschgau. Das Vinschgau ist ein Talsystem rund um den oberen Teil der Etsch im Westen von Südtirol und wird in der Regel in Untervinschgau und Obervinschgau unterteilt. Da wir weiterhin im Münstertal unterwegs sind, fahren wir nun auf italienischer Seite durch ein Seitental der Etsch, durchqueren einige kleine Bergdörfer und erreichen am Ende des Tals Schluderns das Etschtal.

Die Etsch entspringt in der Nähe vom Reschenpass und durchquert Südtirol nach Süden hin, wo sie nur durch den Monte Baldo vom Gardasee getrennt bleibt und sich auf den Weg nach Verona macht. Mit ungefähr 415 Kilometern Länge ist sie nach dem Po der zweitlängste Fluss Italiens und mündet sogar nur wenige Kilometer nördlich der Po-Mündung ebenfalls in die Adria.

Der Pass zum Stilfser Joch ist nichts für schaltfaule Fahrer.

einen Kilometer vor der italienischen Grenze wartet ein Weltkulturerbe der Unesco auf uns. Aus der Zeit der Karolinger stammt das Kloster St. Johann der Benediktinerinnen (46.629186, 10.447691). Berühmt wurde die Klosterkirche durch die Bilderzyklen, die bereits mit Fertigstellung des Bauwerks Ende des 8. Jahrhunderts die Wände zierten. Zwar wurden sie im 12. Jahrhundert übermalt, später noch übertüncht, aber Ende des 19. Jahrhunderts wurden sie wiederentdeckt und konnten zum großen Teil gerettet werden. Über 130 romanische Fresken sind heute noch in einem sehr guten Zustand und stellen damit ein kulturgeschichtliches Denkmal aus der Zeit des Frühmittelalters dar.

Erosionsspuren und kleine Rutschungen sieht man überall entlang der Route.

Burgbesichtigung in Südtirol

Oberhalb von Schluderns befindet sich die Churburg (Castel Coira), die Mitte des 13. Jahrhunderts auf einem kleinen Hügel errichtet wurde. Sie wurde in den vielen Jahrhunderten nie zerstört und präsentiert sich heute noch mit einem Palas und einem Bergfried, die von einer Ringmauer umgeben sind. Unbedingt sehenswert ist der farbenfrohe Arkadengang im ersten Stock. Ein Renaissancegewölbe wird von 16 Marmorsäulen gestützt, während die Wände zahlreiche Abbildungen wie Hofnarren, Fabelwesen und philosophische Sprüche zeigen. Von ganz besonderer Bedeutung ist aber auch die Rüstkammer. Die ritterliche Kleiderkammer beherbergt über 50 Rüstungen, teilweise aus dem 14. Jahrhundert. Das schwerste dieser »Kleidungsstücke« wiegt rund 45 Kilogramm.

Der Parkplatz der Burg ist nicht mit dem Wohnmobil erreichbar und es ist wegen der Enge der Straße auch nicht empfehlenswert, sich über das Verbot hinwegzusetzen. Daher ist es besser, direkt im Ort zu parken, zum Beispiel an der SS 40 (46.663796, 10.582341).

» SEHENSWERTES

Reschensee

Von Schluderns aus ist es nur ein 22 Kilometer langer Abstecher zu einer ganz besonderen Sehenswürdigkeit und einem beliebten Fotomotiv. Kurz vor dem Reschenpass (1507 Meter), der gleichzeitig Grenze zwischen Österreich und Italien ist, befindet sich der gleichnamige Reschensee. Dieser sechs Kilometer lange und nur ein Kilometer breite See war ursprünglich einer von drei natürlichen, kleinen Seen unterhalb des Passes. Doch Mitte des 20. Jahrhunderts staute man den See auf, wofür die Bewohner des Dorfes Graun zwangsumgesiedelt wurden. Über 160 Häuser wurden gesprengt und nur den Kirchturm hat man aus Gründen des Denkmalschutzes stehen gelassen. Und dieser Kirchturm hat den Reschensee überregional bekannt gemacht, denn er schaut, nicht weit vom Ufer entfernt, heute deutlich sichtbar aus dem See heraus (46.810429, 10.537924).

Aufregende Fahrt zum Stilfserjoch

Südlich von Schluderns sehen wir hinter einem Hotel den Abzweig nach rechts zum Stilfserjoch. Wer Zeit hat und in Passfahrten geübt ist, sollte sich diesen Abstecher nicht entgehen lassen. Nach wenigen Metern erreichen wir die Ortschaft Prad am Stilfserjoch, die nicht nur den Zugang zum Pass markiert, sondern auch den Eingang zum Nationalpark Stilfserjoch.

Der Nationalpark Stilfserjoch gilt als das größte Naturschutzgebiet Europas und erstreckt sich über Südtirol und die Region Lombardei. Dabei grenzt es im Nordwesten an den Schweizerischen Nationalpark. Fünf Nationalparkhäuser informieren über den Park, die Flora und Fauna und natürlich über das dortige Wanderwegenetz. Jedes dieser Häuser behandelt einen unterschiedlichen Themenschwerpunkt. Das Nationalparkhaus in Prad am Stilfserjoch (46.663798, 10.582341) informiert zum Beispiel über die Wasserwelt des Nationalparks.

Auf herrlichen Panoramawegen kann man den Nationalpark Stilfserjoch erkunden.

Davos ○
Eisstadion
Landwassertal
Flüelapass
Engadin
Schweizerischer
Nationalpark
Munt la
Schera-Tunnel
Ofenpass
Val Müstair
Kloster
St. Johann der
Benediktinerinnen
Vinschgau
Etschtal
Schluderns | B 28 |
Reschensee | SS 41 |
Churburg | SS 40 |
140 km

Stilfserjoch ○

In der Fußgängerzone von Schlanders befindet sich hingegen der Informationspunkt avimundus, der sich mit dem Lebensraum der Vögel befasst. Am Freizeitzentrum Trattla im weiter östlich gelegenen Martelltal liegt das culturamartell (46.571253, 10.796231), das sich mit der Kulturlandschaft in Form eines Heimatmuseums befasst. Sehr abgelegen, am Ende des Ultentals, wird das Thema Holz vom Wachstum eines Baumes bis hin zu Herstellung von Brettern in der Lahnersäge (46.490356, 10.877148) dargestellt. Zu guter Letzt bleibt noch das Nationalparkhaus naturatrafoi. Dieses informiert über die Geologie der Ortlergruppe und über die extremen klimatischen Bedingungen, in der Tiere und Pflanzen leben. Es befindet sich an der Stilfserjochstraße gleich zu Beginn der Passauffahrt.

Immer wieder gerät auf der Fahrt der Ortler, höchster Berg Südtirols, ins Blickfeld

Im Nationalpark liegt auch die Ortler-gruppe, die zu den Ortler-Alpen gehört. Der höchste Gipfel der Gebirgsgruppe ist, der Name verrät es schon, der Ortler mit 3905 Metern Höhe. Damit ist er zugleich der höchste Berg von Südtirol bzw. sogar von ganz Tirol inkl. dem österreichischen Teil. Er ist eine beliebte Herausforderung bei Bergstei-gern, nicht zuletzt auch, weil er der höchste Berg in einem Radius von fast 50 Kilometern ist und dementsprechend eine tolle Aussicht verspricht. Weil er bereits zur Zeit der Donau-monarchie als der höchste Berg galt, ordnete der Habsburger Erzherzog Johann von Öster-reich seine Erstbesteigung an, die im Jahr 1804 erfolgreich durchgeführt wurde.

Durch 49 Spitzkehren hindurch erreicht man nach einer rund 15 Kilometer langen Fahrt hinter dem Nationalparkhaus natura-trafoi den zweithöchsten Pass der Alpen.

Das liebliche Meran bildet einen reizvollen Gegensatz zur rauen Bergwelt.

Das Stilfserjoch liegt auf einer Höhe von 2757 Metern und verbindet das Vinschgau mit dem Addatal Veltlin. Genutzt wurde der Pass als Übergang schon früh. Belegt sind zum Beispiel mehrere militärische Nutzungen während des Dreißigjährigen Krieges, bei denen mehrere Tausend Soldaten über den Pass marschierten.

Die heutige befestigte Straße ist auf Veranlassung des österreichischen Kaiserreichs in der ersten Hälfte des 19. Jahrhunderts entstanden. Im 21. Jahrhundert wurde lange Zeit darüber gestritten, ob für die Passstraße eine Mautpflicht eingeführt werden solle. Seit dem Jahr 2012 ist sie zwar beschlossen und sollte ein Jahr später auch schon gelten, doch die Organisation war noch unklar, weshalb die Einführung der Mautpflicht vorerst verschoben wurde.

Oben auf dem Pass erwartet uns neben mehreren großen Parkplätzen ein Angebot von Cafés, Kiosken, Hotels und einer Kapelle. Wer die Strecke seinem Wohnmobil nicht zumuten möchte, für den bietet sich die Möglichkeit, den Wagen auf dem Campingplatz in Trafoi abzustellen und mit dem Bus hinauf zu fahren. Anstatt mit dem Bus auch wieder hinab zu fahren, bestehen reizvolle Wanderwege zurück in das Tal, bei dem man zum Beispiel über die Dreisprachenspitze hinweg wandert und bis in das Vinschgau oder hinüber zum Ortler blicken kann. Die Mitarbeiter im naturatrafoi geben gerne Tourenvorschläge und witterungsbedingte Hinweise.

Im Etschtal nach Meran

Zurück im Tal der Etsch fahren wir weiter in Richtung Meran und an der Ortschaft Laas (Lasa) vorbei, aus der der berühmte Laaser Marmor stammt. Schon in der römischen Antike wurde Marmor aus Laas verwendet und zahlreiche berühmte und weniger berühmte Gebäude wurden mit dem Gestein verschönert. In Deutschland zählen dazu unter anderem das Walhalla-Denkmal bei Regensburg oder die Kolossalfiguren im Rathaus Berlin-Schöneberg. Außerhalb Europas dürfte die Grand Central Station in New York als eines der bekannteren Bauwerke gelten, das mit Laaser Marmor ausgestattet wurde.

Kurz vor Naturns erhebt sich auf der linken Seite auf einem Hügel das Schloss Juval, das erstmals Ende des 13. Jahrhunderts als Burg erwähnt wurde. Heute ist es Wohnsitz des Bergsteigers Reinhold Messner. Gleichzeitig ist das Schloss als MMM Juval eines von fünf Gebäuden, die zum Messner Mountain Museum gehören (siehe Route 9). Es befindet sich zudem am Zugang zum Schnalstal, einem der am besten erschlossenen Seitentäler des Vinschgaus.

Von Naturns aus ist es nur noch eine kurze Fahrt in das mondäne Meran.

Stilfserjoch ○
*Nationalpark
Stilfserjoch
Stilfserjoch
Dreisprachen-
spitze
Laas
Naturns
Schloss Juval*
100 km SS 38

Meran ○

Ziel

Dreisprachenspitze

Wer sich dem touristischen Rummel am Stilfserjoch lieber entziehen mag, für den empfiehlt sich eine kleine Wanderung auf die Dreisprachenspitze. Diese befindet sich nämlich auf der Nordseite des Passes und bietet einen wunderbaren Ausblick auf die Straße, den Pass und natürlich auf die umliegenden Alpengipfel. Die Dreisprachenspitze ist gut zu Fuß zu erreichen und nicht ganz 100 Meter höher als der Pass. Ursprünglich war die Dreisprachenspitze ein Dreiländereck zwischen Italien, der Schweiz und Österreich-Ungarn. Nach der Abtretung Südtirols an Italien nach dem Ersten Weltkrieg grenzt hier nur noch die Schweiz an Italien. Doch der Name des Gipfels hat auch heute noch seine Bedeutung, denn in der angrenzenden Lombardei wird Italienisch gesprochen, auf Schweizer Seite ist Rätoromanisch verbreitet und in Südtirol gilt Deutsch als Amtssprache. Ein Grenzstein markiert heute noch das ehemalige Dreiländereck.

» PRAKTISCHE HINWEISE

TOURISTINFORMATIONEN

Lindau – Lindau Tourismus und Kongress GmbH, Lennart-Bernadotte-Haus, Alfred-Nobel-Platz 1, 88131 Lindau im Bodensee, Tel. 0049/(0)8382/26 00 30, www.lindautourismus.de

Bregenz – Bregenz Tourismus & Stadtmarketing GmbH, Rathausstraße 35a, 6900 Bregenz, Tel. 0043/(0)5574/495 90, www.bregenz.travel

Liechtenstein und Vaduz – Liechtenstein Marketing, Äulestraße 30, 9490 Vaduz, Tel. 00423/(0)239/63 63, www.tourismus.li

Kosters und Davos – Tourismus- und Sportzentrum, Talstraße 41, 7270 Davos Platz, Tel. 0041/(0)81/415 21 21, www.davos.ch

KARTEN

Kümmerley + Frey, Alpenstraßen 1:700 000 oder Schweiz 1:270 000
Italien Nord 1:650 000

CAMPINGPLÄTZE

Park-Camping Lindau am See, Fraunhoferstraße 20, 88131 Lindau, Tel. 0049/(0)8382/722 36, www.park-camping.com (47.537623, 9.730473). Unmittelbar vor der deutsch-österreichischen Grenze, außerhalb von Lindau und damit ungefähr auf halber Strecke zwischen Lindau und Bregenz.

Camping Weiss, Brachsenweg 4, 6900 Bregenz, Tel. 0043/(0)664/132 55 48, www.campingweiss.at (47.503122, 9.708738). Rund 400 Meter von der Mündung der Bregenzerach in den Bodensee entfernt. Zwischen Campingplatz und Bodenseeufer befindet sich noch ein Klärwerk.

Camping Mexico am Bodensee, Hechtweg 4, 6900 Bregenz, Tel. 0043/(0)5574/732 60, www.camping-mexico.at (47.504059, 9.713367). Westlich von Bregenz in unmittelbarer Nachbarschaft zu den beiden anderen dortigen Campingplätzen.

Seecamping Bregenz, Hechtweg 1, 6900 Bregenz, Tel. 0043/(0)5574/718 95, www.seecamping.at (47.505664, 9.712106).

Waldcamping Feldkirch, Stadionstraße 9, 6800 Feldkirch, Tel. 0043/(0)5522/760 01 31 90, www.feldkirch.at (47.258444, 9.583063). Am Südrand eines Naturschutzgebietes, das nur 100 Meter entfernt von der Ill, kurz vor der Mündung in den Rhein, durchzogen wird.

Camping Mittagsspitze, 9495 Triesen, Liechtenstein, Tel. 00423/(0)392/36 77, www.campingtriesen.li (47.086262, 9.527179). Im Süden von Liechtenstein, in ruhiger Lage im Rheintal zwischen Triesen und Balzers.

TCS Camping Landquart, Ganda 21, 7302 Landquart, Tel. 0041/(0)81/322 39 55, www.tcs.ch (46.970491, 9.593419). Campingplatz der TCS-Kette direkt vor dem engen Zugang zum Prättigau, östlich von Landquart.

Camping Cul, 7530 Zernez, Tel. 0041/(0)81/856 14 62, camping-cul.com (46.696886, 10.086666). Ruhiger Platz in einer Kurve des Inns, direkt am Ufer.

Camping Pè da Munt, 7536 Santa Maria Val Müstair, Tel. 0041/(0)81/858 71 33, www.campingstamaria.ch (46.596681, 10.425708). In ruhiger Waldlage zwischen zwei größeren Gebirgsbächen.

Glurns (46.670304, 10.549961), kleiner Campingplatz, der auch beinahe als Stellplatz durchgehen würde. Nur wenige Gehminuten bis zur Stadtmauer von Glurns. Die Zufahrt entlang der Etsch ist jedoch sehr eng und erlaubt kein Ausweichen. Ab der Brücke nach Glurns einfach der Beschilderung folgen.

Camping Gloria Vallis, Wiesenweg 5, 39020 Glurns, Tel. 0039/(0)473/83 51 60, www.gloriavallis.it (46.673131, 10.569917). Am Eingang in das Münstertal zwischen Glurns und Schluderns.

Camping Mals, Bahnhofstraße 51, 39024 Mals, Tel. 0039/(0)473/83 51 79 (46.683908, 10.55024), www.campingmals.it. Auf dem Weg in Richtung Reschenpass der erste Campingplatz.

Camping Thöni, Landstraße 83, 39027 St. Valentin auf der Haide, Tel. 0039/(0)473/63 40 20, www.camping-thoeni.it (46.76963, 10.532259). Kleiner und gemütlicher Platz unterhalb der Staumauer vom Reschensee.

Camping Kiefernhain, Kiefernhainweg 37, 39026 Prad am Stilfserjoch, Tel. 0039/(0)473/61 64 22, (46.624633, 10.594413). Großer Campingplatz im Norden von Prad am Stilfserjoch, noch im Etschtal.

Camping Residence Sägemühle, Dornweg 12, 39026 Prad am Stilfserjoch, Tel. 0039/(0)473/61 60 78, camping-vinschgau.info (46.617706, 10.59584). Großer Campingplatz mit allen Versorgungseinrichtungen am Zugang zum Tal in das Stilfserjoch.

Camping Trafoi, Drei Brunnen Weg 1, 39020 Trafoi, Tel. 0039/(0)473/61 15 33 (46.544089, 10.507411). Kleiner Campingplatz mitten im Nationalpark Stilfserjoch, unterhalb der Spitzkehre 44 und nur rund 1 Kilometer Fußweg vom Nationalparkhaus naturatrafoi entfernt.

Camping Badlerhof, Kugelgasse 4b, 39023 Laas, Tel. 0039/(0)473/62 80 11, www.camping-badlerhof.it (46.615576, 10.698461). Zentral in Laas gelegen.

Camping Cevedale, Vinschgauerstraße 59, 39020 Goldrai, Tel. 0039/(0)473/74 21 32, www.camping-cevedale.com (46.618023, 10.81844). Inmitten von Obstplantagen befindet sich der Campingplatz kurz vor Latsch im Etschtal.

Ein weites Netz an Wanderwegen erschließt sich am Stilfser Joch.

Camping Latsch, Reichstraße 4, 39021 Latsch, Tel. 0039/(0)473/62 32 17, www.camping-latsch.com (46.622076, 10.864273). Direkt zwischen der SS 38 und der Etsch.

Waldcamping Naturns, Dornsbergweg 8, 39025 Naturns, Tel. 0039/(0)473/66 72 98 (46.642483, 11.00819). Familiär geführter Campingplatz zwischen Wald und Obstplantagen.

Camping Bungalows Adler, Lidostraße 14, 39025 Naturns, Tel. 0039/(0)473/66 72 42 (46.647639, 11.007246). Am Ortsrand von Naturns.

Camping Via Claudia Augusta, Marktgasse 14, 39020 Algund, Tel. 0039/(0)473/22 30 60 (46.680757, 11.113719). Am westlichen Rand von Algund, in der Nähe der Etsch.

Camping Meran, Piavestraße 44, 39012 Meran, Tel. 0039/(0)473/23 12 49, www.meran.eu (46.664179, 11.158673). Zentral gelegener Campingplatz, nur wenige Gehminuten vom Zentrum Merans entfernt.

STELLPLÄTZE

Dornbirn, Obere Härte 27 (47.405731, 9.724442), Tel. 0043/(0)660/555 95 05, www.wohnmobilstellplatz-dornbirn.at. Privat von einer Familie liebevoll geführter Stellplatz mit drei Stellflächen inmitten eines Wohngebietes im Südwesten von Dornbirn. Ver- und Entsorgung, Strom und W-Lan vorhanden.

Vaduz, Rheinstraße, Liechtenstein (47.138729, 9.510847), Stellplatz für maximal zweimalige Übernachtung auf dem Parkplatz des Rheinstadions. Direkt am Rheinufer und nur 15 Minuten Fußweg in das Zentrum von Vaduz, keine Ver- und Entsorgung und auch kein Strom.

Triesenberg-Malbun, (47.104249, 9.606559) der letzte Parkplatz vor dem Dorfeingang auf der rechten Seite darf zum Übernachten genutzt werden. Auch hier kein Strom und keine Ver- und Entsorgungsmöglichkeit.

Schiers, Flurystraße 19, 7220 Schiers, Tel. 0041/(0)81/330 40 50, www.schiers.net. Zwei Stellflächen auf dem Parkplatz vom Landgasthof Prättigauerhof, inmitten einer kleineren Ortschaft.

Glurns, kleiner Stellplatz, der von der Ortschaft als Campingplatz beschrieben wird.

St. Valentin auf der Heide, Kirchgasse (46.763972, 10.532538). Zwischen Reschensee und Haidersee bietet das Restaurant »Zum See« 15 Stellflächen auf Rasengittersteinen an. Keine Versorgungseinrichtung. Vor dem Befahren des Platzes wird um Bezahlung im Restaurant gebeten.

Schlanders, Vogelsangstraße (46.627086, 10.78209). Mehrere Stellflächen auf Rasengittersteinen oberhalb der Ortschaft. Keine Ver- und Entsorgungsmöglichkeiten und auch kein Strom.

Caravanpark Schnals, Kurzras, 39020 Schnalstal, (46.755089, 10.783204). Moderner Stellplatz mit 90 schottrigen Stellflächen plus Sanitärgebäude. Wirbt für sich als höchstgelegener Stellplatz Europas und ist auch im Winter erreichbar. Am Ende des Schnalstals, noch hinter dem Vernagt-Stausee. Idealer Ausgangspunkt für Skitouren oder Wanderungen.

PÄSSE

Flüelapass (2383 m), alternativ hierzu der Autoverlad durch den Vereinatunnel
Ofenpass (2149 m)
Stilfserjoch (2757 m, optional)

9 ZWISCHEN WEIN UND OBST ZUM GARDASEE

Von Meran nach Brixen

Start- und Endpunkt: Meran und Brixen   **Beste Jahreszeit:** Frühling bis Herbst   **Streckenlänge:** 420 km, ohne Abstecher   **Fahrzeit:** 4 bis 5 Tage   **Mautstrecken:** Maut auf den italienischen Autobahnen

Durch die Täler Südtirols gelangt man zu den schönsten Städten der deutsch-sprachigen Region Italiens. Von dem mondänen Kurort Meran ist es nur ein Katzensprung zur Hauptstadt Bozen, das mit einer malerischen Altstadt glänzt. Entlang der Südtiroler Weinstraße reiht sich eine Vielzahl an Ortschaften, in denen Weinverköstigungen einfach dazugehören. Auf ihr gelangen wir an den Südrand der Alpen, wo sich der beliebte Gardasee zwischen 2000 Meter hohen Bergen erstreckt. Zum Abschluss der Runde verläuft die Tour durch einen Teil der von der Unesco als Weltnaturerbe geschützten Dolomiten, wo wir das Sellajoch überqueren und noch einige andere Pässe mit fabelhafter Aussicht genießen können. Nach einem Besuch des Grödnertals und der als Ferienregion beliebten Seiser Alm widmen wir uns abschließend in Brixen wieder einer Stadtbesichtigung.

Schöne Spazier-gänge finden sich in Meran entlang des Flusses Passer.

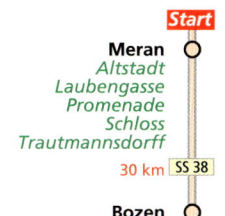

Subtropische Pflanzen und Palmen wachsen rund um Meran.

Die Route beginnt in der zweitgrößten Stadt Südtirols, die einstmals sogar Hauptstadt von Tirol war. Erreichbar ist Meran durch drei Täler: Das Vinschgau im Westen (siehe Tour 8), das Passeiertal im Norden (siehe Tour 10) und das Etschtal. Letzteres werden wir nach einer Stadtbesichtigung auf dem weiteren Weg durch Südtirol und nach Bozen passieren.

Kuren in Meran

Man kann nicht behaupten, dass Meran ein städtisches Wahrzeichen in Form eines einzelnen Gebäudes hat. Vielmehr besticht der Ort durch seine Altstadt mit der Laubengasse, den Stadttoren und einer Kurpromenade. Hervorzuheben ist auf jeden Fall die gotische St. Nikolauskirche, die sich am Domplatz erhebt, auf den man durch mehrere malerische Laubengassen gelangt.

Einen Namen als Kurort verdiente sich Meran in der ersten Hälfte des 19. Jahrhunderts, als die ersten Gäste die therapeutische Wirksamkeit der Luft in Meran erleben wollten. Als prominentester Gast kann Kaiserin Elisabeth von Österreich, auch bekannt als Sissi, genannt werden, was dem Ansehen der Stadt natürlich half und das Kuren in Meran populär machte. Beeindruckend ist auch heute noch das Kurhaus auf der Passerpromenade. Der älteste Trakt des Gebäu-

Über dem Dorf Tirol wacht die Burg gleichen Namens.

des stammt aus dem Jahr 1874 und ist bis heute fast unverändert geblieben. Doch dominiert wird es vom neueren Trakt, der rund 40 Jahre später eingeweiht wurde und sich seither im Jugendstil präsentiert.

Die Hauptsehenswürdigkeit Merans befindet sich allerdings eher außerhalb der Stadt. Auf einem Hügel im Osten der Stadt erhebt sich Schloss Trauttmannsdorff, benannt nach der Adelsfamilie, die eine dort vorhandene, kleinere Burg zum Schloss ausbauen ließ. Auf dem Schloss verweilte im

19. Jahrhundert Kaiserin Sissi und verbrachte dort ihren Kuraufenthalt. Heute ist im Schloss das Touriseum untergebracht. In 20 Räumen des Schlosses wird chronologisch und interaktiv die Geschichte des Tourismus in Südtirol gezeigt. Außerhalb des Schlosses befindet sich ein zwölf Hektar großer Park, der über 80 verschiedene Gartenlandschaften präsentiert.

Ein weiteres sehenswertes Schloss liegt nördlich von Meran. Dort, im Dorf Tirol, erhebt sich Schloss Tirol auf einem schwer zu-

gänglichen Hügel. Schon im frühen 12. Jahrhundert wurde dieser Hügel mit einer Burg befestigt. Das heutige Bauwerk ist deutlich jünger und wurde nach jahrelangem Verfall im 19. Jahrhundert wieder restauriert. Es beherbergt heute das Südtiroler Landesmuseum für Kultur- und Landesgeschichte.

Durch das weite Etschtal, das deutlich vom Obstanbau dominiert wird, fahren wir in südliche Richtung auf der SS 38 an Lana vorbei und erreichen nur eine halbe Stunde später die Südtiroler Landeshauptstadt Bozen.

Besuch in Südtirols Hauptstadt

Zum Parken in Bozen empfiehlt sich der Parkplatz an der Reschenstraße (46.488944, 11.316937) oder der Parkplatz in der Bruno-Buozzi-Straße (46.473679, 11.326608). Beide sind wenig attraktiv, erst recht zum Übernachten, und erfordern einen Fußmarsch in die Bozener Altstadt bzw. die Nutzung der öffentlichen Verkehrsmittel. Doch die Alternative wäre eine stundenlange Parkplatzsuche mit wenig Aussicht auf Erfolg. Darüber hi-

naus gibt es gegenüber vom Friedhof im Süden der Stadt einen Stellplatz (46.473213, 11.337072), der jedoch nur acht Wohnmobilen Platz bietet. Schräg gegenüber lässt sich aber auch tagsüber parken.

Hat man die Parkplatzsuche hinter sich gebracht, wird man als Erstes bei einem Stadtrundgang den Waltherplatz aufsuchen. Dominiert wird der Platz vom Walther-Denkmal, das den mittelalterlichen Lyriker Walther von der Vogelweide darstellt. Am Südrand des Platzes erhebt sich stolz der Dom Maria Himmelfahrt, der im 16. Jahrhundert erbaut wurde und eine kleinere Vorgängerkirche ersetzte. Reste dieser Kirche entdeckte man unmittelbar nach Ende des Zweiten Weltkriegs, als die Kirche wegen Bombentreffern zerstört und wieder aufgebaut werden musste. Lediglich der Kirchturm ist nicht in Mitleidenschaft gezogen worden.

Nördlich vom Waltherplatz taucht man in eine der zahlreichen, malerischen Gassen von Bozen ein. Die älteste von ihnen, aber nicht die schönste, ist die Bindergasse. Sie

existierte vermutlich schon zu Beginn des 13. Jahrhunderts und beherbergte früh einige Wirtshäuser. Am südlichen Ende mündet die Bindergasse auf den Rathausplatz, wo sich das 1907 erbaute Rathaus befindet. Von dem Platz zweigt die Laubengasse ab, die zweifellos als die attraktivste Gasse Bozens bezeichnet werden darf. Der Name ist dabei Programm, denn die gesamte Geschäftsstraße ist von den Lauben geprägt, die im späten 12. Jahrhundert angelegt wurden. Während innerhalb der Lauben Geschäfte betrieben wurden, lebten die damaligen Kaufleute in der Etage darüber.

Durch die Bozner Lauben gelangt man zum belebten Obstmarkt und zum denkmalgeschützten Torgglhaus, das durch seinen markanten Turm und die Wandbemalung an der Südseite auffällt. Weiter geradeaus flaniert man auf der Museumsstraße zwar mit deutlich weniger Lauben, aber dafür weiterhin durch die Fußgängerzone und erreicht das Südtiroler Archäologiemuseum, wo sich der legendäre Mann aus dem Eis befindet – besser bekannt als Ötzi.

» WISSENSWERTES

Ötzi – der Mann aus dem Eis

Am 19. September 1991 wanderte ein deutsches Ehepaar durch die Ötztaler Alpen. Beim Abstieg nahmen sie eine Abkürzung am Tisenjoch und verließen den markierten Wanderweg, als sie plötzlich etwas Braungefärbtes entdeckten. Mit Entsetzen stellten sie fest, dass es sich um eine menschliche Leiche handelte, die halb im Eis steckte. Lediglich der Oberkörper schaute mit dem Gesicht zum Boden aus dem Eis heraus. Wieder im Tal alarmierten sie einen Bergungstrupp, da sie annahmen, es handle sich um einen verunglückten Bergsteiger. An eine archäologische Sensation dachte zu diesem Zeitpunkt niemand. Daher fanden die ersten Bergungsversuche aus archäologischer Sicht fehlerhaft statt und es kam im Umgang mit der Mumie zu einigen Beschädigungen. Fünf Tage nach dem Fund konnte man den Toten mit Eispickel und Skistöcken aus dem Eis befreien und transportierte ihn nach Innsbruck, da man annahm, der Fundort befände sich auf österreichischem Gebiet. Die Grenzziehung zwischen Italien und Österreich nach dem Ersten Weltkrieg orientierte sich an der Wasserscheide, die allerdings auf Grund der Gletscherüberdeckung nicht genau bestimmbar war. Es darf nicht vergessen werden, dass zum damaligen Zeitpunkt der spätere Fundort unter einer 20 Meter hohen Eismasse lag. Daher ordnete man schon wenige Tage nach dem Fund eine Neuvermessung an und stellte fest, dass der Mann aus dem Eis weniger als 100 Meter von der Grenze entfernt auf italienischem Boden gelegen hatte. Die Medien überschlugen sich und schon bald erhielt der Leichnam von der Presse den Spitznamen Ötzi, abgeleitet von den Ötztaler Alpen. Nach jahrelanger Untersuchung wurde Ötzi schließlich im Jahr 1998 unter einem medialen Riesenaufgebot von Innsbruck nach Bozen überführt, wo ihm im Südtiroler Archäologiemuseum eine ganze Etage gewidmet ist. Besucher müssen sich jedoch darauf einstellen, dass sie die Mumie nur durch ein 40x40 Zentimeter großes Fenster sehen können, da der Leichnam weiterhin konserviert werden muss und ein größeres Fenster zu Schädigungen führen könnte. Außerdem wahrt man Ötzi so auch die Würde, denn bei aller archäologischer Sensation darf man nicht vergessen, dass es sich um einen Menschen handelt, der vor 5000 Jahren lebte und durch das Vinschgau hinauf auf die Berge stieg, wo er schließlich starb und die gesamte Zeit im Eis verbrachte – lange bevor in Ägypten die Cheopspyramide und in England Stonehenge erschaffen wurde. Südtiroler Archäologiemuseum, Museumstraße 43, 39100 Bozen, Tel. 0039/(0)471/32 01 00, www.iceman.it.

Am Markttag deckt man sich in Bozen mit regionalen Köstlichkeiten ein.

Auf Schloss Sigmunds-kron heißt der Burgherr Reinhold Messner.

» KULTURTIPP

Schloss Sigmundskron

Im Westen von Bozen befindet sich oberhalb der Etsch auf einem Hügel die ausgedehnte Anlage von Schloss Sigmundskron, das in seiner Geschichte bis auf das 10. Jahrhundert zurückblicken kann. Im Laufe der Jahrhunderte wechselte das Schloss oftmals seinen Besitzer. Aktuell gehört es der Bergsteigerlegende Reinhold Messner, der das Schloss zu einem Museum umbauen ließ. Es ist seither der Hauptsitz des Museumsprojektes Messner Mountain Museum ((MMM (46.478583, 11.304859)). Da Schloss Sigmundskron ursprünglich Firmian hieß, ist dies auch der Name des Museums. In der Ausstellung wird die Auseinandersetzung des Menschen mit dem Berg thematisiert und die Geschichte des Bergsteigens erläutert. Zum Messner Mountain Museum gehören noch vier weitere Museen, die ebenfalls an interes-

santen Orten untergebracht sind. Zu ihnen gehört das MMM Ortles (46.53062, 10.58024), das unterirdisch angelegt ist und sich dem Thema Eis widmet, sowie das MMM Dolomites auf einer Höhe von 2181 Metern. Das MMM Dolomites (46.374708, 12.260374), Shuttlebus oder zweistündige Wanderung) befindet sich auf dem Gipfel des Monte Rite und befasst sich mit den Dolomiten. Das Schloss Juval (siehe Tour 8) liegt im Vinschgau und behandelt im MMM Juval (46.647978, 10.976561) unter anderem die heiligen Berge dieser Welt. Zu guter Letzt bleibt das MMM Ripa (46.793425, 11.939502), das im Schloss Bruneck die Kulturen und Religionen verschiedener Bergvölker vorstellt. Messner Mountain Museum (MMM), Sigmundskronerstraße 53, 39100 Bozen, Tel. 0039/(0)471/63 12 64, www.messner-mountain-museum.it.

Wenig später überquert man den Talferbach und erkennt vor sich eines der letzten Bauten aus der Zeit des Faschismus in Italien. Das Siegesdenkmal besteht aus einem 19 Meter breiten Triumphbogen und ist bis heute eines der umstrittensten Bauwerke in Südtirol. Noch heute legen rechtsgerichtete Parteien Kränze am Monument nieder und gedenken dem Sieg über Österreich, das Südtirol abtreten musste. Wegen der Symbolik des Triumphbogens ist dieses durch einen Zaun geschützt und wird von Videokameras überwacht.

Entlang der Südtiroler Weinstraße

Das Etschtal südlich von Bozen kann zügig auf der Autobahn 22 durchquert werden. Etwas länger dauert die Fahrt auf der kleineren SP 14, die dafür jedoch gemütlicher verläuft und uns an den touristischen Orten der Südtiroler Weinstraße entlangführt. Fast alle Weinberge Südtirols befinden sich innerhalb des Tals von Bozen bis Salurn. Zur

falschen Jahreszeit kann diese Monokultur langweilig oder gar abschreckend wirken. Doch Weingenießer werden dafür in jedem kleinen Ort auf ihre Kosten kommen. Das beginnt zum Beispiel mit dem Südtiroler Weinmuseum in Kaltern am See, geht weiter über Tramin, das namensgebend ist für die Rebsorte Gewürztraminer und endet noch lange nicht in Margreid, wo sich die älteste Weinrebe Europas befindet. Sie wurde im Jahr 1601 gepflanzt und trägt noch heute bis zu 80 Kilogramm Trauben. Selbstverständlich werden entlang der Südtiroler Weinstraße zahlreiche Weinverkostungen, Kellerführungen, Weinseminare und Weinbergbegehungen angeboten.

Malerische Seen am Wegesrand

Hinter Salurn verlassen wir nicht nur die Südtiroler Weinstraße, sondern auch das Etschtal und wechseln kurzzeitig in das Nonstal. Dieses lassen wir aber gleich hinter Mezzolombardo ebenfalls hinter uns

Bozen ○
Altstadt
Shopping
Waltherplatz
Dom
Bozner Lauben
Südtiroler
Archäologiemuseum
Der Mann aus
dem Eis (Ötzi)
Schloss
Sigmundskron
Südtiroler
Weinstraße
Älteste | A 22 |
Weinrebe Europas | SS 48 |
Lago di Molveno | SS 421 |
Tennosee | SP 37 |
115 km

Riva del Garda ○

Südtirol ist für seine Weinberge und Weine berühmt.

und steuern das Wohnmobil in einigen Spitzkehren auf der SS 421 in Richtung Molvenosee. Der Lago di Molveno ist rund vier Kilometer lang und erstreckt sich südlich der gleichnamigen Ortschaft. Während der Fahrt entlang des Sees können wir zu unserer Linken die Brentagruppe erkennen. Diese Gebirgsgruppe besteht aus sehr hartem Hauptdolomit, was diesem Teil der Alpen auch den Namen Dolomiti di Brenta einbrachte. Aufgrund dieser Bezeichnung zählt man die Brentagruppe zumindest in Italien bereits zu den Dolomiten, obwohl sich die eigentlichen Dolomiten östlich des Etschtals befinden. Dennoch gehören sie auch zum Unesco-Weltnalturerbe Dolomiten, die als solche im Jahr 2009 ausgezeichnet wurden. Der höchste Gipfel der markanten Berge ist der Cima Tosa mit 3173 Metern Höhe. Deutlich markanter ist jedoch der rund 40 Meter kleinere, drittgrößte Berg der Brentagruppe, der Crozzon di Brenta. Seine nordöstliche Wand fällt rund 900 Meter fast steil bergab.

Auf dem weiteren Weg durch die malerische Berglandschaft passieren wir den kleinen Tennosee auf der linken Seite, der sich meistens türkisfarben präsentiert und nach einer Studie als der sauberste See Italiens bezeichnet werden kann. Zwar nicht als sauberster See, dafür jedoch als der größte von Italien, kann sich der legendäre Lago di Garda betiteln. Wenige Meter vor dem Orts-

Zypressen am Wegesrand zeigen, dass es nach Süden geht.

eingang von Ville del Monte können wir bereits kurz hinter dem Tennosee an einem Picknickplatz (45.929409, 10.818753) einen ersten, kleinen Blick auf das Nordufer des Gardasees werfen.

Blick auf den größten See Italiens

Während wir uns auf der SS 241 in zahlreichen Kurven langsam abwärts bewegen, haben wir aber immer wieder tolle Ausblicke über die Ortschaft Riva del Garda und den See hinweg. An seinem gegenüberliegenden Ufer blicken wir übrigens auf den Monte Baldo, der den Gardasee vom dahinter liegenden Etschtal trennt. Der höchste Punkt dieses Bergrückens ist mit 2218 Metern der Cima Valdritta.

Der Gardasee erstreckt sich von Nord nach Süd, geformt in der Eiszeit, über eine Länge von etwas über 50 Kilometern und ist dabei aber nur wenige Kilometer breit. Im Norden scheint er eingeklemmt zwischen den Zweitausendern, während er im Süden von Flachland umgeben ist, wo er auch deutlich breiter wird und in die Po-Ebene übergeht. Auf zwei wichtigen Straßen lässt sich der See umrunden, empfehlenswert wäre die Fahrt im Uhrzeigersinn, sodass ein Parken direkt am Seeufer leichter fällt. Im Osten verläuft die Gardesana Orientale (SS 249) bis Peschiera del Garda und im Westen kann das Ufer auf der Gardesana Occidentale (SS 45 bis 5) befahren werden. Letztere verläuft am steilen Ufer entlang und besteht erst seit den 1930er-Jahren. Für ihren Bau mussten zahlreiche Tunnel in die Felswand geschlagen werden. Seither gilt sie als eine der Traumstraßen Europas. James Bond-Fans kennen sie auch aus der Eröffnungssequenz des Films »Ein Quantum Trost« aus dem Jahr 2008. In einer wilden Fahrt auf der Straße entkommt der berühmte Agent seinen Verfolgern. In einer kurzen Szene wird auch dargestellt, wie voll die zweispurige Straße sein kann. Das ist mit ein Grund, warum es wenig erstrebenswert ist, den Gardasee an einem Tag zu umrunden. Dies ist zwar möglich, aber besonders in den Sommermonaten ein Geduldsspiel, wenn man sich in einer Autoschlange durch die

malerischen Ortschaften mit ihren Zitronenbäumchen schlängelt. Außerdem ist es nicht nötig, den See in Rekordzeit zu umrunden, da eine Vielzahl an Campingplätzen und in manchen Orten auch weniger schöne Stellplätze existieren.

Aber schon lange bevor der James Bond-Darsteller Daniel Craig am Gardasee entlangfuhr, wurde der See von vielen anderen berühmten Personen besucht. Dazu zählen zum Beispiel die Brüder Thomas und Heinrich Mann sowie Franz Kafka, die sich in den Sanatorien im nördlich gelegenen Riva del Garda aufhielten. Aber auch Johann Wolfgang von Goethe legte auf seiner Italienreise einen Stopp am Gardasee ein. Im 18. Jahrhundert, als die beiden Straßen rund um den See noch nicht existierten, befuhr er den See mit den damals üblichen Booten und übernachtete in Torbole. An dem Haus erinnert eine Tafel an seinen Aufenthalt.

Bei Torbole überqueren wir den Fluss Sarca, der den Gardasee mit Wasser speist und verlassen das Seeufer mit einer zehnprozentigen Steigung auf der SS 240. Einen letz-

ten schönen Ausblick auf den Lago di Garda können wir von einem Parkplatz (45.88007, 10.885072) vor einer Spitzkehre genießen.

Ein kurzer Gang durch Trient

Zwischen zahlreichen Obstplantagen fahren wir durch ein enges Tal und erreichen bei Mori wieder das Etschtal. An Rovereto vorbei fahren wir durch das Tal auf der Autobahn 22 in nördliche Richtung bis Trento bzw. Trient. Für eine Besichtigung der Altstadt bietet sich der Park- und Stellplatz an der Via Roberto da Sanseverino (46.065646, 11.114317) an.

Von dort erreicht man in wenigen Gehminuten den Domplatz mit der im Renaissancestil erbauten Kathedrale San Vigilio aus dem frühen 16. Jahrhundert. Mitten auf dem Platz erhebt sich ein barocker Neptunbrunnen, der im Jahr 1769 fertiggestellt wurde. Sehenswert ist im Nordosten der Altstadt das Castello del Buonconsiglio. Das denkmalgeschützte Kastell befindet sich auf einem kleinen Felsvorsprung und

In Magreid kann man die älteste Weinrebe Südtirols sehen.

Riva del Garda	⊙
Gardasee	
Torbole	SS 240
50 km	A 22
Trient	⊙
Altstadt	
Kathedrale	
San Vigilio	
Castello del	
Buonconsiglio	
Caldonazzosee	
Levico Terme	
Valle de Vanoi	
San Martino	
di Castrozza	
Rollepass	
Fassatal	SP 17
Pordoijoch	SP 228
Fedaia-Pass	SP 60
Gebirgskriegs-	SP 50
museum	
Sellajoch	SS 48
Grödnertal	SP 80
St. Ulrich	SS 48
Museum Gröden	SS 242
210 km	SP 64
Kastelruth	⊙

Das Castello del Buonconsiglio erhebt sich auf einem Felsvorsprung im Nordosten der Altstadt von Trient.

gilt als das bedeutendste Profanbauwerk im Trentino. Bis zum Ende des 18. Jahrhunderts hatten die Fürstbischöfe von Trient ihren Sitz in dem wuchtigen, mehrflügeligen Bau. Mehrere Loggien umgeben den Innenhof des Kerngebäudes, das wiederum vom Augustusturm einen wunderbaren Ausblick auf die Stadt und die Berge rund um das Etschtal ermöglicht.

Nördlich von Trient können wir diese Route abkürzen und über die Autobahn wieder nach Bozen gelangen. Doch wer noch

» KULTURTIPP

Museum Ladin

Die Ladiner sind eine Ethnie, die überwiegend im Fassatal und in einigen Gemeinden Südtirols lebt. Auf Schloss Thurn im Südtiroler Gadertal informiert ein interessantes Museum über die Kultur und Geschichte der Ladiner, die rund vier Prozent der Südtiroler Bevölkerung stellen. Museum Ladin, Ćiastel de Tor, Trostraße 65, 39030 St. Martin in Thurn.

Zeit hat, folgt lieber der SP 17 in das Suganertal (Val Sugana), womit wir das Etschtal nun endgültig verlassen. Schon nach kurzer Zeit treffen wir auf den Caldonazzosee und wenig später beim Kurort Levico Terme auf den Levicosee. Beide Seen sind von steilen Hängen und einigen Badesträndern geprägt. Wir genießen die Fahrt durch das Tal, das von dem über 170 Kilometer langen Fluss Brenta durchzogen und im Laufe der Zeit immer enger wird. Am engsten Abschnitt, wenn es schon fast schluchtartig wird, verlassen wir die Straße an einer Ausfahrt in Richtung Feltre und Passo Rolle, um auf der SS 50 bis durch den drei Kilometer langen San Vito-Tunnel zu fahren.

Über die Pässe der Dolomiten

Kurz darauf verlassen wir die Straße und folgen der Beschilderung in das Valle de Vanoi, das wir bald schon durchqueren. Geprägt ist es von dicht bewachsenen Felswänden und steilen Schluchten, in denen sich gelegentlich lange Seen erstrecken.

» SEHENSWERTES

Karer- und Nigerpass

In Vigo di Fassa zweigt die SS 241 ab, die uns einen Abstecher zum 1752 Meter hohen Karerpass (Passo di Costalunga, (46.404102, 11.610542) ermöglicht. Die Fahrt hinauf ist nicht besonders herausfordernd und lohnt sich schon alleine für den Anblick des doch sehr kleinen Karersees (46.410664, 11.575683), der wenig später folgt. Er ist zwar nicht länger als 300 Meter und nur halb so breit, doch befindet er sich malerisch im Wald und vor der Bergkulisse der Latemar-gruppe, die sich südlich des Sees mit dem Diamantiturm auf eine Höhe von bis zu 2842 Metern erhebt und ein beliebtes Motiv bei Hobbyfotografen ist. Zwischen dem See und dem Pass befindet sich das Grand Hotel Carezza, das erstmalig im Jahr 1896 einge-weiht wurde und prominente Persönlichkei-ten wie Sigmund Freud, Agatha Christie und Kaiserin Sissi beherbergte. Nach einem schweren Brand, der eine völlige Zerstörung des Hotels nach sich zog, wurde es 1910 neu erbaut und war Urlaubsort für den engli-schen Premierminister Winston Churchill. Mit dem Karerpass alleine ist es aber noch nicht getan. Denn von der Karerstraße zweigt die Via Nigra ab, die auf den 1690 Meter hohen Nigerpass führt. Er befindet sich westlich des Rosengartengebirgsmassivs und ist ein beliebter Ausgangspunkt für Wanderungen in der Region. Der Nigerpass liegt damit zwar niedriger als der Karerpass, besitzt aber im weiteren Verlauf mit einem 24-pro-zentigen Gefälle eine der steilsten Straßen Italiens.

Ein schöner Abstecher lohnt sich zum karerpass.

Der Weg ins Grödnertal führt übers Sellajoch.

Darüber hinaus überqueren wir im Tal die Grenze von der Region Venetien wieder zurück nach Trento. Es mündet in das Valle del Primiero (Primörtal) und wird besonders schön hinter dem kleinen Dorf Fiera di Primiero. Während wir nämlich auf der Straße an Höhe gewinnen, erheben sich auf der rechten Seite die schroffen Gipfel der Palagruppe. Mehrere Dreitausender machen diese Berggruppe zu einer der bedeutendsten der Dolomiten. Bei Fernwanderern und Kletterern ist sie äußerst beliebt.

Nach San Martino di Castrozza fahren wir an einem bewaldeten Hang durch mehrere Serpentinen und an gemütlichen Rastplätzen (46.272328, 11.800386 oder auch hier: 46.279892, 11.802553) vorbei. Auf einer Höhe von 1984 Metern erreichen wir den Rollepass, auf dem sich neben einem großen Parkplatz (46.29638, 11.785451) auch einige Geschäfte und Restaurants befinden, die beinahe schon wie ein kleines Dorf wirken.

Vom Pass aus hat man einen einzigartigen Blick auf den Cimon della Pala, der wie ein Finger steil aus der Pala-Gruppe herausragt und sich den Beinamen Matterhorn der Dolomiten verdient hat. Auf der abschließenden Talfahrt tauchen wir wieder in einen Wald ein und blicken auf das grünlich schimmernde Wasser des Lago Paneveggio zu unserer Linken. Bei der Fahrt durch dieses

» WANDERTIPP

Langkofel

Der Langkofel kann bei einer rund viereinhalbstündigen Wanderung umrundet werden. Auf der Tour sind weniger als 600 Höhenmeter zu überwinden und sie gilt als mittelschwer. Der Einstieg in den Wanderweg beginnt an der Langkofelscharte, die vom Sellajochhaus mit der Seilbahn zu erreichen ist. Von dort wandert man über den Ciaulongsattel zur Emilio-Comici-Hütte und an der Steinernen Stadt vorbei zurück zum Ausgangspunkt. Bei der Tour hat man wunderbare Ausblicke auf die Marmolata, das Sellamassiv und auf die Seiser Alm. Festes Schuhwerk und Proviant sind selbstverständlich.

Fleimstal stoßen wir bei Predazzo auf das ladinischsprachige Fassatal.

Durch das Fassatal nach Norden gelangen wir nach Vigo di Fassa.

Durch das Fassatal gelangen wir nach Canazei, wo mehrere Straßen als Passüberquerungen abzweigen. Wir folgen der SS 242 nordwärts über das Sellajoch. Ungefähr auf halber Strecke zwischen Canazei und dem Sellajoch zweigt zuvor die Straße zum 2239 Meter hohen Pordoijoch (46.487431, 11.81266) ab. Kurz hinter dem Pass hat man einen tollen Ausblick auf die Serpentinen der Ostrampe, die nach Arabba hinabführen.

Mit dem Sellajoch (46.507889, 11.768113) befinden wir uns auf einer Höhe von 2240 Metern. Besonders sehenswert sind hier die fünf Sellatürme des Sella-Bergstocks. Wie eine Hand ragen sie in die Höhe und sind zwischen 2500 und 2696 Metern hoch. Mit dem Sellajoch erreichen wir wieder das deutschsprachige Südtirol. Auf der Talfahrt passieren wir nach rund sechs Kilometern den Abzweig zum 2121 Meter hohen Grödnerjoch, bleiben aber geradeaus bis Wolkenstein.

Durch das Grödnertal

Wolkenstein, St. Christina und St. Ulrich sind die drei Orte, die wir im Grödnertal der Reihe nach durchqueren. Sie sind bekannt dafür, dass neben Deutsch und Italienisch auch die ladinische Sprache Amtssprache ist. Südlich des Grödnertals, also in Fahrtrichtung links, befindet sich die Langkofelgruppe mit dem gleichnamigen Berg, der 3181 Meter hoch ist.

Bei den zahlreichen Freizeitangeboten in und um die drei Ortschaften herum könnte man einen ganzen Urlaub nur im Grödnertal verbringen. Wer aber, wie wir, nur auf der Durchreise ist, sollte zumindest einen Blick in das Museum Gröden in St. Ulrich werfen. Es zeigt die Natur- und Kulturgeschichte des Tals auf, die eng mit der Holzschnitzkunst des 18. und 19. Jahrhunderts zusammenhängt. Außerdem beherbergt das Museum einen eigenen Ausstellungsbereich für den Alpinisten und Regisseur Luis Trenker, der in St. Ulrich

Brixen ist für seine malerischen Laubengänge berühmt.

Kastelruth ○
Seiser Alm
25 km A 22

Brixen ○
Altstadt
Dom

Ziel

Ganz im Zeichen des Barock steht der Brixener Dom.

ist, kann man mit der Seiser Almbahn Gondelbahn (46.540303, 11.566392) die größte Hochalm Europas erreichen. Sowohl im Winter als auch im Sommer ist die Seiser Alm ein beliebtes Urlaubsziel und bietet zahlreiche Freizeitaktivitäten. Im Sommer reichen diese von Wandern und Klettern bis zu Paragliding, während im Winter die Skier oder Schneeschuhe unter die Füße geschnallt werden.

Von der Seiser Alm kann man entweder zurück ins Grödnertal und dort auf der SS 242 zur Brennerautobahn ins Eisacktal oder man folgt der deutlich kleineren SP 24 hinab ins Eisacktal. Auf beiden Wegen erreichen wir über die Brennerautobahn gen Norden das Etappenziel dieser Route – Brixen.

Stadtspaziergang durch Brixen

Südlich von Brixen empfängt uns ein Großparkplatz, der zwar auch zum Übernachten genutzt werden kann, aber aufgrund seiner Lage zu einer Disco und zur Straße in der Nacht nicht unbedingt ruhig ist. Doch für eine Stadtbesichtigung liegt er ideal (46.706488, 11.650963).

Über den Schilfweg gelangt man in kurzer Zeit zum zweitgrößten Fluss Südtirols, zum Eisack. An seinem Ufer erreicht man in linker Richtung nach einem gemütlichen Spaziergang die Altstadt. Wahrzeichen von Brixen ist der Dom. Der barocke Bau stammt aus dem 18. Jahrhundert und ist nicht nur von innen sehenswert. Besonders eindrucksvoll ist nämlich auch der Domkreuzgang, der sich mit zahlreichen Deckenfresken aus der Zeit der Gotik präsentiert. Zum Brixner Dombezirk gehören aber auch die Johanneskapelle am Kreuzgang und die Nebenkirche des Doms, die sogenannte Frauenkirche. Schräg gegenüber vom Dom, auf der anderen Seite des einladenden Domplatzes und an der Jahrtausendsäule vorbei, befindet sich die Hofburg, die ursprünglich Sitz der Fürstbischöfe war und heute das Diözesanmuseum und ein Krippenmuseum beherbergt. Ansonsten lohnt sich ein gemütlicher Spaziergang durch das geschäftige Treiben in den kleinen Gassen rund um den Dom.

zur Welt kam. Für zahlreiche seiner Filme war das Grödnertal Kulisse.

Auf die autofreie Seiser Alm

Rund 400 Meter hinter dem Ortsausgang folgt ein Abzweig nach links, der uns einen Abstecher nach Kastelruth und auf die Seiser Alm ermöglicht. Kastelruth ist Geburtsort von Valentin Silbernagl, Albin Gross, Karl Schieder und Karl Heufler, die bei Freunden der Schlagermusik bekannt sind, denn sie sind ehemalige und aktuelle Mitglieder der Kastelruther Spatzen. Die Musikgruppe wurde mittlerweile mehrfach mit der Krone der Volksmusik und dem deutschen Musikpreis Echo ausgezeichnet.

Da die Seiser Alm nur zu bestimmten Zeiten für den Individualverkehr freigegeben

» PRAKTISCHE HINWEISE

TOURISTINFORMATIONEN

Südtirol Tourismusinformation, Pfarrplatz 11, 39100 Bozen, Tel. 0039/(0)471/99 99 99, www.suedtirol.info

Meraner Land, Gampenstraße 95, 39012 Meran, Tel. 0039/(0)472/83 13 40, www.meranerland.com

Kurverwaltung Meran, Freiheitsstraße 45, 39012 Meran, Tel. 0039//(0)473/27 20 00, www.meran.eu

Verkehrsamt der Stadt Bozen, Waltherplatz 8, Tel. 0039//(0)471/30 70 00, www.bolzano-bozen.it

Tourismusinfo Riva del Garda, Largo Medaglie d'Oro al Valor Militare 5, Tel. 0039/(0)464/55 44 44, www.gardatrentino.it

Touristinfo Canazei, Piaz G. Marconi 5, 38032 Canazei, Tel. 0039//(0)462/60 96 00, www.fassa.com

Touristinfo Vigo di Fassa, Strada Rezia 10, 38039 Vigo di Fassa, Tel. 0039/(0)462/60 97 00, www.fassa.com

Tourismusverein Brixen, Regensburger Allee 9, 39042 Brixen, Tel. 0039/(0)472/83 64 01, www.brixen.org

KARTEN

Kümmerley + Frey, Alpenstraßen 1:700 000 oder Italien Nord 1:650 000 oder Trentino-Südtirol 1:200 000

CAMPINGPLÄTZE

Camping Meran, Piavestraße 44, 39012 Meran, Tel. 0039/(0)473/23 12 49, www.meran.eu. (46.664179, 11.158673). Zentral gelegener Campingplatz, nur wenige Gehminuten vom Zentrum Merans entfernt.

Camping Arquin, Feldgatterweg 25, 39011 Lana, Tel. 0039/(0)473/56 11 87, www.camping-arquin.it (46.611125, 11.173693). Zwischen Lana und der Etsch mitten in Obstplantagen.

Camping Ganthaler, Meraner Straße 50, 39018 Terlano, Tel. 0039/(0)471/67 87 16, www.campingganthaler.com (46.567284, 11.222713). Nördlich von Vilpiano in den Obstplantagen, linksseitig des Flusses.

LernCamping® Moosbauer, Moritzinger Weg 83 (Zufahrt: Meraner Straße 101), 39100 Bozen, Tel. 0039/(0)471/91 84 92, www.moosbauer.com (46.503185, 11.299373). Campingplatz, von dem aus Bozen mit dem Rad, Roller oder mit dem Bus gut erreichbar ist. Darüber hinaus wirbt der Campingplatz damit, dass er ausführlich über Südtirol infomiert. Hinweistafeln erläutern Flora und Fauna und selbst die Trennwände im Sanitärgebäude informieren über Wissenswertes.

Camping zum guten Tropfen, Mühlgasse 14, 39010 Nals, Tel. 0039/(0)471/67 80 46 (46.545312, 11.202388). Kleiner Campingplatz mit nur 15 Stellflächen hinter dem gleichnamigen Gasthaus mitten im Ort.

Camping-Park Steiner, J.F. Kennedystraße 32, 39055 Leifers, Tel. 0039/(0)471/95 01 05, www.campingsteiner.com (46.429734, 11.344145). Im Norden von Leifers, direkt an der SS 12.

Camping Gretl am See, St. Josef am See 18, 39052 St. Josef am See, Tel. 0039/(0)471/96 02 44, www.camping-gretl.it (46.382565, 11.257997). Zwischen Obst- und Weingärten am Ufer des Kalterer Sees.

Camping St. Josef am Kalterer See, Weinstraße 75, 39052 Kaltern, Tel. 0039/(0)471/96 01 70, www.camping-kalterersee.com (46.372428, 11.252263). Etwas weiter südlich als Camping Gretl, aber nicht direkt am Ufer, sondern nur durch einen Zugang zu einem Steg mit dem See verbunden.

Camping Markushof, Truidn 1, 39040 Auer, Tel. 0039/(0)471/81 00 25, www.campingmarkushof.it (46.34842, 11.300301). Kleiner Campingplatz im östlichen Etschtal.

Camping Obstgarten, Breitbach Nr. 9, 39040 Kurtatsch a. d. Weinstraße, Tel. 0039/(0)471/88 07 09, www.camping-obstgarten.it (46.304112, 11.223021). Überschaubarer Campingplatz am südlichen Ende der Südtiroler Weinstraße, inmitten zahlreicher Obstplantagen.

Camping Spiaggia Molveno, Via Lungolago 27, 38018 Molveno, Tel. 0039/(0)461/58 69 78, www.campingmolveno.it (46.138036, 10.958549). Schön am Nordufer des Molvenosees gelegen.

Campeggio Lago di Tenno, Localita' Lago di Tenno 7, 38060 Tenno, Tel. 0039/(0)464/50 21 27, www.campinglagoditenno.it (45.935009, 10.810538). Ruhige Lage, aber durch die Straße rund 300 Meter vom Tenno-See entfernt.

Camping Bavaria, Viale Rovereto 100, 38066 Riva del Garda, Tel. 0039/(0)464/55 25 24, www.bavarianet.it (45.880113, 10.856064). Kleiner Campingplatz mitten im Ort, aber auch direkt am Gardaseeufer.

Campingplätze im Bereich der Sarca-Mündung in den Gardasee: Camping Maroadi, Camping Arco Lido, Camping Bellavista, Camping Al Porto, Tr@nsit Parking. Alle diese Campingplätze befinden sich bei Torbole an der Flussmündung und haben nicht nur in etwa die gleiche Ausstattung, sondern liegen teilweise auch direkt nebeneinander. Tr@nsit Parking bezeichnet sich zwar als Stellplatz, bietet aber die Ausstattung eines Campingplatzes und liegt preislich auf demselben Niveau.

Campingplätze am Südufer des Caldonazzosees. Allein 8 verschiedene Campingplätze befinden sich am Südufer des Caldonazzosees, deren einzelne Auflistung den Rahmen sprengen würde. Ähnlich wie am Gardasee gilt auch hier, dass sich die Campingplätze kaum voneinander unterscheiden.

Campingplatz Sass Maor, Via Laghetto 48, 38054 San Martino di Castrozza, Tel. 0039/(0)439/683 47, www.campingsassmaor.it (46.261841, 11.793026). Ruhige Lage im Osten des kleinen Ortes.

Camping Bellamonte, Via Cece 16, 38037 Predazzo, Tel. 0039/(0)462/57 61 19, www.campingbellamonte.it (46.310152, 11.660846). Ebenfalls in ruhiger Lage, ungefähr auf der Hälfte zwischen Rollepass und Predazzo.

Camping Rosengarten, Strada de Pucia 4, 38036 Pozza di Fassa, Tel. 0039/(0)462/76 33 05, www.catinacciorosengarten.com (46.426026, 11.686167). Guter Ausgangspunkt für einen Besuch des Karerpasses und natürlich des Rosengartenmassivs.

Camping Miravalle, Strèda de Greva 39, 38031 Campitello di Fassa, Tel. 0039/(0)462/75 05 02, www.camping-miravalle.it (46.473675, 11.740969). Wer die umliegenden Pässe besuchen möchte, hat hier einen guten Ausgangspunkt.

Camping Seiser Alm, St. Konstantin 16, 39050 Völs am Schlern, Tel. 0039/(0)471/70 64 59, www.camping-seiseralm.com (46.532938, 11.533712). Großer und beliebter Campingplatz. Ideal für Ausflüge auf die Seiser Alm.

Camping Gamp, Griesbruck 10, 39043 Klausen, Tel. 0039/(0)472/84 74 25, www.camping-gamp.com (46.641069, 11.573237). Im Eisacktal, unterhalb der Brennerautobahn.

Camping Vahrner See, Vahrner-See-Weg 6, 39040 Vahrn, Tel. 0039/(0)472/83 21 69, www.camping-vahrner-see.com (46.76112, 11.634745). Kleiner Campingplatz neben der Brennerautobahn, nicht weit vom Vahrner See entfernt.

Camping Löwenhof, Brennerstraße 60, 39040 Vahrn-Neustift, Tel. 0039/(0)472/83 62 16, www.loewenhof.it (46.734445, 11.647476). Rund 2,5 Kilometer Fußweg von der Brixener Altstadt entfernt, im Norden der Stadt hinter dem gleichnamigen Gasthof.

STELLPLÄTZE

Dorf Tirol, Segenbühelstraße 26, 39019 Dorf Tirol bei Meran, Tel. 0039/(0)473/92 35 95, www.schneeburghof.com (46.675796, 11.167084). Sehr schöner und ruhig gelegener Stellplatz neben einer Pension, allerdings preislich eher an Campingplätzen orientiert. Ver- und Entsorgung und Nutzung eines kleinen Freibades inklusive. Bei guter Belegung ist der Platz sehr eng und erfordert einiges an Manövrierfähigkeit.

Bozen, Pfarrhofstraße (46.473213, 11.337072). Kleiner Stellplatz neben einer Tankstelle und gegenüber einem Friedhof. Leider stehen nur 8 sehr eng beieinanderliegende Stellflächen zur Verfügung, die oft auch noch von Pkws belegt werden. Schräg gegenüber befindet sich jedoch auch ein größerer Parkplatz, der häufig von Wohnmobilen genutzt wird. Der Stellplatz verfügt über eine Ver- und Entsorgungseinrichtung.

Kalterer See, San Giuseppe al Lago, 39052 Kaltern (46.383072, 11.257123). Gleich neben dem Campingplatz Gretl am Kalterer See.

In Gardas Zentrum wird eifrig renoviert und verschönert.

Riva del Garda, Via Brione (45.879594, 10.858893). Großer Stellplatz mit Ver- und Entsorgungseinrichtung und sogar einem Sanitärgebäude. Zwar mitten im Zentrum, aber nur rund 150 Meter vom Jachthafen und dem Gardasee entfernt. Außerhalb der Saison wird der Platz aber zum Überwintern von Schaustellern genutzt.

Trient (46.065646, 11.114317), Via Roberto da Sanseverino. Offiziell fünf Stellflächen auf einem Großparkplatz am Rande der Altstadt. Nur durch eine Straße vom Ufer der Etsch getrennt.

Lago di Molveno (46.141194, 10.95832). Leider etwas überteuert und nicht direkt am See, sondern rund 500 Meter entfernt. Dafür in ruhiger Lage an einem Sportplatz. Strom und Ver- und Entsorgungsmöglichkeit vorhanden.

PÄSSE

Passo Rolle (Rollepass, 1984 m)
Karerpass (optional, 1752 m)
Nigerpass (optional, 1690 m)
Pordoijoch (optional, 2239 m)
Fedaiapass (optional, 2057 m)
Sellajoch (2240 m)

10 MIT DEM KUFSTEINLIED AUF DEN LIPPEN DURCH TIROL

Von Meran nach Bruneck – Nordroute

Start- und Endpunkt: Meran und Bruneck **Beste Jahreszeit:** Sommer und Herbst **Streckenlänge:** Rund 420 km **Fahrzeit:** 3 bis 4 Tage **Mautstrecken:** Neben der Mautplicht auf italienischen Autobahnen und der üblichen Vignette in Österreich bzw. der Go-Box sind der Felbertauerntunnel und die Brennerautobahn mautpflichtig.

Über steile Pässe verlassen wir Südtirol und erreichen den berühmten Brennerpass, auf dem wir in nostalgischen Erinnerungen schwelgen, bevor wir die Olympiastadt Innsbruck erreichen und neben dem Goldenen Dachl noch die Bergiselschanze besichtigen. Durch das Inntal verläuft die Reise an den Kristallwelten von Swarovski vorbei bis zur sogenannten Perle Tirols – Kufstein. Nach der Durchquerung des Wintersportortes Kitzbühel lernen wir den größten Nationalpark Österreichs kennen und fahren über die Hohen Tauern südwärts, um anschließend wieder Südtirol zu erreichen. Mit einem Abstecher zum wunderschönen Pragser Wildsee genießen wie die Fahrt durch das Pustertal und beenden unsere Route im malerischen Bruneck.

Die Tour durch Tirol ist bei Wohnmobilisten beliebt.

Start

Meran
St. Leonhard
in Passeier
MuseumPasseier
Timmelsjoch
Jaufenpass

62 km SS 64

Sterzing
Zwölferturm
Brennerpass

51 km A 22 A 13

Innsbruck

Durch das Passeiertal

Meran verlassen wir über die SS 44 nach Norden und durch das Passeiertal. Durch das teilweise enge, aber malerische Tal gelangen wir nach St. Leonhard in Passeier, dem Geburtsort von Andreas Hofer. Andreas Hofer lebte Ende des 18. und Anfang des 19. Jahrhunderts und gilt, besonders bei der deutschsprachigen Bevölkerung Südtirols als Freiheitskämpfer gegen die napoleonischen Truppen. Am nahe gelegenen Sandhof befindet sich eine umfangreiche Ausstellung zu Ehren Hofers, die aber nicht nur sein Leben und Wirken erläutert, sondern sich auch mit der Volkskunde des Passeiertals beschäftigt (MuseumPasseier, Passeirerstraße 72, 39015 St. Leonhard in Passeier, Tel. 0039/(0)473/65 90 86, www.museum.passeier.it (46.801337, 11.238351).

Kurz vor dem Ortseingang von St. Leonhard stoßen wir auf eine Gabelung, an der es links über das Timmelsjoch in das österreichische Ötztal geht. Das Timmelsjoch ist ein sehenswerter Passübergang in einer Höhe von 2474 Metern und gleichzeitig Grenze zwischen Österreich und Italien. Schon früh wurde das Timmelsjoch als Pass genutzt und bereits im 14. Jahrhundert wurde ein Handelsweg angelegt, der den Kaufleuten den

Übergang erleichterte. Erste Pläne, den Pass mit einer gut ausgebauten Straße zu befestigen, gab es bereits im 19. Jahrhundert. Doch diese wurden lange verworfen bzw. auch durch die beiden Weltkriege hinausgezögert. Erst 1955 begann man schließlich mit dem Bau der Straße. Von da an erhielt der Pass übrigens einen Buchstaben mehr, denn bis zu diesem Zeitpunkt hatte er jahrhundertelang Timmeljoch – ohne s – geheißen. Vier Jahre lang konnte wetterbedingt insgesamt lediglich 17 Monate lang gebaut werden, sodass die Straße im Sommer 1959 feierlich eröffnet wurde – jedoch nur auf österreichischer Seite. Erst 1968 konnte das Timmelsjoch komplett überfahren werden, wodurch eine Nord-Süd-Verbindung entstand. Die Straße ist nur wenige Monate im Jahr befahrbar und stellt den Reisemobilisten auf eine harte Probe. Während die Fahrt auf österreichischer Seite kein Problem darstellt, ist von der Befahrung auf der Südtiroler Seite mit einem Wohnmobil abzuraten. Wohnwagen, also Gespannfahrer, sind auf der Straße ohnehin verboten. Wohnmobile und Lkws dürfen nur bis zu einem maximalen Gewicht von acht Tonnen, einer Breite von 2,55 Metern und einer Höhe von vier Metern von italienischer Seite aus auf das Timmelsjoch. Äußerst enge Kurven und auch

Die Brennerautobahn ist fast auf der ganzen Fahrt omnipräsent.

Tunnel mit niedriger Durchfahrtshöhe erfordern sehr gute Fahrpraxis und Kenntnisse des eigenen Fahrzeugs.

Über den Jaufenpass ins Wipptal

Da die Straße über das Timmelsjoch nur eingeschränkt befahrbar ist, bleiben wir bei St. Leonhard auf der SS 44 und verlassen das Passeiertal über den besser ausgebauten Jaufenpass (46.839734, 11.321656). Die fast 40 Kilometer lange Strecke bringt uns zwar nicht ganz so hoch wie auf das Timmelsjoch, dennoch erreichen wir eine Höhe von fast 2100 Metern. Bei der Fahrt durchquert man auf der Südseite deutlich mehr Spitzkehren als auf nördlicher Seite, wo wir nach der Passabfahrt mit Sterzing (Parken: 46.89918, 11.434202 oder 46.901628, 11.430378) die nördlichste Stadt Italiens und das Wipptal erreichen.

Wahrzeichen von Sterzing ist der Zwölferturm, der mit 46 Metern das höchste Gebäude des überschaubaren Ortes ist. Ursprünglich diente der Turm als Stadttor,

was man heute noch gut daran erkennen kann, dass sich südlich des Tores die zentrale Haupteinkaufsstraße befindet. In Sterzing stoßen wir auch auf die mautpflichtige Brennerautobahn, die nicht zwangsläufig genutzt werden muss, da mehr oder weniger parallel die SS 12 als einfach zu befahrende Landstraße verläuft. Beide führen uns zum legendären Brennerpass, mit dem wir Italien verlassen und Österreich erreichen.

Der legendäre Brennerpass

Der Brennerpass ist mit 1370 Metern eigentlich einer der niedrigsten Pässe in den Alpen, gehört jedoch zu den bedeutendsten Pässen und ist eine wichtige Nord-Süd-Verbindung. Schon die Germanen nutzten den Pass als Übergang, um in das Römische Reich einzufallen und im Mittelalter galt er als der am meisten frequentierte Pass. In der ersten Hälfte des 16. Jahrhunderts wurde der Brenner, wie er in der Kurzform oft genannt wird, auch bereits von einer regelmäßigen Postlinie befahren. Die erste Eisenbahnlinie folgte Mitte des 19. Jahrhunderts. Doch den größten Aufschwung hatte der Brennerpass vermutlich mit dem Bau der Brennerautobahn während der deutschen Wirtschaftswunderjahre, als deutsche Urlauber Italien als Reiseziel entdeckten. Berühmt ist die Europabrücke, die mit 190 Metern Höhe bei ihrer Fertigstellung im Jahr 1963 als höchste Brücke Europas galt. Diese Tatsache und der aufkommende Tourismus machten sowohl die Brücke als auch den Brenner legendär.

Besuch in der Olympiastadt und in Tirols Hauptstadt Innsbruck

Nach einer rund halbstündigen Fahrt ab dem Grenzübergang gelangen wir in die Hauptstadt Tirols, Innsbruck. Nicht zuletzt wegen des Brennerpasses war das heutige Stadtgebiet schon vor mehr als 3000 Jahren besiedelt. Die eigentliche Geschichte Innsbrucks begann jedoch im 12. Jahrhundert mit der Errichtung eines Marktes am Ufer des Inns. Im 20. Jahrhundert war Innsbruck zweimal Veranstalter der Olympischen Winterspiele (1964 und 1976). Olympia ist auch das Stichwort bei der Parkplatzsuche. Mangels Wohnmobilstellplatz empfiehlt es sich, den kostenpflichtigen Park and Ride-Parkplatz in der Olympiastraße, direkt am Tivoli-Stadion, aufzusuchen (47.257806, 11.407869). Das Parkticket beinhaltet einen Fahrschein der Innsbrucker Verkehrsbetriebe, mit dem bis zu fünf Personen den öffentlichen Nahverkehr benutzen dürfen. Wichtig: Das Ticket muss dementsprechend direkt nach dem Einparken bezahlt werden. Für eine Besichtigung der Altstadt lohnt sich die Warterei auf den Bus jedoch kaum, da das Wahrzeichen der Stadt, das Goldene Dachl, nur rund zwei Kilometer Fußweg entfernt ist.

Das Goldene Dachl ist nicht das Dach eines kompletten Gebäudes, sondern überdacht lediglich den Erker einer ehemaligen Residenz der Tiroler Landesfürsten. Der Erker wurde Ende des 15. Jahrhunderts an das damals bereits seit 80 Jahren bestehende Bauwerk angebaut. Es besteht aus exakt 2657 Kupferschindeln, die durch Feuervergoldung ihren Glanz erhielten. Der ein-

Parallel zur Autobahn verläuft die kostenlose Staatsstraße.

187

Hall wurde durch den Salzabbau wohlhabend und einflussreich.

Die engen Gassen Kufsteins bezeugen seine lange Siedlungsgeschichte.

hunderts erbaute Barockkirche ersetzte eine damals 600 Jahre alte Kirche, die bei einem Erdbeben stark beschädigt wurde. Der Dom ist Jakobus dem Älteren geweiht und damit ein Etappenziel für Jakobspilger auf dem Weg nach Santiago de Compostela. Gleich neben dem Gotteshaus steht die Hofburg als ehemaliger Sitz der Tiroler Landesfürsten. Das Rokoko-Gebäude beherbergt unter anderem 400 Räumlichkeiten und präsentiert sich mit einem großen Burghof. Hofburg und Dom zusammen geben ein sehenswertes Gebäudeensemble ab. Gleich schräg gegenüber breitet sich als Naherholungsgebiet am Rande der Altstadt der zur Burg gehörende Hofgarten aus und reicht – nur durch eine Straße getrennt – bis an das Ufer des Inns heran.

Dort finden wir ein weiteres, deutlich moderneres Wahrzeichen Innsbrucks. Die Hungerburgbahn pendelt als Standseilbahn zwischen der Altstadt und dem Ortsteil Hungerburg. Schon im letzten Jahrhundert gab es die Hungerburgbahn mit einer wesentlich kürzeren Streckenlänge, die nach genau 100 Jahren eingestellt und durch die jetzige Bahn ersetzt wurde. Der Bahnhof Congress in der Innenstadt ist unterirdisch angelegt. Nach einer kurzen Fahrt von weniger als 400 Metern kommt die Standseilbahn zu Tage und überquert auf einer geschwungenen Brücke den Inn. Auf der rund 1800 Meter langen Strecke überwindet die Bahn nicht ganz 300 Höhenmeter und bringt vornehmlich Touristen zur Station Alpenzoo.

Gehen wir am Innufer jedoch nach links, erreichen wir schon nach wenigen Augenblicken wieder die Altstadt und die Hofgasse, die uns zum Goldenen Dachl zurückbringt. Vor dem Erker beginnt die Herzog-Friedrich-Straße, die weiter südlich in die Maria-Theresien-Straße mündet. Entlang der Herzog-Friedrich-Straße passiert man zunächst das alte Rathaus aus dem 14. Jahrhundert, gut erkennbar an dem Turm, der begehbar ist und eine schöne Aussicht über die Altstadt ermöglicht. Die folgende Maria-Theresien-Straße gilt als die Prachtstraße der Tiroler Landeshauptstadt und ist nach der Gemahlin des römisch-deutschen Kaisers Franz Stephan, Maria Theresia, benannt. Auf

zige Grund, das Dach in dieser Form zu gestalten, war die Machtdemonstration des Auftraggebers, Kaiser Maximilian I. In der ehemaligen Fürstenresidenz ist heute ein Museum untergebracht, das über das Leben und Wirken des Kaisers informiert und die damalige spätmittelalterliche Zeit beschreibt. Während eines Museumsbesuchs kann auch der Erker betreten werden, der einen Ausblick auf die trapezförmige Herzog-Friedrich-Straße in der Innsbrucker Altstadt ermöglicht.

Nur wenige Schritte vom Goldenen Dachl entfernt, befindet sich der Innsbrucker Dom. Die in der ersten Hälfte des 18. Jahr-

Die Fahrt geht vorbei an großen Bauernhöfen mit ausladenden Dächern.

» SEHENSWERTES

Bergiselschanze, Tirol Panorama, Kaiserjägermuseum

Nach einem ausgiebigen Altstadtrundgang gibt es im Süden der Stadt, und gar nicht so weit vom Parkplatz in der Olympiastraße entfernt, noch einiges zu besichtigen. Am bekanntesten dürfte wohl die Bergiselschanze sein, die sich auf dem gleichnamigen 746 Meter hohen Hügel befindet. Die Geschichte dieser Sportstätte begann mit einer Naturschanze im Jahr 1927. Es folgten mehrere Anlauftürme, bis die Anlage für die Olympischen Winterspiele 1964 und 1976 komplett ausgebaut wurde. Der heutige moderne Schanzenturm entstand zu Beginn des Jahrtausends und wurde noch vor Fertigstellung mit dem Österreichischen Staatspreis für Architektur ausgezeichnet. Neben den zahlreichen Sportveranstaltungen, zu denen die jährlich stattfindende Vierschanzentournee gehört, finden auch andere Großveranstaltungen im Bereich der Bergiselschanze statt. So wurde hier während der Fußballeuropameisterschaft 2008 das sogenannte Public Viewing veranstaltet und 20 Jahre zuvor hielt Papst Johannes Paul II. eine Messe an der Schanze ab. Der aktuelle Schanzenrekord wird vom deutschen Skispringer Sven Hannawald gehalten und liegt bei 134,5 Metern. Manch ein Gästeführer erzählt immer gerne mit einem makabren Unterton von der Tatsache, dass die Skispringer nicht nur in Richtung Innsbruck fliegen, sondern dabei auch direkt auf einen Friedhof blicken. Dass dem so ist, davon kann man sich auch ohne Absprung überzeugen. Mit einem Schrägaufzug und einem Turmlift erreicht man das Restaurant im Turm, das nicht nur leckere Speisen anbietet, sondern auch einen fantastischen Ausblick über Innsbruck bis zum Karwendelmassiv ermöglicht. Gleich neben der Bergiselschanze befinden sich der Neubau des Tirol Panorama und das Kaiserjägermuseum. Beide sind unterirdisch miteinander verbunden. Während sich das Kaiserjägermuseum mit der Tiroler Militärgeschichte der letzten beiden Jahrhunderte befasst, zeigt das Tirol Panorama das berühmte Innsbrucker Riesenrundgemälde. Dieses Ölgemälde befand sich bis zur Fertigstellung des neuen Museums in der Rotunde am Innufer und zog unter Begleitung zahlreicher kontroverser Diskussionen an den heutigen Standort um. Es zeigt in einer 360-Grad-Ansicht eine der vier Schlachten am Bergisel, die am 13. August 1809 stattfand und bei der die Tiroler Schützen unter Führung von Andreas Hofer den napoleonischen Truppen gegenüberstanden. Für die Besichtigung der Bergiselschanze und des Museums Tirol Panorama können auch Kombitickets erworben werden. Bergiselschanze, Bergiselweg 3, 6020 Innsbruck, Tel. 0043/(0)512/58 92 59, www.bergisel.info; Tirol Panorama mit Kaiserjägermuseum, Bergisel 1–2, 6020 Innsbruck, Tel 0043/(0)512/59 48 96 11, www.tiroler-landesmuseen.at.

Mit sprichwörtlich grünen Fluten wälzt sich der Inn durch Kufstein.

der rechten Seite sehen wir die rosafarbene Spitalskirche zum Heiligen Geist, die sich im Inneren mit zahlreichen Fresken und aufwendigem Stuck zeigt. In der Mitte der Fußgängerzone erhebt sich die marmorne Annasäule aus dem frühen 18. Jahrhundert, die von einem Bildhauer aus Trient geschaffen wurde. Die vier Heiligenfiguren am Sockel der Säule zeigen die Heilige Anna (Norden), Kassian als Patron der Diözese Brixen auf der Westseite, Georg als Landespatron im Süden und im Osten ist Vigilius, der Patron der Diözese Trient zu erkennen.

Auf dem weiteren Weg über die Straße erreichen wir am Südende die Triumphpforte, die bei ihrer Fertigstellung Mitte des 18. Jahrhunderts als südliches Stadttor diente. Die steinernen Reliefs an den Wänden zeigen unter anderem Kaiser Franz I. Stephan mit seiner Gattin Maria Theresia.

Durch das Inntal nach Osten

Auf der weiteren Fahrt durch Tirol passieren wir im Südosten Innsbrucks das weiß leuchtende Schloss Ambras. Das von einem gepflegten Schlosspark umgebene Gebäude stammt aus dem 13. Jahrhundert und beherbergt mehrere wertvolle Sammlungen. Zu sehen gibt es zum Beispiel Rüstkammern und eine Porträtgalerie der Habsburger Monarchen.

Wem die Altstadt von Innsbruck noch nicht ausreichte, der hat weiter östlich im Inntal Gelegenheit zur Besichtigung einer weiteren Altstadt. Hall (47.27984, 11.505721) besitzt die größte mittelalterliche Alstadt Tirols, die sich rund um die gotische Pfarrkirche St. Nikolaus erstreckt. Besonders hervorzuheben ist der Obere Stadtplatz mit seinen zahlreichen Cafés und Marktständen.

Ebenfalls schnell durch das Inntal zu erreichen ist der nächste Ort Wattens. Dieser ist berühmt für die Kristallglasfirma Swarovski. Der Glasschleifer Daniel Swarovski gründete im Jahr 1895 das Unternehmen, das für hochwertige Kristallskulpturen und Schmucksteine bekannt ist. Zum 100. Firmenjubiläum wurden am Hauptsitz die Swarovski Kristallwelten (47.295162, 11.600558) eröffnet. Der Wiener Aktionskünstler André Heller schuf eine unterirdische Welt, in der sich mehrere sogenannte Wunderkammern befinden, die von einem

Eisriesen bewacht werden. Jede dieser Kammern wurde von einem anderen Künstler geschaffen und befasst sich audiovisuell mit dem Thema Kristall. Selbstverständlich besteht auch die Möglichkeit, ein kristallines Souvenir zu erwerben.

Bei Jenbach erreichen wir den Schnittpunkt von vier Taleinschnitten. Während wir im Inntal bleiben, zweigt links das Achental zum Achensee und Achenpass (siehe Route 12) ab und auf der rechten Seite sehen wir die Einmündung zum Zillertal. Es trennt die Tuxer Alpen auf der Westseite von den nun folgenden Kitzbüheler Alpen auf der Ostseite des Tals. Auf unserer weiteren Fahrt durch das Inntal haben wir zu unserer Linken die Brandenberger Alpen, die sich mit dem Hochiss-Gipfel auf 2299 Meter emporheben.

Das Schwundgeld von Wörgl

Wenig später stoßen wir auf Wörgl, das zu Zeiten der Weltwirtschaftskrise im letzten Jahrhundert durch eine Geldreform Bekanntheit erlangte.

Kufstein ist die nächste nennenswerte Stadt im Inntal, die zwar mit wenigen Sehenswürdigkeiten aufwarten kann, aber seit dem Jahr 1947 weltberühmt ist. Grund hierfür ist das Kufsteinlied des Komponisten Karl Ganzer. Das Lied mit seinen drei Strophen ist eines der berühmtesten volkstüm-

Der heilige Nepomuk wacht über die Kufsteiner Innbrücke.

Lüftlmalerei kennzeichnet das Zentrum von St. Johann.

» HISTORISCHES

Das Schwundgeld von Wörgl

Der damalige Bürgermeister Michael Unterguggenberger kam wegen der großen vorherrschenden Not auf die Idee, dass die Gemeinde ihr eigenes Geld drucken solle. Sein Plan beruhte auf einer Idee des Finanztheoretikers Silvio Gesell – und zwar war die Idee, dass Geld vergänglich sein müsse. So würde das Geld nicht gespart werden, sondern bleibe im Umlauf. Deshalb brachte Unterguggenberger Schillingscheine in Umlauf, die nach Ablauf eines Monats ungültig wurden, es sei denn, man kaufte eine Wertmarke und klebte sie auf das Zahlungsmittel. Nach anfänglicher Skepsis beteiligten sich immer mehr Geschäfte in Wörgl an dem Konzept und nahmen die Geldscheine von den Arbeitern an, womit sie neue Umsätze machen konnten, während die Arbeiter für ihre Tätigkeit entlohnt werden konnten. In einer Zeit, in der in ganz Österreich die Arbeitslosigkeit stieg, sank sie in Wörgl und sogar einige Nachbargemeinden übernahmen das Experiment. Plötzlich war Wörgl weltbekannt. Doch das kleine Wirtschaftswunder verstieß gegen das Gesetz und so beschloss das österreichische Verwaltungsgericht im Jahr darauf, dass das Wörgler Schwundgeld abgeschafft werden müsse. Über diese Finanzgeschichte, die bei vielen Menschen durch den Zweiten Weltkrieg in Vergessenheit geraten ist, berichtet das kleine Heimatmuseum in der Brixentaler Straße.

Der gut ausgebaute Pass Thurn verbindet Tirol und Pinzgau.

Kaisertal

Im Norden von Kufstein zweigt das Kaisertal ab, das bis zum Jahr 2008 nur zu Fuß erreichbar war. Damit war es das letzte bewohnte Tal Österreichs, das nicht mit einem Pkw angefahren werden konnte. Diese Möglichkeit besteht erst seit dem Bau eines Tunnels und einer Straße, jedoch nur für Anlieger. Ohnehin ist es schöner, das Kaisertal per pedes zu erkunden. Denn es ist Teil des Naturschutzgebiets Kaisergebirge und trennt den nördlich gelegenen Gebirgszug Zahmer Kaiser vom Wilden Kaiser im Süden. Bei dem immer aufwärts führenden Weg bis in das Talende kann man in einer rund viereinhalbstündigen Wanderung von Kufstein aus das 1577 Meter hoch gelegene Stripsenjoch erreichen, welches sich als Pass zwischen den beiden Gebirgszügen befindet. Das Naturschutzgebiet umfasst rund 40 Gipfel, die um die 2000 Meter hoch sind. Der höchste Gipfel ist der Ellmauer Halt mit einer Höhe von 2344 Metern.

Östlich des Kaisergebirges befindet sich unser nächstes Ziel **St. Johann in Tirol**, das wir über die Straßen 173 und 178 erreichen und damit das Inntal verlassen. Dabei kommen wir auch durch den Ort Ellmau, der besonders bei Zuschauern der ZDF-Serie »Der Bergdoktor« als Drehort bekannt ist. Die Fernsehserie ist zudem Grund dafür, dass der Tourismusverband Wilder Kaiser im Jahr 2013 in der Kategorie Marketing und Vertrieb mit einem der höchsten Tourismuspreise Tirols, der Tirol Touristica, ausgezeichnet wurde. Durch das Sölllandl erreichen wir das Leukental, wo sich im 8. Jahrhundert die Kirche St. Johann befand, von der sich der Name des Ortes ableitet. Der heutige barocke Kirchenbau, der ebenfalls Johann dem Täufer gewidmet ist, stammt jedoch aus dem frühen 18. Jahrhundert und ist mit der Doppelturmfassade eine der größten Kirchen des Tiroler Unterlandes.

St. Johann liegt an einem 79 Kilometer langen Fluss, der zwar im Gesamten den Namen Großache trägt, doch auf seinem Weg von der Quelle am Pass Thurn bis zu seiner Mündung in den Chiemsee fünf lokale Bezeichnungen besitzt. Im Oberlauf ist von der Jochberger Ache die Rede, die zwischen Kitzbühel und St. Johann als Kitzbüheler Ache bezeichnet wird. Später trägt der Fluss die Namen Kössener Ache und Großache

lichen Lieder und ist verantwortlich für Kufsteins Beinamen »Perle von Tirol«.

Hauptattraktion von Kufstein ist die weithin sichtbare Festung (47.578131, 12.165204), die sich direkt am Innufer auf einem Felsen befindet. Ein genaues Baujahr ist leider nicht überliefert, aber erwähnt wurde die Festung zum ersten Mal im Jahr 1205, als sie noch im Besitz des bayerischen Herzogs war. Wegen der prominenten Grenzlage wurde die Festung regelmäßig verstärkt, erobert und wieder geräumt. Die Anlage beherbergt heute gleich drei Museen in ihrem Inneren. Dazu gehört das Staatsgefängnis im Kaiserturm, das während der k.u.k.-Monarchie als solches genutzt wurde. Im Bürgerturm ist ein Museum untergebracht, das über die Tiroler Kaiserjäger und Schützen informiert. Als größte Ausstellung gilt das Festungs- und Heimatmuseum. Bekannt ist die Festung aber auch für die Heldenorgel, die aus beinahe 5000 Pfeifen besteht und als größte Freiorgel der Welt bezeichnet wird. Der Spieltisch der Orgel befindet sich zwar im Hof der Festung, doch die Pfeifen sind im Bürgerturm untergebracht. Diese Kombination macht es möglich, dass die Orgel sogar noch in einer Entfernung von bis zu zehn Kilometern gehört werden kann und je nach Windrichtung und Wetterverhältnissen auch auf dem Wilden Kaiser zu hören ist. Gespielt wird die Orgel täglich um 12 Uhr. Am Spieltisch fährt übrigens die Schrägseilbahn ab, die den Besucher auf die Festung

Bunte und aufwändig gestaltete Fassaden zieren Brunecks Altstadt.

Inmitten der Mischwälder beim Pragser Wildsees kann man gut rasten.

bringt.Festung Kufstein, Oberer Stadtplatz 6, 6330 Kufstein, Tel. 0043/(0)5372/665 25, www.festung.kufstein.at

Durch Kitzbühel ins Pinzgau

So fahren wir entlang der Kitzbüheler Ache durch das Leukental bis Kitzbühel, einen der bedeutendsten Wintersportorte Österreichs. Doch während im Winter rund 40 Kilometer Loipe für Langläufer gespurt sind und über 50 Seilbahnen und Lifte die Skifahrer auf die Pisten bringen, können im Sommer 500 Wanderwege alleine in der Region rund um Kitzbühel erkundet werden.

Berühmter Höhepunkt des Wintersports ist das Hahnenkammrennen, zu dem alljährlich auch viel Prominenz erscheint, was die Preise in der Region deutlich ansteigen lässt. Seit 1967 finden die Skiwettbewerbe am Hahnenkamm statt, zu denen die Abfahrt und der Super-G auf der Piste Streif zählen. Die Streif hat den zweitsteilsten Startschuss im Skiweltcup und bringt es auf ein Gefälle von 50 Prozent. Während der Abfahrt wird es aber noch steiler, wenn die Abfahrtsläufer in der sogenannten Mausefalle ein Gefälle von 85 Prozent überwinden und dabei bis zu 60 Meter weit springen. Damit gilt die Streif als eine der gefährlichs-

ten Abfahrtsstrecken der Welt und forderte im Laufe der Zeit zahlreiche Stürze mit zum Teil sehr schweren Verletzungen bei den Profisportlern.

Auf der Bundesstraße 161, der Pass-Thurn-Straße, verläuft unsere Fahrt zu einer weiteren Passüberquerung. Auf einer Höhe von 1273 Metern lassen wir Tirol hinter uns und erreichen das Bundesland Salzburg. Anschließend bietet uns die sanft absteigende Straße lange Zeit einen tollen Panoramablick auf die südlich gelegene Hohe Tauern mit dem 3662 Meter hohen Großvenediger als höchsten Gipfel. Auf der gut ausgebauten Passstraße erreichen wir im Pinzgau die Ortschaft Mittersill.

In Mittersill lohnt sich auf jeden Fall ein Zwischenstopp am Nationalparkzentrum Hohe Tauern (47.278943, 12.478494), das ausführlich über den größten Nationalpark Österreichs informiert (siehe Route 15). Wir durchqueren das Gebirgsmassiv auf der Bundesstraße 108 von Nord nach Süd und gewinnen im Felbertal, in dem Wolfram abgebaut wird, deutlich an Höhe, bis wir den Felbertauerntunnel erreichen. Dieser einröhrige und kostenpflichtige Tunnel wurde 1957 fertiggestellt und liegt auf einer Höhe von rund 1600 Metern. Nach der Durchquerung des fast 5,5 Kilometer langen Tunnels

» SEHENSWERTES

Pragser Wildsee

Unbedingt empfehlenswert in den Sommermonaten, aber auch sehr gut besucht, ist der Pragser Wildsee. Hierfür verlässt man die SS 49 zwischen Toblach und Welsberg (Monguelfo) und folgt einer kleinen Straße durch das grüne Braies-Tal. Mitten in der spektakulären Bergkulisse der Dolomiten befindet sich auf einer Höhe von knapp 1500 Metern der grün schimmernde Pragser Wildsee. Er bietet sich nicht nur als beliebtes Fotomotiv an, sondern ist für Tagesausflügler sehr attraktiv, da er in etwas über einer Stunde bequem umrundet werden kann und dabei immer wieder faszinierende Anblicke bietet. Hinter den großen Parkplätzen, die mittlerweile aufgrund der Beliebtheit des Sees notwendig sind, erhebt sich ein Hotel, das eine wichtige Rolle im ausgehenden Zweiten Weltkrieg spielte. Zahlreiche prominente Gefangene des Nazi-Regimes wurden in den letzten Kriegsmonaten aus verschiedenen Konzentrationslagern zusammengesammelt und ins Pustertal gebracht. Der deutsche Wehrmachtsoffizier Wichard von Alvensleben befreite diese 139 Sonderhäftlinge, die laut SS-Befehl bei Anrücken des Feindes ermordet werden sollten. Ein Teil der befreiten Häftlinge wurde ins Hotel am Pragser Wildsee gebracht, wo sie später den amerikanischen Truppen übergeben wurden. Zu den Häftlingen gehörten unter anderem der österreichische Bundeskanzler Kurt Schuschnigg, der französische Premierminister Léon Blum, der Industrielle Fritz Thyssen, einige Widerstandskämpfer vom 20. Juli 1944 und viele andere. Im Gebäude ist heute das Zeitgeschichtsarchiv Pragser Wildsee untergebracht, das die Geschichte der damaligen Vorkommnisse in zahlreichen Dokumenten aufbewahrt.

Kufstein
Festung
St. Johann in Tirol B 173
35 km B 178

Kitzbühel
Pass-Thurn-Straße
Mittersill
Nationalparkzentrum
Hohe Tauern
Tauerntal B 161
Pustertal B 108
Pragser Wildsee B 100
180 km SS 49

Bruneck
Altstadt
Shopping
Stadtgasse
Schloss Bruneck
Erdpyramiden

`Ziel`

befinden wir uns wieder in Tirol, genauer gesagt in Osttirol.

Die Region Tirol stand bis zum Ende des Ersten Weltkriegs unter einer gemeinsamen Herrschaft und wurde durch den 1919 geschlossenen Vertrag von Saint-Germain getrennt. Südtirol fiel an Italien, während Nordtirol und Osttirol fortan zu Österreich gehörten. Zwar bilden diese beiden seitdem ein gemeinsames Bundesland, sind räumlich jedoch durch das Bundesland Salzburg und eben durch italienisches

Bruneck ist idealer Ausgangspunkt für Wanderungen in der Umgebung.

Staatsgebiet (Südtirol) voneinander getrennt. Somit wird Osttirol oft auch als Tiroler Exklave bezeichnet.

Unterwegs in den Hohen Tauern

Durch das Tauerntal fahren wir an Matrei vorbei und folgen dem rund 27 Kilometer langen Fluss Isel durch das gleichnamige Tal bis Lienz. Dort biegen wir westwärts ab und gelangen durch das Drautal nach einer guten halben Stunde an den Grenzübergang zu Italien bzw. Südtirol, wo wir im Pustertal an den kleinen Ortschaften Innichen (San Candido) und Toblach (Dobbiaco) vorbeifahren. Beide Gemeinden sind beliebte Urlaubsorte, nicht zuletzt wegen ihrer malerischen Ortskerne.

Die SS 49 führt uns schließlich zum Ziel dieser Route nach Bruneck bzw. Brunico. Bruneck kann zwar im Vergleich nicht ganz mit Meran oder gar Bozen mithalten, ist aber auch einen Besuch wert (46.79604, 11.933483 oder alternativ: 46.796506, 11.933035). Zentraler Punkt Brunecks ist die Stadtgasse, die sich halbrund unterhalb des Schlossberges erstreckt. Sie beginnt am Ursulinentor, das nach dem gleichnamigen Kloster des 18. Jahrhunderts benannt wurde und verläuft als Fußgängerzone gen Osten, wo man nach Durchquerung des Unterrainertors den trapezförmigen sogenannten Oberragen betritt. Am Ende dieses Platzes erhebt sich die Pfarrkirche mit der größten Orgel Südtirols, die allerdings noch recht jung ist und aus dem Jahr 1983 stammt. Bei einem Bummel zwischen den Geschäften der Stadtgasse lohnt sich aber auch noch ein Blick in die Florianigasse, wo sich das Florianitor als weiteres von vier Stadttoren befindet. Mit einer schönen Fas-

Idyllische Picknickplätze warten am Pragser Wildsee.

» SEHENSWERTES

Erdpyramiden

Außerhalb von Bruneck lohnt sich der Besuch der Pyramiden. Selbstverständlich handelt es sich nicht um klassische Pyramiden, die von Menschenhand geschaffen wurden, sondern um kleine Erdpyramiden, die im Laufe der letzten Jahrhunderte durch Erosion und Auswaschungen entstanden. Sie befinden sich auf einer Höhe von rund 1600 bis 1700 Metern nördlich des Pustertals und können im Laufe eines Jahres durch weitere Erosionen ihr Aussehen leicht verändern. Es handelt sich um lehmhaltige Säulengebilde, von denen viele sehr filigran in die Höhe ragen und einige Meter groß sind. Besonders kurios wirken die zerbrechlich anmutenden Säulen, wenn noch ein Stein oder ein Fels auf der Spitze balanciert. Die Erdpyramiden sind von einem Wanderparkplatz (46.81247, 12.005733) aus in einer guten Dreiviertelstunde zu Fuß erreichbar.

sadenmalerei zeigt es neben dem Brunecker Wappen auch den heiligen Florian. Am Oberragen zweigt ein Fußweg ab, der uns in die Höhe bringt. Vorbei an der Rainkirche, die im ausgehenden 17. Jahrhundert barockisiert und mit einem schönen Zwiebelturm versehen wurde, geht es zu Schloss Bruneck. Die einstige Bischofsburg erhebt sich stolz auf einem leicht zugänglichen Hügel und ist heute eines der fünf Museen Reinhold Messners (Messner Mountain Museum, siehe Route 9).

Die mittelalterliche Festung Kufstein ist ein beliebtes Ausflugsziel in Tirol.

» PRAKTISCHE HINWEISE

TOURISTINFORMATIONEN

Tourismusverein Passeiertal, Passeirerstraße 40, 39015 St. Leonhard in Passeier, Tel. 0039/(0)473/65 61 88, www.passeiertal.it

Tourismusverein Sterzing, Stadtplatz 3, 39049 Sterzing, Tel. 0039/(0)472/76 53 25, www.sterzing.com

Innsbruck Tourismus, Burggraben 3, 6021 Innsbruck, Tel. 0043/(0)512/598 50, www.innsbruck.info

Kufstein Tourismus, Unterer Stadtplatz 8, 6330 Kufstein, Tel. 0043/(0)5372/622 07, www.kufstein.com

Kitzbühel Tourismus, Hinterstadt 18, 6370 Kitzbühel, Tel. 0043/(0)5356/666 60, www.kitzbuehel.com

Tourismusinformation Lienzer Dolomiten, Europaplatz 1, 9900 Lienz, Tel. 0043/(0)50/21 24 00, www.lienzerdolomiten.info

Bruneck Kronplatz Tourismus, Rathausplatz 7, 39031 Bruneck, Tel. 0039/(0)474/55 57 22, www.bruneck.com

KARTEN

Kümmerley + Frey, Alpenstraßen 1:700 000 oder Salzburg Süd Tirol-Osttirol 1:150 000 zusammen mit Vorarlberg Tirol-Südtirol 1:150 000.

CAMPINGPLÄTZE

Camping Meran, Piavestraße 44, 39012 Meran, Tel. 0039/(0)473/23 12 49, www.meran.eu (46.664179, 11.158673). Zentral gelegener Campingplatz, nur wenige Gehminuten vom Zentrum Merans entfernt.

Camping Passeier, Paseirerstraße 10, 39010 Saltaus, Tel. 0039/(0)473/64 54 54, www.campingpasseiermeran.com (46.727816, 11.201695). Schöne, ruhige Lage im Passeiertal. Verhältnismäßig enge und steile Zufahrt.

Camping Gilfenklamm, Jaufenstraße 2B, 39040 Sterzing, Tel. 0039/(0)472/77 91 32, www.camping-gilfenklamm.com (46.882433, 11.408185). In einem kleinen Wald gelegener Campingplatz außerhalb von Sterzing, rund 2 Kilometer von der Autobahn entfernt.

Camping Innsbruck Kranebitterhof, Kranebitterallee 216, 6020 Innsbruck, Tel. 0043/(0)512/27 95 58, www.campingplatz-innsbruck.at (47.263771, 11.326306). Großer Campingplatz im Westen von Innsbruck. Zwar unmittelbar am Innufer, aber auch in direkter Nähe zum Flugplatz.

Camping Innsbruck, Natterer See 1, 6161 Natters, Tel. 0043/(0)512/54 67 32, www.natterersee.com (47.237433, 11.338812). Campingplatz an einem kleinen See südlich von Innsbruck. Mit dem stündlich fahrenden Bus ist man in rund einer Stunde in der Innsbrucker Altstadt.

Schwimmbad Camping Hall, Scheidensteinstraße 24, 6060 Hall in Tirol, Tel. 0043/(0)699/15 85 52 68, www.cam-

Reinhold Messner hat mehrere Museen initiiert.

ping-hall.at (47.284306, 11.496319). Weniger als 1 Kilometer von der Altstadt Halls entfernt. 80 Stellplätze mit kostenlosem Zugang zum Freibad.

Camping Judenstein, Judenstein 40, 6074 Rinn, Tel. 0043/(0)5223/780 98 (47.26009, 11.505233). Günstiger Campingplatz in ruhiger Waldrandlage, südlich des Inns. Der Platz wird von den Kommunalbetrieben der kleinen Ortschaft Rinn, südlich von Hall, geführt.

Alpencamping Mark, Bundesstraße 12, 6114 Weer, www.alpencampingmark.com (47.306484, 11.648811). Am Ortsrand von Weer, im Talboden des Inns, direkt an der Bundesstraße. Verhältnismäßig günstig.

Inntal Camping, Wiesing 100, 6210 Wiesing, Tel. 0043/(0)5244/626 93, www.camping-inntal.at (47.405894, 11.805839). Großer Campingplatz in unmittelbarer Nachbarschaft zur Inntalautobahn, dadurch aber verkehrsgünstig gelegen und mit dem Angebot eines Transitplatzes (siehe Stellplätze).

Wohlfühlcamping, Gageringerstraße 1, 6263 Fügen, Tel. 0043/(0)5288/622 03, www.zillertal-camping.at (47.359471, 11.85201). Nur 3 Kilometer vom Inntal entfernt, bereits im Zillertal mit direkter Lage an der Bundesstraße. Großer Campingplatz mit allem erdenklichen Komfort.

Seencamping Stadlerhof, Seebühel 15, 6233 Kramsach, Tel. 0043/(0)5337/633 71, www.camping-stadlerhof.at (47.456481, 11.881692). Nur durch eine kleine, wenig befahrene Straße vom Krummsee entfernt, der Badezugang bietet.

Camping Seeblick Toni, Moosen 46, 6233 Kramsach, Tel. 0043/(0)5337/635 44, www.camping-seeblick.at (47.461033, 11.906722). Großer Campingplatz am Ostufer des Reintaler Sees mit zahlreichen Ausstattungsmerkmalen.

Campingplatz Maier Schwoich, Egerbach 54, 6334 Schwoich bei Kufstein, Tel. 0043/(0)5372/500 52, www.camping-maier.com (47.552743, 12.159223). Kleiner Campingplatz, rund 3 Kilometer südlich von Kufstein.

Sonnencamping Michelnhof, Weiberndorf 6, 6380 St. Johann, Tel. 0043/(0)5352/625 84, www.camping-michelnhof.at (47.511099, 12.408916). Kleiner Campingplatz südlich von St. Johann in Tirol. Das Ortszentrum ist durch einen rund 15-minütigen Fußweg zu erreichen.

Bruggerhof Camping, Reither Straße 24, Tel. 0043/(0)5356/628 06, www.bruggerhof-camping.at (47.459219, 12.361619). Großer Campingplatz mit allen Möglichkeiten. Rund 2 Kilometer außerhalb von Kitzbühel, durch einen kleinen Wald vom Schwarzsee getrennt.

Camping Edengarten, 9971 Matrei i. Osttirol, Tel. 0043/(0)4875/51 11, www.campingedengarten.at (46.995208, 12.539004). Campingplatz mit 80 Stellplätzen, Freibad und Reithalle. Schöne Lage am Südrand von Ma-

Immer wieder kreuzen sich Autobahn und Bundesstraße.

trei und guter Ausgangspunkt für Wandertouren durch die Hohen Tauern.

Camping Falken, Falkenweg 7, 9900 Lienz, Tel. 0043/(0)664/410 79 73, www.camping-falken.com (46.822595, 12.770908). Kleiner Platz am Rande von Lienz. Das Zentrum ist nach 10 Minuten Fußweg zu erreichen.

Camping Lienzer Dolomiten, Tassenbach 23, 9918 Strassen, Tel. 0043/(0)4842/52 28, www.camping-tirol.at (46.745706, 12.463302). Rund 5 Kilometer vor der österreichisch-italienischen Grenze gelegener, kleiner Campingplatz.

Camping Olympia, 39034 Toblach, Tel. 0039/(0)474/97 21 47, www.camping-olympia.com (46.734327, 12.193756). Großer, baumbestander Campingplatz direkt an der SS 49 bei Toblach inklusive Tierpark für Kinder.

Camping Residence Chalet Corones, Rasen-Antholz 124, 39030 Rasen-Antholz, www.corones.com (46.77577, 12.037506). Großer Campingplatz mit zahlreichen Einrichtungen.

STELLPLÄTZE

Sterzing (46.88027, 11.438296). Im Süden von Sterzing befindet sich ein Autohof neben der Autobahn. Dort ist auch das kostenpflichtige Übernachten für Wohnmobile gestattet. Strom und Ver- und Entsorgung vorhanden. Durch die Lage nicht besonders ruhig, aber für eine Zwischenübernachtung vertretbar.

Gries am Brenner (47.066541, 11.472149). Der Gasthof Humlerhof in Gries am Brenner (Nößlach 483) bietet einen Parkplatz auch für Wohnmobile an. Kein Strom und keine Entsorgungsmöglichkeit.

Schwimmbad Camping Hall, Scheidensteinstraße 24, 6060 Hall in Tirol, Tel. 0043/(0)699/15 85 52 68, www.camping-hall.at (47.284306, 11.496319). Weniger als 1 Kilometer von der Altstadt Halls entfernt. Im Winter ist der Campingplatz geschlossen, aber es bleiben 10 Stellplätze ganzjährig zur Verfügung. Die Sanitäreinrichtungen sind dann nicht zugänglich, Strom sowie Ver- und Entsorgung sind jedoch auch im Winter vorhanden.

Stellplatz Schwaz, Königfeldweg, 6130 Schwaz (47.346489, 11.70432). Am Rande eines Parkplatzes, zentral gelegen. Entsorgungsmöglichkeit.

Inntal Camping, Wiesing 100, 6210 Wiesing, Tel. 0043/(0)5244/626 93, www.camping-inntal.at (47.405803, 11.805415). Der Campingplatz bietet auf dem eigenen Parkplatz einen sogenannten Transitplatz als Stellplatz für Durchgangsreisende an. Strom und Frischwasser sind vorhanden.

Seencamping Stadlerhof, Seebühel 15, 6233 Kramsach, Tel. 0043/(0)5337/633 71, www.camping-stadlerhof.at

Zu den berühmten Gipfeln der Hohen Tauern zählen Großvenediger und Großer Muntanitz.

(47.456481, 11.881692). Nur durch eine kleine, wenig befahrene Straße vom Krummsee entfernt, der Badezugang bietet. Der Campingplatz bietet auf dem eigenen Parkplatz auch einen Übernachtungsplatz für 20 Wohnmobile in der Zeit zwischen 19 und 9 Uhr an, der geringfügig günstiger ist als die Übernachtung auf dem Campingplatz.

Als Alternative zu den Übernachtungen in Tirol bietet sich bei Kufstein der Grenzübertritt nach Deutschland an, wo Kiefersfelden direkt an Österreich grenzt und mehrere Wohnmobilstellplätze beherbergt:

Stellplatz am Hödenauer See, www.wetsports.de (47.628423, 12.189352). Über die Landstraße nur 7 Kilometer von Kufstein entfernt. Kostenpflichtiger Stellplatz an der Wasserskianlage des kleinen Sees. Die Skianlage ist nur im Sommer in Betrieb, der Stellplatz kann ganzjährig genutzt werden.

Kiefersfelden, Rathausplatz (47.612883, 12.189716). 8 Stellflächen am Rathaus und in unmittelbarer Nachbarschaft zum Schwimmbad, direkt im Ortszentrum.

Stellplatz Friedberg, Scheffau 96, 5741 Neukirchen am Großvenediger, Tel. 0043/(0)6565/648 60, www.panorama-stellplatz.at (47.238707, 12.241483). Kleiner, privater Stell-platz des Restaurants Friedberg. Weitab von der im Buch vorgeschlagenen Route (21 Kilometer westlich von Mittersil), jedoch leicht über die Bundesstraße 165 zu erreichen und einer der wenigen Stellplätze der Region. Bei Verzehr im Gasthof ist die Übernachtung kostenlos, ansonsten ein geringes Entgelt. Ruhig gelegen. Strom sowie Ver- und Entsorgung vorhanden.

Stellplatz Innichen (46.73903, 12.365635), direkt an der SS 49, kurz hinter dem Grenzübergang auf Südtiroler Seite.

Stellplätze am Pragser Wildsee (46.701157, 12.085335), es handelt sich zwar nicht um offizielle Stellplätze, doch die Parkwächter ermöglichen es, gegen ein höheres Parkentgelt, auch über Nacht zu parken.

PÄSSE

Timmelsjoch (2474 m), optional und nur unter bestimmten Voraussetzung
Jaufenpass (2094 m)
Brennerpass (1370 m)
Thurn Pass (1273 m)
Besonderheiten
Durchquerung des Felbertauerntunnels

11 AUF DEN SPUREN DER PROMINENZ

Von Innsbruck bis Salzburg

Start- und Endpunkt: Innsbruck und Salzburg   **Beste Jahreszeit:** Frühjahr bis Herbst   **Streckenlänge:** Rund 210 km   **Fahrzeit:** 2 bis 3 Tage   **Mautstrecken:** Tatzelwurmstraße, Vignettenpflicht auf österreichischen Autobahnen

Durch das weite Inntal reisen wir bis zum abzweigenden Achental, wo uns mit dem Achensee das sogenannte Meer Tirols erwartet. Auf der einen Seite der funkelnde See, auf der anderen Seite die hohen Gipfel von Karwendel und Rofan fahren wir durch eine wunderbare Landschaft und verlassen auf diesem Wege Österreich. Auf deutscher Seite passieren wir das Kurbad Kreuth und steuern mit dem Tegernsee auf das nächste Gewässer zu. Diesem folgt der kleinere, aber ebenfalls sehenswerte Schliersee, bevor wir die Möglichkeit haben, einen Abstecher zum attraktiven Spitzingsee einzulegen. Doch unser Weg wird nicht nur von ruhigen Gewässern begleitet. Rauschend und sehenswert fällt das Wasser durch die Engstelle des Tatzelwurms, von wo aus wir wieder in das Inntal gelangen und unsere Reise später am Ufer des bayerischen Meeres, dem Chiemsee, fortsetzen. Zum Abschluss der Runde gelangen wir erneut nach Österreich und wandeln auf den Spuren des legendären Komponisten Mozart.

Wildbad Kreuth: Berühmt ist das Bildungszentrum, in dem die CSU tagt.

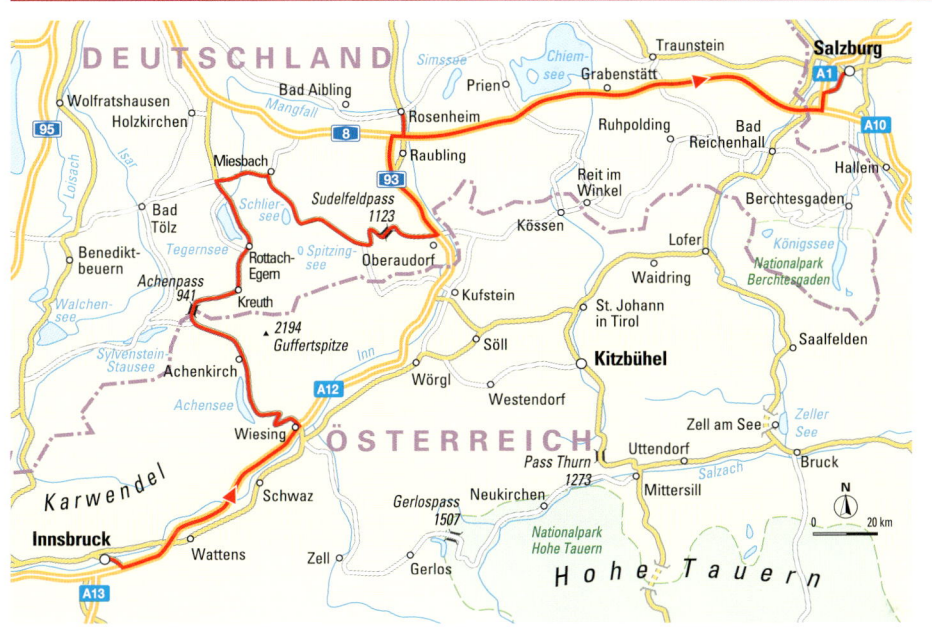

Start

Innsbruck
Altstadt
Goldenes Dachl
Innsbrucker Dom
Hofburg
Hungerburgbahn
Herzog-Friedrich-Straße
Maria-Theresien-Straße
Triumphpforte
Bergiselschanze
Tirol Panorama
Kaiserjäger-museum
Achensee
Rofanspitze
Guffertspitze A 12
Achenpass B 181
75 km B 307

Wildbad Kreuth

Durch das Inntal und das Achental

Nach einem ausgiebigen Stadtrundgang durch Innsbruck (siehe Route 10) verlassen wir die Landeshauptstadt Tirols in östliche Richtung und folgen dem Lauf des Inns bis Jenbach, wo wir auf die Bundesstraße 181 abbiegen und wenig später mit dem Achensee das sogenannte Tiroler Meer erreichen. Er ist der größte See des Bundeslandes und hat eine Tiefe von bis zu 133 Metern, wobei das Wasser recht klar ist und man stellenweise bis zu zehn Meter tief blicken kann. Der See liegt im gleichnamigen Achental, das das Karwendelgebirge von den Brandenberger Alpen trennt.

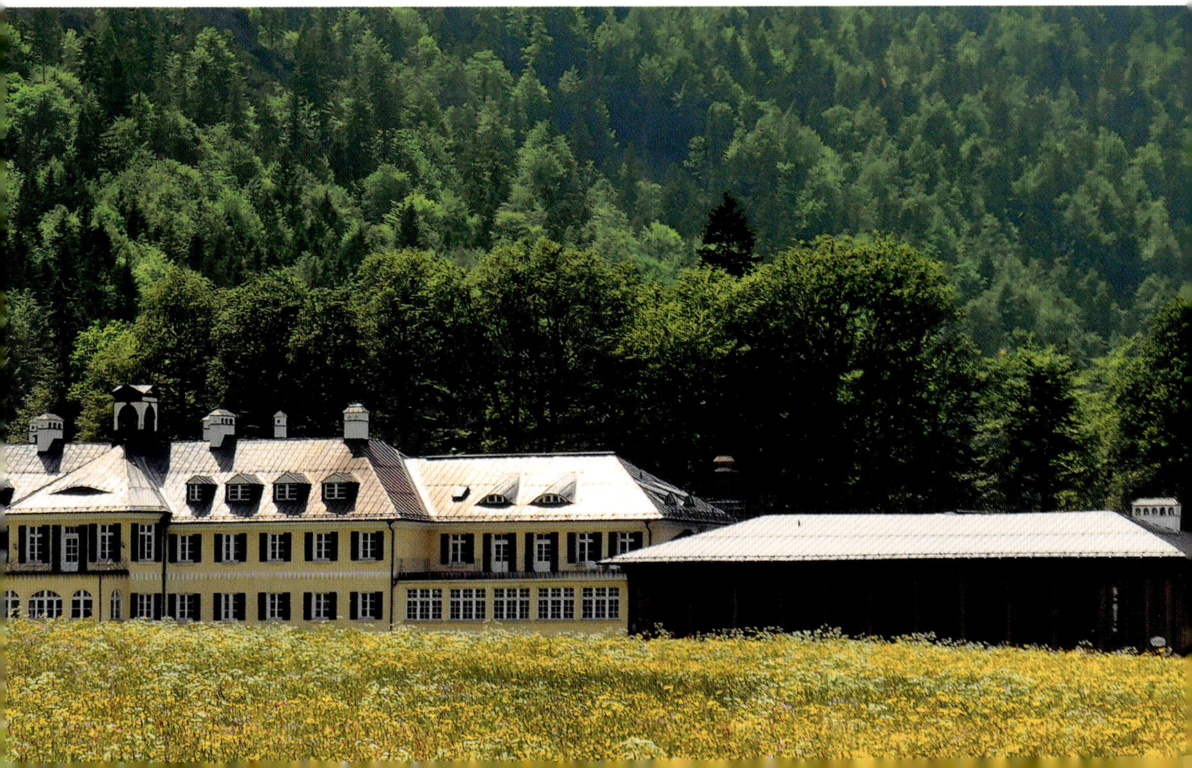

Die Guffertspitze präsentiert sich im oberen Bereich als schroffer Fels.

» WANDERTIPP

Wanderweg zum Dalfazer Wasserfall

In Maurach südlich vom Achensee gelangt man nicht nur mit der Rofanseilbahn auf die Rofanspitze und kann von dort die Aussicht genießen, sondern dort beginnt an der Talstation (47.424309, 11.751486) auch ein kleiner Wanderweg in geringerer Höhe zum Dalfazer Wasserfall. Auf dem Wanderweg gibt es immer wieder fantastische Blicke über den See hinweg auf das gegenüberliegende Karwendelmassiv, bis man eine Aussichtsplattform unterhalb des 60 Meter hohen Wasserfalls erreicht. Wenn im Frühling die Schneeschmelze eingesetzt hat, präsentiert sich der rauschende Wasserfall besonders eindrucksvoll. Über einen breiten Forstweg kann man hinab bis zum Achensee gehen und an seinem Ufer wieder zurück zur Talstation. Kurz hinter Achenkirch zweigt nördlich vom See eine Straße zur **Guffertspitze** ab. Der Guffert ist ein 2194 Meter hoher Berg in den Brandenberger Alpen, der verhältnismäßig einfach zu begehen ist. Lediglich die letzten rund 100 Höhenmeter sind anspruchsvoller und verlangen etwas mehr Trittsicherheit. Bei der rund vierstündigen Tour je Strecke wandert man in zahlreichen Serpentinen am Hang hinauf und hat wunderbare Ausblicke auf das gegenüberliegende Karwendelgebirge. Idealer Ausgangspunkt ist der kostenpflichtige Parkplatz am Gasthof Waldhäusl in Steinberg am Rofan (47.521012, 11.787889).

Treffen mit Spitzenpolitikern in Wildbad Kreuth

Das Achental verlassen wir über den gerade einmal 941 Meter hohen Achenpass auf deutscher Seite und fahren zwischen den Gipfeln des Mangfallgebirges an Wildbad Kreuth vorbei. Das Wildbad ist ein ehemaliges Kurbad, das bereits Ende des 15. Jahrhunderts erstmalig erwähnt wurde und so prominente Persönlichkeiten wie Zar Nikolaus I. und Kaiser Franz Josef I. beherbergte. Auch heute noch kommen alljährlich in der ersten Januarwoche zahlreiche Prominente aus der Politik zusammen, wenn die CSU zu ihrer Klausurtagung im Bildungszentrum von Wildbad Kreuth zusammentrifft. Von einem kostenpflichtigen Wanderparkplatz aus, der auch als Übernachtungsplatz genutzt werden darf, erreicht man das Kurhaus in wenigen Minuten. Es lohnt sich jedoch, auf den zahlreichen Wanderwegen der Umgebung eine Tagestour einzulegen. Auf dem Kiem-Pauli-Weg kommt man zum Beispiel zu der sehr schön gelegenen, rustikalen Almwirtschaft Siebenhütten.

Prominenz am Tegernsee und Schliersee

Durch das bewaldete Tal der Weißach gelangen wir mit dem Wohnmobil wenig später zum Tegernsee, der nicht nur ein beliebtes Ausflugsziel ist. Auch hier kann man den einen oder anderen Prominenten antreffen.

Alpen-Idyll pur: Achensee vor der Karwendel-Kulisse

Zahlreiche berühmte Personen aus dem Bereich Unterhaltung, Sport und Politik wohnen am Tegernsee. Entstanden ist der See, nachdem sich der Inn-Gletscher vor rund 20 000 Jahren zurückgezogen hatte. Dieser Gletscher kam aus dem Engadin in der Schweiz und floss durch das gesamte heutige Inntal in Tirol. Beachtlich hierbei ist, dass der Tegernsee nur durch einen Seitenarm, einen sogenannten Zweiggletscher, entstanden ist.

Am Ostufer des Sees erstreckt sich die gleichnamige Ortschaft (47.713784, 11.757734), in der das Kloster Tegernsee eine der Hauptattraktionen bildet und bis zur Säkularisation als wichtigste Abtei der Benediktiner in Oberbayern galt.

Am Nordufer des Tegernsees zweigt die Schlierseer Straße ab, die uns in den Ort und zum Gewässer namens Schliersee bringt. Sowohl See als auch Ort sind deutlich kleiner als der Tegernsee, aber nicht weniger schön. Während die Ortschaft am Nordufer (47.735304, 11.859628) sehr gemütlich wirkt und zum Verweilen einlädt, befindet sich südlich vom Schliersee ein sehenswertes Bauernhof- und Wintersportmuseum. Das Freilichtmuseum zeigt mehrere Bauernhöfe aus der Region, die zum Teil aus dem 18. Jahrhundert stammen. Initiator des Museums ist der zweifache Olympiasieger und ehemalige Skirennfahrer Markus Wasmeier, der dem Museum seinen Namen verlieh und es im Jahr 2007 in seinem Heimatort feierlich eröffnete. Markus Wasmeier Freilichtmuseum Schliersee, Brunnbichl 5, 83727 Schliersee, Tel. 0049/(0)8026/92 92 20.

Abstecher zum malerischen Spitzingsee

Kurz hinter dem Markus Wasmeier Bauernhofmuseum zweigt eine kleine Straße von der B 307 ab, die uns als Abstecher hinauf zum Spitzingsee (47.6659, 11.8883) bringt. Der Spitzingsee ist der kleinste von den bisher besuchten Seen, liegt aber in wunderbarer Lage auf über 1000 Metern Höhe. Neben der Möglichkeit, den See zu Fuß zu umrunden, kann man eine Wanderung mit sehr wenigen Höhenmetern sogar zu einer gemütlichen Tagestour ausweiten. Dazu bietet sich das weite Valepptal südlich des Sees an, durch das der See in Richtung Inntal abfließt. Ideal kombiniert werden kann der Besuch des Sees mit einer Übernachtung auf dem dort sehr ruhigen Wohnmobilstellplatz direkt am Seeufer. Östlich des Spitzingsees erhebt sich die Rotwand aus dem Mangfallgebirge, die im Jahr 2006 Schauplatz einer Erschießung wurde. Das Opfer hieß Bruno und war ein Braunbär, der wochenlang mediale Aufmerksamkeit erhielt, als er von Italien aus nach Bayern einwanderte und damit nach 170 Jahren der erste Bär war, der in freier Wildbahn in Deutschland auftrat.

Während der Weiterfahrt auf der Bundesstraße 307 sehen wir zu unserer Linken den Wendelstein, dessen Gipfel mit einer Zahnradbahn erreicht werden kann und passieren Bayrischzell. Die Ortschaft liegt am Fuße des Sudelfelds, einem beliebten Skigebiet in den bayerischen Alpen. Über zwei Serpentinen und eine kurvenreichen Straße geht es hinauf zum Sudelfeld, wo gleichzeitig der unscheinbare Sudelfeldpass mit einer Höhe von 1123 Metern überquert wird.

Das Wasser rauscht durch den Tatzelwurm

Auf der Ostseite des Passes verläuft die Straße geradewegs zum Tatzelwurm genannten Wasserfall. Von zwei verschiedenen Wanderparkplätzen (47.670607, 12.080626) aus ist der Tatzelwurm in wenigen Schritten gut zu Fuß erreichbar. Die bis zu zehn Meter hohen Fälle entstehen durch das Wasser des Auerbachs, das durch eine enge Schlucht spektakulär in die Tiefe stürzt. Der Name der Kaskaden geht auf das Fabeltier Tatzelwurm zurück, das einen verschlingen würde, wenn man unvorsichtigerweise in die Schlucht fällt.

Auf der privaten und daher kostenpflichtigen Tatzelwurmstraße fahren wir nordwärts und verlieren nicht nur deutlich an Höhe, sondern durchqueren auch einen schmalen Tunnel. Erst am Ende der Abfahrt ist die geringe Mautgebühr zu bezahlen und gleich dahinter erscheint auf der linken Seite die Talstation der Wendelsteinzahnradbahn.

Die Wendelsteinzahnradbahn gehört zu den letzten vier verbliebenen Zahnradbah-

Wildbad Kreuth
Tegernsee
Schliersee
Markus Wasmeier
Freilichtmuseum
Schliersee
Spitzingsee
45 km B 307

Bayrischzell
Tatzelwurm
Tatzelwurmstraße
Wendelstein-
zahnradbahn B 307
37 km A 93

Rosenheim

So allein ist man am Schliersee nur selten.

nen Deutschlands und steht unter Denkmalschutz. Da sie einige Jahre vor der Zugspitzbahn eröffnet wurde, ist sie zudem die älteste Bahn ihrer Art in Bayern. Bis zum Bergbahnhof Wendelstein legt sie gut 7,5 Kilometer bei einem Höhenunterschied von über 1200 Metern zurück. Die Fahrzeit beträgt hierfür rund 20 Minuten.

Tirols Bergwelt erschließt sich am besten auf ausgedehnten Wanderungen.

Nach den kleinen Landstraßen und der engen Tatzelwurmstraße geht es auf den folgenden Kilometern wesentlich zügiger voran.

Das Inntal durchqueren wir auf der Autobahn 93, die in die Autobahn 8 mündet.

Durch das Chiemgau am bayerischen Meer entlang

Auf dem weiteren Weg auf der Autobahn 8 passieren wir den Chiemsee zu unserer Linken. Er ist das Herzstück der Region Chiemgau und wird oft auch als das bayerische Meer bezeichnet. Besonders schön

ist der Anblick des Chiemsees vom Nord- ufer aus, wenn am Horizont die Alpengipel zu erkennen sind. Bekannt ist das Gewäs- ser durch seine beiden größten Inseln Her- renchiemsee und Frauenchiemsee. Letztere beherbergt ein Kloster der Benediktinnerin- nen. Herrenchiemsee steht jedoch für das gleichnamige Schloss, das im Auftrag von König Ludwig II. erbaut und dem Schloss von Versailles nachempfunden wurde. Nachdem die Wohnräume des Schlosses

im Jahr 1885 fertiggestellt wurden, hielt sich der König ganze neun Tage im Schloss Her- renchiemsee auf. Im Jahr darauf verstarb König Ludwig II. und die restlichen Bauar- beiten wurden komplett eingestellt. Von mehreren Orten rund um den See gibt es Möglichkeiten, mit dem Schiff zu den bei- den Inseln zu gelangen. Die kürzeste und klassischste Abfahrt findet ab Prien statt, wo es auch die größten Parkplätze gibt (47.860538, 12.363974).

Die Festung Hohensalzburg ist das Wahrzeichen der Stadt.

bäude wie die Alte Residenz, die zahlreiche Prunkräume beherbergt und in der Mozart vor dem Bischof musizierte. Die Neue Residenz hingegen ist Standort für das Salzburg-Museum, in dem die umfangreiche Kunst- und Kulturgeschichte der Stadt präsentiert wird. Weitere bedeutende und sehenswerte Bauten sind das Rathaus aus dem 14. Jahrhundert und der Hofmarstall, der das Zentrum der Salzburger Festspiele bildet. Diese finden seit 1920 alljährlich in den Sommermonaten statt und zeigen ein umfangreiches Opern- und Konzertprogramm.

Unmittelbar neben der Altstadt erhebt sich der Festungsberg mit dem Wahrzeichen der Stadt, der Festung Hohensalzburg. Sie zählt zu den beliebtesten Sehenswürdigkeiten des Alpenlandes und ihr Bau begann im 11. Jahrhundert mit einem Wohnturm und einer Kirche, die von einem Mauerring umgeben waren. In den folgenden Jahrhunderten wurde die Festung immer weiter in ihren heutigen Zustand um- und ausgebaut. Mit der Festungsbahn kann man auf den Burgberg fahren und dort einen Teil der Prunkräume

besichtigen oder eines der dort untergebrachten Museen, wie das Festungsmuseum oder das Rainer-Regimentsmuseum der k.u.k.-Monarchie, besuchen.

Selbstverständlich existieren noch zahlreiche weitere Sehenswürdigkeiten in der Stadt, die hier jedoch den Rahmen sprengen würden – nicht umsonst gibt es ganze Bücher über Salzburg. Doch eine bedeutende Straße darf nicht ausgelassen werden. Die Getreidegasse hat sich durch ihre Zunftzeichen über den Ladenlokalen ihr mittelalterliches Ambiente bewahren können. Sie besteht aus zahlreichen Häusern des 14. bis 16. Jahrhunderts und beinahe jedes hat eine eigene Geschichte zu erzählen. Das wohl bekannteste Haus, das zugleich die meisten Besucher anzieht, ist das Geburtshaus von Mozart mit der Hausnummer 9. Über ein Vierteljahrhundert lebten die Eltern des späteren Komponisten im dritten Stock des Gebäudes, Wolfgang Amadeus erblickte hier als ihr siebtes Kind das Licht der Welt. Bereits seit 1880 ist in dem Gebäude das Mozartmuseum untergebracht, das über sein Leben und Wirken informiert.

ist der Anblick des Chiemsees vom Nordufer aus, wenn am Horizont die Alpengipel
zu erkennen sind. Bekannt ist das Gewässer durch seine beiden größten Inseln Her-
renchiemsee und Frauenchiemsee. Letztere
beherbergt ein Kloster der Benediktinneri-
nen. Herrenchiemsee steht jedoch für das
gleichnamige Schloss, das im Auftrag von
König Ludwig II. erbaut und dem Schloss
von Versailles nachempfunden wurde.
Nachdem die Wohnräume des Schlosses

im Jahr 1885 fertiggestellt wurden, hielt sich
der König ganze neun Tage im Schloss Her-
renchiemsee auf. Im Jahr darauf verstarb
König Ludwig II. und die restlichen Bauar-
beiten wurden komplett eingestellt. Von
mehreren Orten rund um den See gibt es
Möglichkeiten, mit dem Schiff zu den beiden Inseln zu gelangen. Die kürzeste und
klassischste Abfahrt findet ab Prien statt,
wo es auch die größten Parkplätze gibt
(47.860538, 12.363974).

bäude wie die Alte Residenz, die zahlreiche Prunkräume beherbergt und in der Mozart vor dem Bischof musizierte. Die Neue Residenz hingegen ist Standort für das Salzburg-Museum, in dem die umfangreiche Kunst- und Kulturgeschichte der Stadt präsentiert wird. Weitere bedeutende und sehenswerte Bauten sind das Rathaus aus dem 14. Jahrhundert und der Hofmarstall, der das Zentrum der Salzburger Festspiele bildet. Diese finden seit 1920 alljährlich in den Sommermonaten statt und zeigen ein umfangreiches Opern- und Konzertprogramm.

Unmittelbar neben der Altstadt erhebt sich der Festungsberg mit dem Wahrzeichen der Stadt, der Festung Hohensalzburg. Sie zählt zu den beliebtesten Sehenswürdigkeiten des Alpenlandes und ihr Bau begann im 11. Jahrhundert mit einem Wohnturm und einer Kirche, die von einem Mauerring umgeben waren. In den folgenden Jahrhunderten wurde die Festung immer weiter in ihren heutigen Zustand um- und ausgebaut. Mit der Festungsbahn kann man auf den Burgberg fahren und dort einen Teil der Prunkräume

besichtigen oder eines der dort untergebrachten Museen, wie das Festungsmuseum oder das Rainer-Regimentsmuseum der k.u.k.-Monarchie, besuchen.

Selbstverständlich existieren noch zahlreiche weitere Sehenswürdigkeiten in der Stadt, die hier jedoch den Rahmen sprengen würden – nicht umsonst gibt es ganze Bücher über Salzburg. Doch eine bedeutende Straße darf nicht ausgelassen werden. Die Getreidegasse hat sich durch ihre Zunftzeichen über den Ladenlokalen ihr mittelalterliches Ambiente bewahren können. Sie besteht aus zahlreichen Häusern des 14. bis 16. Jahrhunderts und beinahe jedes hat eine eigene Geschichte zu erzählen. Das wohl bekannteste Haus, das zugleich die meisten Besucher anzieht, ist das Geburtshaus von Mozart mit der Hausnummer 9. Über ein Vierteljahrhundert lebten die Eltern des späteren Komponisten im dritten Stock des Gebäudes, Wolfgang Amadeus erblickte hier als ihr siebtes Kind das Licht der Welt. Bereits seit 1880 ist in dem Gebäude das Mozartmuseum untergebracht, das über sein Leben und Wirken informiert.

ist der Anblick des Chiemsees vom Nord-ufer aus, wenn am Horizont die Alpengipel zu erkennen sind. Bekannt ist das Gewäs-ser durch seine beiden größten Inseln Her-renchiemsee und Frauenchiemsee. Letztere beherbergt ein Kloster der Benediktinneri-nen. Herrenchiemsee steht jedoch für das gleichnamige Schloss, das im Auftrag von König Ludwig II. erbaut und dem Schloss von Versailles nachempfunden wurde. Nachdem die Wohnräume des Schlosses im Jahr 1885 fertiggestellt wurden, hielt sich der König ganze neun Tage im Schloss Her-renchiemsee auf. Im Jahr darauf verstarb König Ludwig II. und die restlichen Bauar-beiten wurden komplett eingestellt. Von mehreren Orten rund um den See gibt es Möglichkeiten, mit dem Schiff zu den bei-den Inseln zu gelangen. Die kürzeste und klassischste Abfahrt findet ab Prien statt, wo es auch die größten Parkplätze gibt (47.860538, 12.363974).

» SEHENSWERTES

Rosenheim

Am Übergang der Autobahn 93 in die Autobahn 8 kann sich ein kleiner Zwischenstopp in einer der größeren Städte Oberbayerns, in Rosenheim, lohnen. Als Wahrzeichen der Stadt gilt das Mittertor in der Fußgängerzone, das im 14. Jahrhundert erbaut wurde und das einzige erhaltene von ehemals fünf Stadttoren ist. Schon seit 130 Jahren ist in den Räumlichkeiten des Mittertores das Städtische Museum Rosenheims untergebracht. Es informiert in über 20 Räumen über die Geschichte der Stadt von der Besiedlung durch die Römer bis in die Gegenwart. Städtisches Museum, Ludwigsplatz 26, 83022 Rosenheim, Tel. 0049/(0)8031/365 87 51, www.museum.rosenheim.de. Nicht minder sehenswert, besonders bei Veranstaltungen, ist der Lokschuppen. Das halbrunde Gebäude diente einst als Eisenbahnremise, also als Depot, und wurde Ende der 1980er-Jahre zum heutigen Ausstellungsgebäude umgebaut. Seither finden meist von April bis November jährlich wechselnde Ausstellungen zu interessanten Themen statt. Im Jahr 2013 befasste sich der Lokschuppen mit Alexander dem Großen, 2014 folgte die völkerkundliche Ausstellung über die Inkas und für das Jahr 2015 lautet das Thema Regenwald. Dabei werden nicht nur Flora und Fauna präsentiert, sondern auch die in den Tropen lebenden Völker. Lokschuppen, Rathausstraße 24, 83022 Rosenheim, Tel. 0049/(0)8031/365 90 36, www.lokschuppen.de.

Neben dem Schloss und den Inseln lohnt sich ein Aufenthalt am Chiemsee, aber auch wegen der zahlreichen Naturbeobachtungsstationen. Um den ganzen See herum wurde ein Netz dieser Stationen errichtet, das überwiegend aus verschiedenen Aussichtstürmen und Plattformen besteht. Auch auf der Herreninsel informieren Hinweistafeln über den Naturraum, hier im Speziellen über Fledermäuse, die im Dachboden des Schlosses leben und mittels Videoübertragung in der Fledermausausstellung im Innenhof beobachtet werden können.

Die Salzregion der Alpen

Kurz vor der deutsch-österreichischen Grenze stoßen wir auf Bad Reichenhall. Der Ort ist bundesweit durch das Salz bekannt, das hier schon zu Zeiten der Römer, evtl. sogar noch früher, produziert wurde. Über die Jahrhunderte hinweg und bis in die heutige Zeit ist das Salz bzw. die Saline ausschlaggebend für die Entwicklung des Ortes gewesen. Mitte des 19. Jahrhunderts wurde das damalige Reichenhall zu einem Kur- und Badeort ernannt. Seit 1890 trägt die Stadt den Zusatz Bad. Traurige Schlagzeilen machte die Stadt Anfang des Jahres 2006, als das Dach der örtlichen Eissporthalle unter schwerer Schneelast zusammenbrach. Bei diesem Unglück starben 15 Menschen.

In der Folge wurden zahlreiche ähnliche Hallenbauten in ganz Deutschland auf ihre Dachlast überprüft, gesperrt und teilweise abgerissen. An dem Unglücksort an der Münchener Allee befindet sich heute eine Gedenkstätte. Im Süden von Bad Reichenhall, unweit vom Rathaus entfernt, kann man gleich unterhalb der Burg Gruttenstein die Alte Saline besichtigen. Diese einstige Industrieanlage wurde 1834 erbaut und beherbergt heute das Salzmuseum der Stadt. Sportliche und erholungssuchende Wohnmobilisten kommen in der Rupertus-Therme voll auf ihre Kosten. Eine großzügige Thermenlandschaft mit Solebad, Saunen, Fitnesscenter und zahlreichen weiteren Möglichkeiten wird in dem 2005 eröffneten Spa- und Familienresort angeboten. Der angrenzende Wohnmobilstellplatz wird von der Therme betrieben, weshalb es ab drei Übernachtungen auf dem Stellplatz einen Wertgutschein für die Therme gibt.

Besuch bei Wolfgang Amadeus Mozart in Salzburg

In der nächsten Stadt, die das Salz sogar in ihrem Namen trägt, wird es für den Wohnmobilisten nicht ganz so einfach. Salzburg in Österreich hat leider keinen Wohnmobilstellplatz und selbst die Parkplatzsituation ist, höflich ausgedrückt, eher bescheiden.

Selbst die Stadtverwaltung verweist lieber auf die Stellplätze in Bad Reichenhall und Freilassing auf deutscher Seite. Die citynahen Parkplätze am Mirabellplatz (47.805804, 13.043123) und in der Lindhofstraße (47.805302, 13.032974) dürften den meisten Wohnmobilisten angesichts der Preise wenig Freude machen. Unverständlicherweise kostet das Parken eines Fahrzeuges mit mehr als 2,50 Meter Höhe mehr als das Parken eines niedrigeren Pkw und liegt bei 1,10 Euro je halbe Stunde bzw. bei 1,60 Euro je 20 Minuten. Der südlich gelegene P+R-Parkplatz in der Alpenstraße darf von Wohnmobilen mittlerweile gar nicht mehr genutzt werden. Trotz der Wohnmobilunfreundlichkeit der Stadt Salzburg ist das Zentrum natürlich trotzdem sehenswert. Daher bleibt nur die Möglichkeit, auf einen der Campingplätze auszuweichen oder das Wohnmobil auf deutschem Boden stehen zu lassen und mit dem grenzüberschreitenden Personennahverkehr in die Stadt zu fahren, was ab dem Stellplatz in Freilassing kein Problem darstellt.

Hat man Salzburg jedoch erst einmal erreicht, so wandelt man auf den Spuren von Wolfgang Amadeus Mozart im historischen Zentrum, das seit 1996 auf der Weltkulturerbeliste der Unesco verzeichnet ist. Zwar erstreckt sich die Altstadt auf beiden Seiten der Salzach, doch das lebhafteste Treiben findet am linken Flussufer rund um den Domplatz statt. Die westliche Hauptfassade des Doms ist mit einer geschlossenen Marmorverkleidung versehen und auch im Inneren des Barockbaus geht es sehenswert weiter. Dazu gehört zum Beispiel der Hochaltar aus dem 17. Jahrhundert, der ebenfalls aus Marmor besteht. Die 71 Meter hohe Domkuppel ist mit Fresken versehen, die Szenen aus dem Alten Testament zeigen.

In unmittelbarer Nähe zum Dom erheben sich noch die Stiftskirche St. Peter und die älteste Pfarrkirche der Stadt, St. Michael, sowie die Franziskanerkirche und die barocke Kollegienkirche, auch Universitätskirche genannt. Neben diesen zahlreichen sakralen Bauwerken auf engem Raum existieren selbstverständlich auch noch weltliche Ge-

Mit etwas Glück bekommt man sogar eine Gams zu Gesicht.

Die Festung Hohen-salzburg ist das Wahrzeichen der Stadt.

bäude wie die Alte Residenz, die zahlreiche Prunkräume beherbergt und in der Mozart vor dem Bischof musizierte. Die Neue Residenz hingegen ist Standort für das Salzburg-Museum, in dem die umfangreiche Kunst- und Kulturgeschichte der Stadt präsentiert wird. Weitere bedeutende und sehenswerte Bauten sind das Rathaus aus dem 14. Jahrhundert und der Hofmarstall, der das Zentrum der Salzburger Festspiele bildet. Diese finden seit 1920 alljährlich in den Sommermonaten statt und zeigen ein umfangreiches Opern- und Konzertprogramm.

Unmittelbar neben der Altstadt erhebt sich der Festungsberg mit dem Wahrzeichen der Stadt, der Festung Hohensalzburg. Sie zählt zu den beliebtesten Sehenswürdigkeiten des Alpenlandes und ihr Bau begann im 11. Jahrhundert mit einem Wohnturm und einer Kirche, die von einem Mauerring umgeben waren. In den folgenden Jahrhunderten wurde die Festung immer weiter in ihren heutigen Zustand um- und ausgebaut. Mit der Festungsbahn kann man auf den Burgberg fahren und dort einen Teil der Prunkräume

besichtigen oder eines der dort untergebrachten Museen, wie das Festungsmuseum oder das Rainer-Regimentsmuseum der k.u.k.-Monarchie, besuchen.

Selbstverständlich existieren noch zahlreiche weitere Sehenswürdigkeiten in der Stadt, die hier jedoch den Rahmen sprengen würden – nicht umsonst gibt es ganze Bücher über Salzburg. Doch eine bedeutende Straße darf nicht ausgelassen werden. Die Getreidegasse hat sich durch ihre Zunftzeichen über den Ladenlokalen ihr mittelalterliches Ambiente bewahren können. Sie besteht aus zahlreichen Häusern des 14. bis 16. Jahrhunderts und beinahe jedes hat eine eigene Geschichte zu erzählen. Das wohl bekannteste Haus, das zugleich die meisten Besucher anzieht, ist das Geburtshaus von Mozart mit der Hausnummer 9. Über ein Vierteljahrhundert lebten die Eltern des späteren Komponisten im dritten Stock des Gebäudes, Wolfgang Amadeus erblickte hier als ihr siebtes Kind das Licht der Welt. Bereits seit 1880 ist in dem Gebäude das Mozartmuseum untergebracht, das über sein Leben und Wirken informiert.

Auf der anderen Seite der Salzach befindet sich am Makartplatz 8 noch das Mozartwohnhaus, wohin die Familie später zog. Dieses informiert nicht nur, sondern ist auch Schauplatz für Veranstaltungen, Konzerte und Sonderausstellungen.

» WISSENSWERTES

Mozartkugel

Dass Wolfgang Amadeus Mozart bereits im 19. Jahrhundert populär war, bewies wohl der Konditormeister Paul Fürst, der eine neue Praline kreierte und diese nach dem Komponisten benannte. Seither hat die Praline Berühmtheit in zahlreichen Ländern erlangt. Es gibt sie als Echte Salzburger Mozartkugel, als Echte Reber Mozartkugel und noch in vielen anderen Namensvarianten. Aber die einzige, echte und originale Mozartkugel heißt Original Salzburger Mozartkugel. Paul Fürst hat es nämlich versäumt, sich den Namen Mozartkugel schützen zu lassen. Und so wurde die Praline schon wenige Jahre nach ihrer Vorstellung von verschiedenen anderen Konditoreien kopiert. Noch bis in die jüngste Vergangenheit gab es Rechtsstreitigkeiten zwischen den Unternehmen, die Mozartkugeln herstellen. Doch was ist eigentlich die

Mozartkugel? Paul Fürst schuf eine kleine Kugel aus Kuvertüre, in deren Innenleben sich Pistazien-Marzipan, umgeben von Nougat, befindet. Der wesentliche Unterschied zwischen den Pralinen von Fürst und anderen Herstellern ist die Tatsache, dass die Original Salzburger Mozartkugel auch heute noch von Hand und nicht maschinell hergestellt wird. Außerdem sind die Mozartkugeln von Fürst kreisrund, während die Konkurrenzprodukte, abgesehen von der Firma Mirabell, eine abgeflachte Stelle aufweisen müssen. Wer in Salzburg also die originale Süßspeise probieren möchte, die im Jahr 1905 mit einer Goldmedaille ausgezeichnet wurde, der muss sich zu einer der vier Konditoreien von Fürst begeben. Sie befinden sich am Alten Markt, am Mirabellplatz, im Ritzerbogen und in der Getreidegasse. Von November bis Mai können die Mozartkugeln auch online bestellt werden.

Rosenheim 〇
Lokschuppen
Chiemsee
Bad Reichenhall
80 km A 8

Salzburg 〇
Altstadt
Domplatz
Festung
Hohensalzburg
Geburtshaus
von Mozart

Ziel

»Der« Anziehungspunkt in Salzburg:
Mozarts Geburtshaus

» PRAKTISCHE HINWEISE

TOURISTINFORMATIONEN

Innsbruck Tourismus, Burggraben 3, 6021 Innsbruck, Tel. 0043/(0)512/598 50, www.innsbruck.info

Achensee Tourismus, Im Rathaus 387, 6215 Achenkirch, Tel. 0043/(0)5246/530 00, www.achensee.info

Tegernsee – Tegernseer Tal Tourismus GmbH, Hauptstraße 2, 83684 Tegernsee, Tel. 0049/(0)8022/92 73 80, www.tegernsee.com

Bayrischzell – Touristinfo, Kirchplatz 2, 83735 Bayrischzell, Tel. 0049/(0)8023/648, www.bayrischzell.de

Chiemsee-Alpenland Tourismus GmbH & Co. KG, Felden 10, 83233 Bernau am Chiemsee, Tel. 0049/(0)8051/96 55 50, www.chiemsee-alpenland.de

Berchtesgadener Land Tourismus GmbH, Bahnhofplatz 4, 83471 Berchtesgaden, Tel. 0049/(0)8652/656 50 50, www.berchtesgadener-land.com

Tourist-Info Bad Reichenhall, Wittelsbacher Straße 15, Tel. 0049/(0)8651/60 60, www.bad-reichenhall.com

Touristinfo Salzburg, Mozartplatz 5, Tel. 0043/(0)662/88 98 73 30 und Südtiroler Platz 1, Tel. 0043/(0)662/88 98 73 40, 5020 Salzburg, www.salzburg.info

SalzburgerLand Tourismus, Wiener Bundesstraße 23, 5300 Hallwang, Tel. 0043/(0)662/668 80, www.salzburger-land.com

KARTEN

Kümmerley + Frey, Alpenstraßen 1:700 000 oder Salzburg Süd Tirol-Osttirol 1:150 000

CAMPINGPLÄTZE

Camping Innsbruck Kranebitterhof, Kranebitterallee 216, 6020 Innsbruck, Tel. 0043/(0)512/27 95 58, www.camping-platz-innsbruck.at (47.263771, 11.326306). Großer Campingplatz im Westen von Innsbruck. Zwar unmittelbar am Innufer, aber auch in direkter Nähe zum Flugplatz.

Camping Innsbruck, Natterer See 1, 6161 Natters, Tel. 0043/(0)512/54 67 32, www.natterersee.com (47.237433, 11.338812). Campingplatz an einem kleinen See südlich von Innsbruck. Mit dem stündlich fahrenden Bus ist man in ca. 1 Stunde in der Innsbrucker Altstadt.

Schwimmbad Camping Hall, Scheidensteinstraße 24, 6060 Hall in Tirol, Tel. 0043/(0)699/15 85 52 68, www.camping-hall.at (47.284306, 11.496319). Weniger als 1 Kilometer von der Altstadt Halls entfernt. 80 Stellplätze mit kostenlosem Zugang zum Freibad.

Camping Judenstein, Judenstein 40, 6074 Rinn, Tel. 0043/(0)5223/780 08 (47.26009, 11.505233). Günstiger Campingplatz in ruhiger Waldrandlage, südlich des Inns.

Der Platz wird von den Kommunalbetrieben der kleinen Ortschaft Rinn, südlich von Hall, geführt.

Alpencamping Mark, Bundesstraße 12, 6114 Weer, www.alpencampingmark.com (47.306484, 11.648811). Am Ortsrand von Weer, im Talboden des Inns, direkt an der Bundesstraße. Verhältnismäßig günstig.

Inntal Camping, Wiesing 100, 6210 Wiesing, Tel. 0043/(0)5244/626 93, www.camping-inntal.at (47.405894, 11.805839). Großer Campingplatz in unmittelbarer Nachbarschaft zur Inntalautobahn, dadurch aber verkehrsgünstig gelegen und mit dem Angebot eines Transitplatzes (siehe Stellplätze).

Karwendel Camping, 6212 Maurach am Achensee, Tel. 0043/(0)5243/61 16, www.karwendel-camping.at (47.421627, 11.73976). Zwischen dem Ort Lärchenweise und dem Achensee, aber nicht direkt am Ufer.

Seecamping Wimmer am Achensee in Tirol, Achenseestraße 75, 6212 Maurach am Achensee, Tel. 0043/(0)5243/52 17, www.achensee-camping.at (47.432859, 11.73439). Im Süden des Achensees, nur wenige Meter vom See entfernt und fußläufig zur Rofanbahn.

Achensee Camping Schwarzenau, 6215 Achenkirch, Tel. 0043/(0)664/466 20 70, www.campingplatz-achensee.at (47.468217, 11.713988). Campingplatz direkt am Ufer mit reichem Baumbestand und herrlichem Blick auf das Karwendelmassiv.

Alpen Caravan Park Achensee, 6215 Achenkirch 17, Tel. 0043/(0)5246/62 39, www.camping-achensee.com (47.49921, 11.706173). Am Nordufer des Achensees, gleich neben der Mündung des Oberaubachs in den See.

Campingplatz Wallberg, Rainerweg 10, 83700 Weißach am Tegernsee, Tel. 0049/(0)8022/53 71, www.camping-platz-wallberg.de (47.688677, 11.747966), an der Bundesstraße 318 im Westen von Rottach-Egern, jedoch nicht direkt am Tegernsee.

Camping LIDO Schliersee, Westerbergstraße 27, 83727 Schliersee, Tel. 0049/(0)8026/66 24, www.camping-lido.de (47.727532, 11.852369), direkt am Westufer des Schliersees, rund einen Kilometer vom Ortszentrum entfernt.

Campingplatz Wolfsee, 83730 Fischbachau, Tel. 0049/(0)8028/868, www.wolfsee-camping.de (47.711938, 11.946601). Zwar in unmittelbarer Nachbarschaft zu einem Steinbruch, dennoch in ruhiger Lage, rund 1 Kilometer abseits der Deutschen Alpenstraße.

Camping Am Moor, Innerkoy 1, 83229 Aschau im Chiemgau, Tel. 0049/(0)8052/45 13, www.camping-am-moor.de (47.78648, 12.334382). Kleiner, überschaubarer Campingplatz in sehr ruhiger Lage am Ortsrand von Aschau.

Camping Mariengrund, Priener Straße 42, 83233 Bernau am Chiemsee, Tel. 0049/(0)8051/78 94, www.camping-platz-mariengrund.de (47.816872, 12.363608). Kleiner und einfacher Campingplatz direkt an der Autobahnabfahrt. Bernau ist fußläufig erreichbar.

Panorama Camping Harras, Harrasser Straße 135, 83209 Prien am Chiemsee, Tel. 0049/(0)8051/90 46 13, www.camping-harras.de (47.840216, 12.373357). Auf einer kleinen Halbinsel am Westufer des Sees gelegen, mit Blick auf die Herreninsel.

Campingplatz Hofbauer, Bernauerstraße 110, 83209 Prien am Chiemsee, Tel. 0049/(0)8051/41 36, www.camping-prien-chiemsee.de (47.838373, 12.350455). Südlich von Prien, rund 10 Minuten Fußweg vom Chiemsee entfernt.

Chiemsee Camping Rödlgries, Rödlgries 1, 83236 Übersee-Feldwies, Tel. 0049/(0)8642/470, www.chiemsee-camping.de (47.8408, 12.471079). Sehr großer Campingplatz mit allen erdenklichen Ausstattungen. Auf einer Halbinsel zwischen Chiemsee, Autobahn und der Mündung des Überseer Baches.

Campingplatz Wagnerhof, Campingstraße 11, 83346 Bergen, Tel. 0049/(0)8662/85 57, www.camping-bergen.de (47.812964, 12.588974). Ruhig gelegener Campingplatz am Nordrand von Bergen.

Alpencamp Siegsdorf, Hochberg Aigen 4, 83313 Siegsdorf, Tel. 0049/(0)8662/25 76, www.alpencamp-siegsdorf.de (47.833224, 12.653319). In ruhiger Lage, verkehrsgünstig gut in der Nähe der Autobahn gelegen. Zu Fuß ist Siegsdorf und das dort befindliche Naturkundemuseum gut erreichbar.

Panorama-Camping, Rauchenbichlerstraße 21, 5020 Salzburg, Tel. 0043/(0)662/45 06 52, www.panorama-camping.at (47.828501, 13.052069). Am nördlichen Stadtrand von Salzburg gelegen. Mit dem Bus ist man in 10 Minuten in der Altstadt, mit dem Fahrrad in 15 Minuten.

Camping Nord-Sam, Samstraße 22A, 5022 Salzburg, Tel. 0043/(0)662/66 04 94, www.camping-nord-sam.com (47.826685, 13.06243). Campingplatz inmitten eines Wohnviertels im Norden von Salzburg. Ähnlich weit von der Altstadt entfernt wie der Panorama Campingplatz.

Campingplatz Schloss Aigen, Weberbartslweg 20, 5026 Salzburg, Tel. 0043/(0)662/62 20 79, www.campingaigen.com (47.77988, 13.091142). In Waldrandlage südlich von Salzburg. Rund 700 Meter von einer Bushaltestelle entfernt, von wo aus man mit dem ÖPNV (Buslinie 7) in die Altstadt gelangt. Bei einer Ankunft nach 23 Uhr kann man auf dem Parkplatz vor der Schranke übernachten.

STELLPLÄTZE

Schwimmbad Camping Hall, Scheidensteinstraße 24, 6060 Hall in Tirol, Tel. 0043/(0)699/15 85 52 68, www.camping-hall.at (47.284306, 11.496319). Weniger als 1 Kilome-

ter von der Altstadt Halls entfernt. Im Winter ist der Campingplatz geschlossen, aber es bleiben 10 Stellplätze ganzjährig zur Verfügung. Die Sanitäreinrichtungen sind dann nicht zugänglich, Strom sowie Ver- und Entsorgung sind jedoch auch im Winter vorhanden.

Stellplatz Schwaz, Königfeldweg, 6130 Schwaz (47.346489, 11.70432). Am Rande eines Parkplatzes, zentral gelegen.

Inntal Camping, Wiesing 100, 6210 Wiesing, Tel. 0043/(0)5244/626 93, www.camping-inntal.at (47.405803, 11.805415). Der Campingplatz bietet auf dem eigenen Parkplatz einen sogenannten Transitplatz als Stellplatz für Durchgangsreisende an. Strom und Frischwasser sind vorhanden.

Alpen Caravan Park Achensee, 6215 Achenkirch 17, Tel. 0043/(0)5246/62 39, www.camping-achensee.com (47.499619, 11.705545). Am Nordufer des Achensees, gleich neben der Mündung des Oberaubachs in den See. Bezeichnet sich als erster Wohnmobilhafen Tirols. Das Übernachten ist vor der Schranke auf dem Parkplatz des Campingplatzes möglich. Pauschalpreis für zwei Personen, Anreise jederzeit möglich. Abreise muss bis 11 Uhr vormittags erfolgen, maximal eine Nacht.

Wildbad Kreuth. Einfacher Wanderparkplatz ohne Versorgung an der Bundesstraße 307, an der das Nächtigen gegen Gebühr erlaubt ist. Südlich von Kreuth am Zugang zum Wildbad (47.626115, 11.746755).

Spitzingsee, Parkplatz mit Wohnmobilstellplatz am Ostufer des Spitzingsees, gleich gegenüber der Talstation der Taubensteinbahn (47.665756, 11.888054).

Bayrischzell, Seebergstraße. Neuer Stellplatz am südlichen Ortsrand, direkt an der Bundesstraße 307, 10 Stellflächen inkl. Strom und Ver- und Entsorgung (47.671846, 12.010022).

Seiserhof & Seiseralm, Reit 4–5, 83233 Bernau am Chiemsee, Tel. 0049/(0)8051/98 90, www.seiserhof.de (47.797215, 12.35964). 10 Stellflächen auf dem Parkplatz eines Hotels, Strom, Entsorgung möglich. Duschen und Sauna gegen Gebühr. W-Lan am Haus, Liegewiesen. Ruhige Lage zwischen Aschau und Bernau.

Tenniszentrum Bernau, Buchenstraße 17, 83233 Bernau am Chiemsee, Tel. 0049/(0)8051/88 22, www.tenniszentrum-bernau.de (47.809372, 12.382149). 10 Wohnmobilstellflächen mit Ver- und Entsorgungsmöglichkeit, Strom auf den Parkplätzen eines Tenniszentrums. Mit dem Fahrrad entlang der Bernauer Ache ist der Chiemsee in rund 10 Minuten erreichbar.

Stellplatz am Bauernhof Schmid, Stegen 4, 83236 Übersee, Tel. 0049/(0)8642/226 (47.812483, 12.488555). Sehr empfehlenswerter Stellplatz bei einer netten Familie auf dem Bauernhof. 28 parzellierte Stellplätze in ruhiger Lage. Strom und Dusche möglich. Ideal auch für Kinder, die beim Tierefüttern dabei sein dürfen.

Stilvoll: eine Kutschfahrt über den Salzburger Residenzplatz

Wohnmobilstellplatz Herbert Steiner, Almfischer 11, 83236 Übersee am Chiemsee, Tel. 0049/(0)8642/13 83, www.chiemsee-wohnmobile-steiner.de (47.809469, 12.491041). 23 geschotterte Stellflächen bei einem Bauernhof mit Ver- und Entsorgung, Strom, zwischen Übersee und den Tiroler Achen.

Stellplatz am Paulbauernhof, Gausburg 47, 83416 Saaldorf-Surheim, Tel. 0049/(0)8682/18 67, www.stellplatz-paulbauernhof.de (47.892411, 12.944265). Sehr empfehlenswerter Stellplatz beim Hansi auf dem Bauernhof. Zwar direkt neben einem Bahngleis, aber nur wenig Bahnverkehr, ansonsten sehr ruhige Lage und über die Felder hinweg ein toller Ausblick bis Salzburg und auf die Berchtesgadener Alpen.

Stellplatz Freilassing, Aumühlweg, 83395 Freilassing (47.841138, 12.984752). Offiziell vier Stellflächen, auf denen bis zu maximal 4 Nächte übernachtet werden darf. In der Regel ist der Platz aber immer etwas voller. Kein Strom. Vor- und Entsorgung ist zu den Öffnungszeiten der rund 300 Meter entfernten Kläranlage (Mo–Do 7–16 Uhr, Fr 7–12 Uhr, Sa 8–9.30 Uhr) möglich. Gleich nebenan be-

findet sich eine Bushaltestelle, von der aus man Salzburg erreichen kann.

Stellplatz Bad Reichenhall, Hammerschmiedweg, 83435 Bad Reichenhall, Tel. 0049/(0)8651/762 20, www.rupertustherme.de (47.734428, 12.875327). Kleiner, teils enger Stellplatz in ruhiger Lage am Ufer der Saalach. Betreiber ist die Rupertustherme, die zu Fuß in wenigen Minuten erreichbar ist. Ver- und Entsorgung sowie Strom vorhanden.

Stellplatz am Sanatorium Schlossberghof, Schlossberg 5, 83435 Bad Reichenhall/Marzoll, www.schlossberg-hof.de (47.749835, 12.931524). Unmittelbar vor den Toren des Schlossberghofs im Norden von Bad Reichenhall und bloß 200 Meter von der deutsch-österreichischen Grenze entfernt, befindet sich der hauseigene Wohnmobilstellplatz.

PÄSSE

Achenpass (941 m)
Sudelfeldpass (1123 m)

12

MIT DEM WOHNMOBIL DURCH DIE WELTERBESTÄTTEN ÖSTERREICHS

Von Salzburg nach Graz

Start- und Endpunkt: Salzburg und Graz   **Beste Jahreszeit:** Frühjahr bis Herbst   **Streckenlänge:** Rund 270 km   **Fahrzeit:** 3 bis 4 Tage   **Mautstrecken:** Mautpflicht auf österreichischen Autobahnen sowie im Phyrntunnel

Die östlichste Etappe in diesem Reiseführer bringt uns von einer sehenswerten Altstadt zur nächsten. Während der Fahrt erwarten uns zwischen Salzburg und Graz zahlreiche Naturerlebnisse. An der Seenlandschaft beim Wolfgangsee kommen wir vorbei in das Innere Salzkammergut, wo das erste Unesco-Welterbe mit Hallstatt und dem Hallstättersee auf uns wartet.

Nach einer Wanderung auf das Dachsteingebirge durchqueren wir den Nationalpark Gesäuse, erleben eine aufregende Fahrt auf einem Schwerlastkraftwagen und beenden diese Etappe mit einer Stadtbesichtigung von Graz, die ebenfalls als Weltkulturerbe geschützt ist.

Die Fahrt geht zum Wolfgangsee im Herzen des Salzkammerguts.

Start

Salzburg
Altstadt
Domplatz
Festung
Hohensalzburg
Geburtshaus
von Mozart
Fuschlsee
Wolfgangsee
Drachenwand

57 km   B 158

Bad Ischl

Auf der Grazer Bundesstraße verlassen wir Salzburg in Richtung Osten und fahren fortan durch den Landschaftsraum Salzkammergut, der seinen Namen aufgrund des Salzabbaus und Salzhandels im Altertum erhielt. Auf der linken Seite passieren wir den Salzburgring, eine Rennstrecke aus dem Jahr 1969. Formel-1-Rennen fanden hier jedoch nie statt. Genutzt wurde der Salzburgring für die ehemalige Formel-2-Klasse und für Tourenwagenmeisterschaften. Wir kommen jetzt besser nicht auf die Idee, die Motorkräfte unseres Wohnmobils zu testen, sondern fahren weiter, bis wir zu unserer Linken den kleinen Fuschlsee erkennen, während sich auf der rechten Seite die Firmenzentrale eines berühmten Energydrink-Herstellers befindet.

Die Seenlandschaft Mondsee, Fuschlsee und Wolfgangsee

Der Fuschlsee ist eines der kleineren Gewässer in der Seenlandschaft des Salzkammerguts. Nur kurz dahinter gelangen wir zum Wolfgangsee, wo sich auch der Abzweig zum Mondsee und zum Attersee auf oberösterreichischer Seeseite befindet. Am Westufer des Wolfgangsees liegt der kleine Ort St. Gilgen, der im letzten Jahrhundert durch regelmäßigen, prominenten Besuch in Deutschland bekannt wurde. Der damalige Bundeskanzler Helmut Kohl pflegte hier jahrzehntelang Urlaub zu machen, was teilweise zu einem medialen Ereignis wurde. Das Wasser des Sees gilt als sehr klar und bietet teilweise einen Blick in zehn Meter Tiefe. Bei der gleichnamigen Ortschaft St. Wolfgang ist der See nur 200 Meter breit und das Gewässer scheint dort fast in zwei Hälften geteilt zu sein. Die meisten Ortschaften rund um den Wolfgangsee sind mit einer Schifffahrtslinie miteinander verbunden, ganz anders als der nördlich gelegene Mondsee. Dieser glänzt jedoch mit einer anderen Sehenswürdigkeit. Am Rande der Salzkammergut-Berge, einer Gebirgsgruppe der Nördlichen Kalkalpen, fällt nämlich die 1176 Meter hohe Drachenwand steil ab. Dabei bildet sie eine fast 700 Meter hohe, nahezu senkrechte, markante Felswand, die den Mondsee vom Fuschlsee abtrennt und einen tollen Ausblick verspricht.

Auf Sissis Spuren in Bad Ischl

Nach der Fahrt entlang dem Wolfgangsee erreichen wir wenig später den Kurort Bad Ischl, der sich zwischen den beiden Flüssen Ischl und Traun erstreckt, und wo sich in der

Nähe der Ischlmündung ein Wohnmobilstellplatz (47.714779, 13.622904) als Ausgangspunkt für eine Ortsbesichtigung als ideal erweist. Von dort gelangen wir über die Ischlbrücke gleich zum Wahrzeichen von Bad Ischl, zur Kaiservilla. Die Villa befindet sich in einem weitläufigen Englischen Garten und war über viele Jahre hinweg die Sommerresidenz von Kaiser Franz Josef I. und seiner Gemahlin Sissi. Am 28. Juli 1914, einem normalen sommerlichen Dienstag, unterschrieb Franz Josef in der Kaiservilla als Regent von Österreich-Ungarn die Kriegserklärung an Serbien, womit die sogenannte Urkatastrophe des 20. Jahrhunderts nach dem Attentat auf den österreichischen Thronfolger nicht mehr aufzuhalten war. Noch in der folgenden Nacht fielen die ersten Schüsse auf Belgrad und der Erste Weltkrieg nahm seinen Lauf.

Zur Kaiservilla gehört auch das kleinere Marmorschlössl, in das sich Kaiserin Sissi

regelmäßig zurückzog. Heute beherbergt das Gebäude das Photomuseum des Oberösterreichischen Landesmuseums und präsentiert eine umfangreiche Sammlung historischer Kameras.

Gleich hinter dem Ufer erheben sich die Bergmassive aus dem Hallstätter See.

» SEHENSWERTES

Rieseneishöhle, Dachstein-Mammuthöhle, 5fingers, Welterbespirale

Im Süden von Hallstatt erhebt sich das Dachsteingebirge, das nicht nur zu spektakulären Ausblicken einlädt, sondern auch zahlreiche sehenswerte Höhlen beherbergt. Der günstigste Ausgangspunkt ist die Talstation der Krippensteinbahn (47.5482, 13.706146). Von dort gelangen wir entweder auf einem Wanderweg mit 1500 Höhenmetern oder mit der Seilbahn zunächst zur Schönbergalm, wo Zugang zur Rieseneishöhle und zur Dachstein-Mammuthöhle besteht. Weiter höher erreicht man schließlich die Bergstation des 2108 Meter hohen Krippensteins. Die Rieseneishöhle enthält bis zu 13 000 Kubikmeter Eis, das teilweise bis zu 500 Jahre alt ist, während die Mammuthöhle mit schier unendlichen Weiten beeindruckt. Bei einer einstündigen Führung erlebt man nur einen Kilometer der Höhle, von der allerdings sagenhafte 60 Kilometer erforscht wurden. Für beide Höhlen gilt natürlich, dass man festes Schuhwerk und warme Kleidung bei sich haben sollte.

Der Gipfel des Krippensteins ist ebenfalls ein lohnenswertes Ziel, auch wenn es mittlerweile sehr turbulent zugeht. Die touristischen Auswüchse haben dort kuriose Ausmaße angenommen, sodass man sich fragen muss, ob die Vergabe eines Welterbetitels immer von Vorteil sein muss. Als spektakulär kann man wohl die 5fingers bezeichnen, die als handförmiger Skywalk in die Luft ragen. Die vier Meter langen Finger schweben über einer Höhe von 400 Metern und sind mit Glasböden, einem Fernglas und Öffnungen im Boden versehen. Der linke Finger schmückt sich wiederum mit einem Bilderrahmen, sodass man sich ein gerahmtes Bild von der dahinterliegenden faszinierenden Landschaft machen kann. Darüber hinaus gibt es noch die sogenannte Welterbespirale, auf der man spiralförmig eine Treppe hinaufsteigt, um von dem dann höchsten Punkt des Krippensteins das Panorama genießen zu können. Zu guter Letzt wurde im August 2013 in einer aufsehenerregenden Aktion eine weitere Installation auf dem Berg errichtet. Nur wenige Menschen waren eingeweiht, als vom Grund des Hallstättersees ein acht Meter langer, aus Metall bestehender Hai geborgen wurde, den man wenige Tage zuvor heimlich versenkt hatte. Mit einem Helikopter wurde der Hai auf direktem Weg zum Krippenstein gebracht, wo der Bürgermeister ihn sogleich einweihte und für das Publikum freigab. Seither kann diese Skulptur auch von innen betreten werden und gibt durch das Maul des Hais einen Blick auf die Alpenlandschaft frei.

Bei St. Gilgen am Wolfgangsee locken idyllische Badeplätze.

Ein weiteres, interessantes Museum, ebenfalls in einer Villa untergebracht, befindet sich am südlichen Rand der Altstadt, am Ufer der Traun. Die dortige Lehár-Villa zeigt Gegenstände des Komponisten Franz Lehár während wenige Meter davon entfernt das Stadtmuseum über die Geschichte Bad Ischls informiert. Und um den Kreis der Monarchiethemen zu schließen: In dem Gebäude an der Esplanade 10 haben sich Kaiser Franz Josef I. und Kaiserin Sissi im Jahr 1853 verlobt.

Südlich von Bad Ischl fahren wir durch das Trauntal und gleichzeitig auch durch das sogenannte Innere Salzkammergut. Dieses gehört zusammen mit dem folgenden Dachsteinmassiv und dem Hallstättersee seit 1997 zu den Welterbestätten der Unesco und wurde wegen seiner einzigartigen Schönheit als solches ausgezeichnet. Unterwegs passieren wir noch das Fahrzeug- und Luftfahrtmuseum (47.683831, 13.6238189), das Erlebnismuseum Anzenaumühle (47.668534, 13.610686) mit seiner Mühle aus dem

15. Jahrhundert und das Landlermuseum (47.64259, 13.613261), das über die protestantischen Landler informiert, die während der Habsburgermonarchie nach Siebenbürgen auswandern mussten.

Die Welterberegion des Hallstättersees oder: Was in China nachgebaut wird

Am westlichen Ufer des lang gestreckten Hallstättersees, der durch seine hohen Bergflanken im Osten und Westen beinahe an einen Fjord erinnert, befindet sich die kleine und malerische Gemeinde Hallstatt. Sie ist so pittoresk, dass sie vor wenigen Jahren in der chinesischen Provinz Guangdong teilweise nachgebaut wurde. Die wenigen Häuser Hallstatts zwängen sich zwischen dem See und dem steil aufragenden Gebirge, sodass es verständlich ist, dass Wohnmobile nur außerhalb auf Parkplatz 3 parken können und durten (47.545952, 13.66116). Leider liegt die Parkplatzgebühr jedoch bei immensen 15 Euro

Bad Ischl
Kaiservilla
Lehár-Villa
Inneres
Salzkammergut
Fahrzeug- und
Luftfahrtmuseum
Erlebnismuseum
Anzenaumühle
Landlermuseum
Hallstättersee B 145
20 km B 166

Hallstatt

Hallstatt ist ein beliebter Kurort – im Bild das Kurhaus.

und eine Übernachtung ist darin nicht eingeschlossen, sondern nur der Shuttlebus in das rund einen Kilometer entfernte Örtchen. Dennoch lohnt ein Besuch des romantischen Hallstatts wegen der Atmosphäre. Darüber hinaus können die Salzwelten von Hallstatt (siehe auch Tour 15) besichtigt werden. Wer sich etwas gruseln mag, steuert die nördlichere der beiden Kirchen an. Neben der katholischen Pfarrkirche Maria am Berg befindet sich der Friedhof mit einem Beinhaus aus dem 16. Jahrhundert. Im Inneren des Beinhauses sind mehr als 600 Schädel zu sehen, die mit den Namen und Lebensdaten der Verstorbenen beschrieben und mit Verzierungen bemalt sind. Mit diesem Brauch wurde in der ersten Hälfte des 18. Jahrhunderts begonnen. Hierfür verweilten die Verstorbenen ein bis zwei Jahrzehnte unter der Erde, bevor sie exhumiert wurden. Danach wurde der Schädel gereinigt und zur Bleiche durch die Sonne im Freien aufgestellt. Theoretisch ist es auf eigenen Wunsch auch heute noch möglich, auf diese Weise im Beinhaus bestattet zu werden.

Idylle mit Fischerboot am Hallstätter See

Westlich des Hallstättersees, also gegenüber von Hallstatt, erhebt sich der Bergstock Sarstein mit einer Höhe von 1975 Metern. Dieser muss auf der weiteren Fahrt umrundet werden. Südlich können wir die kleine Landstraße 547 nutzen und den 690 Meter hohen Koppenpass (47.575958, 13.718141) überqueren, während im Norden die Bundesstraße 145 als Salzkammergutstraße über den 982 Meter hohen Pötschenpass (47.622212, 13.694617) verläuft. Auf beiden Passhöhen verlassen wir Oberösterreich und erreichen das Bundesland Steiermark. Bei der Fahrt über den Koppenpass haben wir auch noch die Möglichkeit, die Koppenbrüllerhöhle zu besuchen. Sie ist über einen kurzen Wanderweg oberhalb des Koppentraun ab dem Parkplatz Koppenwinkel (47.56359, 13.72292) zu erreichen.

Zum geografischen Mittelpunkt von Österreich

Sowohl über den Pötschenpass als auch über den Koppenpass gelangen wir nach Bad Aussee. Der Kurort mit seinen rund

Isoliert steht der Gebirgsstock Grimming zwischen Ennstal und Salzkammergut.

5000 Einwohnern hat mehrere ungewöhnliche Sehenswürdigkeiten, von denen eine nur hier und nirgendwo anders in Österreich stehen kann. Die Rede ist vom Gedenkstein im Kurpark, der an den geografischen Mittelpunkt des Landes erinnert. Nur wenige Meter davon entfernt treffen die Grundlseer Traun und die Altausseer Traun zusammen und bilden die Badausser Traun oder auch Vereinigte Traun, die später in den Hallstätter See fließen. Erst beim Austritt aus dem See heißt der Fluss einfach nur Traun. Über dem Zusammenfluss ist eine runde Fußgängerbrücke in Form eines Mercedessterns gespannt, die gleichzeitig als Werbesymbol bezeichnet werden darf, da sie mit Unterstützung des Autobauers hergestellt wurde.

In der Nähe von Bad Aussee existiert ein weiteres Salzbergwerk, das zu den Salzwelten gehört und zum Teil besichtigt werden kann. Ein anderer Teil ist heute sogar noch in Betrieb, weshalb es sich um das größte aktive Salzbergwerk Österreichs handelt. Während des Zweiten Weltkriegs wurden von den Nazis in damals bereits stillgelegten Werksanlagen Kunstwerke eingelagert und

versteckt. Diese Raubkunst bestand unter anderem aus 6500 Gemälden sowie zahlreichen Statuen, Bibliotheken und Möbeln und wurde von den Nationalsozialisten aus ganz Europa zusammengestohlen. Gedacht waren die wertvollen Kunstgegenstände für das geplante Führermuseum Adolf Hitlers. Gegen Kriegsende erreichten amerikanische Truppen auch Bad Aussee, womit die schier unlösbare Aufgabe begann, die Kunstgegenstände ihren rechtmäßigen Besitzern zurückzugeben, was ein bis heute andauernder Prozess ist. Im Frühjahr 2014 lief der amerikanische Hollywoodstreifen »Monuments Men« mit George Clooney, Matt Damon und John Goodman im Kino, der sich zum ersten Mal nach Kriegsende mit diesem Thema befasste.

Auf der Salzkammergutstraße verlassen wir das Ausseerland und erreichen das Hinterberger Tal, das auf der Südseite von dem völlig isoliert stehenden Gebirgsstock Grimming dominiert wird. Dieser ragt bis auf eine Höhe von 2351 Metern auf. Durch Bad Mitterndorf hindurch erreichen wir wenig später das östlich von Grimming gelegene Trautenfels. Oberhalb der Ortschaft erhebt sich auf einem Felsvorsprung das gleichnamige Schloss Trautenfels (47.518338, 14.0799), das eine Burg des 13. Jahrhunderts ersetzt. Sein heutiges Aussehen erhielt das Schloss weitestgehend im 17. Jahrhundert, ungefähr zur gleichen Zeit, als auch der Marmorsaal mit sehenswerten Fresken ausgestaltet wurde und seither als Prachtstück des Schlosses gilt. Darüber hinaus ist in dem Barockschloss eine Außenstelle des Grazer Universalmuseums Joanneum untergebracht und bringt dem Besucher mit mehreren Hundert Ausstellungsstücken die Natur- und Kulturgeschichte des Ennstales näher.

Durch das Tal der Enns in den Nationalpark Gesäuse

Die Enns ist auf den nächsten Kilometern unser Begleiter, wenn wir Liezen erreichen und dort der Bundesstraße 146 folgen. Weithin sichtbar erkennen wir bereits während der Fahrt die beiden Türme der Wallfahrtskirche Frauenberg (47.583969, 14.399401), die sich auf einem bewaldeten Hügel oberhalb des Ennstales erhebt. Die dortige Wallfahrt begann im frühen 15. Jahrhundert, als eine holzgeschnitzte Marienfigur angeschwemmt und wenig später eine Marienkapelle erbaut wurde.

Ein Zwischenstopp an der heutigen Kirche lohnt sich schon alleine wegen der zahlreichen Fresken und dem Stuck in dem barocken Tonnengewölbe. Betreut wird die Kirche vom Stift Admont, das wenig später folgt (47.575541, 14.461255) und im ausgehenden 11. Jahrhundert gegründet wurde. Damit ist es das älteste Kloster in der Steiermark. Neben der dazugehörigen Stiftskirche aus dem 19. Jahrhundert ist die Stiftsbibliothek unbedingt sehenswert. Nicht umsonst wurde sie früher auch als das achte Weltwunder bezeichnet und gilt als größte Klosterbibliothek der Welt. Der barocke Saal ist mit zahlreichen Fresken versehen und beherbergt rund 70 000 wertvolle Bücher. Benediktiner-

Hallstatt
Beinhaus
Krippenstein
Rieseneishöhle
Dachstein-
Mammuthöhle
5fingers
Welterbespirale
Koppenpass
Bad Aussee
geografischer
Mittelpunkt
Österreichs
Salzwelten
Trautenfels
Schloss
Trautenfels
Wallfahrtskirche
Frauenberg
Stift Admont   L 547
Nationalpark   L 701
Gesäuse   B 145
Eisenerz
Abenteuer   B 146
Erzberg   B 115
220 km   A 9

Graz

Mühsam ist der Weg hinauf zum Grazer Schlossberg.

stift Admont, 8911 Admont, Tel. 0043/(0)3613/231 26 04, www.stiftadmont.at.

Hinter dem Stift bildet die Enns ein enges Durchbruchstal und wird zu einem wilden Fluss, wenn sie den Nationalpark Gesäuse durchquert. Besonders auffällig ist dabei die Hochtorgruppe, deren Kalkwände mehrere Hundert Meter steil abfallen und einen besonders schönen Anblick bieten. Der im Jahr 2002 gegründete Nationalpark bietet mehrere Themenwege und zahlreiche Möglichkeiten, Tiere wie Murmeltiere und Gämsen in freier Wildbahn zu beobachten.

In Schloss Trautenfels ist heute ein Museum für Landeskultur untergebracht.

Überdimensionale Kraftfahrzeuge, größer als jedes Wohnmobil

Bei Hieflau wechseln wir auf die Bundesstraße 115, die hier auch den Namen Eisenstraße trägt, und erreichen bald schon die Ortschaft Eisenerz. Der Name ist dabei Programm, denn geprägt wird der Ort vom Erzbergbau, der bereits im 16. Jahrhundert erfolgte. Noch heute ist der Tagebau aktiv, dennoch kann er besichtigt werden. Und dabei hat sich die Betreiberfirma einiges für die Besucher einfallen lassen.

Im Rahmen des »Abenteuers Erzberg« (47.540419, 14.898232) besteht zunächst einmal die Möglichkeit, mit einem Mannschaftszug – voll ausgestattet mit Helm und Schutzkleidung – rund 1,5 Kilometer in den Berg einzufahren und auf einem 800 Meter langen Rundweg das Schaubergwerk kennenzulernen.

Über Tage können Wohnmobilisten ihr rollendes Zuhause gegen einen Haulpak Truck 85 eintauschen. Dabei nimmt man auf der umgebauten Ladefläche Platz und lässt sich von dem 55 Tonnen schweren Fahrzeug mit 860 Pferdestärken durch den Tagebau fahren. Höhepunkt der Fahrt ist dabei die Beobachtung einer Live-Sprengung (nur donnerstags). Für das Abenteuer Erzberg und besonders für die Teilnahme an der Live-Sprengung ist eine Voranmeldung unbedingt erforderlich. Abenteuer Erzberg, Erzberg 1, 8790 Eisenerz, Tel. 0043/(0)3848/32 00, www.abenteuer-erzberg.at.

Hier geht es zwar um weniger PS, trotzdem ist das Traktormuseum in Vordernberg, rund zwölf Kilometer hinter Eisenerz, nicht

minder sehenswert (47.473227, 14.987323). Es gehört zu einem kleinen Gasthaus und zeigt auf rund 100 Quadratmetern mehrere Traktoren namhafter Hersteller wie Hanomag, Lanz, Fendt und viele weitere. Traktormuseum, Böhlerstraße 8, 8794 Vordernberg, Tel. 0043/(0)664/350 06 29, www.traktormuseum-eberhard.at.

Südlich von Troifaiach gelangen wir auf die Autobahn 9, die uns in etwas mehr als einer halben Stunde zu unserem Routenziel, der steirischen Landeshauptstadtstadt Graz, bringt. Dazu wird der rund acht Kilometer lange und mautpflichtige Tunnel der Phyrn-Autobahn durchquert, der bis zum Jahr 2017 mit einer zweiten Röhre ausgebaut wird. Auch Graz gehört leider zu den Alpenstädten, die es dem Wohnmobilisten nicht leicht machen. Doch das Toyota-Autohaus Wölfl (47.065208, 15.420427), das auch Campingzubehör anbietet, stellt Übernachtungsflächen zur Verfügung. Diese sind verständlicherweise nicht naturnah, jedoch ein idealer Ausgangspunkt für eine Stadtbesichtigung.

Spaziergang durch die Grazer Altstadt

Dass man Graz nicht auslassen sollte, zeigt schon die Tatsache, dass die Altstadt zusammen mit dem etwas außerhalb gelegenen Schloss Eggenberg auf der Liste der Weltkulturerbestätten steht und im Jahr 2003 zur europäischen Kulturhauptstadt ernannt wurde. Eine detaillierte Beschreibung der Stadt würde hier den Rahmen sprengen, aber nicht versäumen sollte man einen Gang durch die Altstadt rund um den dreieckigen Hauptplatz, wo sich auch der Herzogshof aus dem 14. Jahrhundert befindet. Die Fassade des historischen Gebäudes ist komplett verziert, weshalb es auch als gemaltes Haus bezeichnet wird. Weiter östlich liegt der kulturhistorisch bedeutsame Dom, während sich im Norden der Altstadt der Schlossberghügel mit dem Uhrturm als Wahrzeichen von Graz befindet. Darüber hinaus gibt es zahlreiche Museen und Galerien zu besichtigen sowie das Schloss Eggenberg am westlichen Stadtrand, das über zwei Dutzend Prunksäle verfügt.

Fröhlich plätschert der Fluss Mur durch die Stadt Graz.

Graz
Altstadt
Schloss
Eggenberg
Herzogshof
Dom
Uhrturm

Ziel

Graz kann auf eine reiche Geschichte als Residenzstadt zurückblicken.

» PRAKTISCHE HINWEISE

TOURISTINFORMATIONEN

Wolfgangsee Tourismus Gesellschaft, Au 140, 5360 St. Wolfgang, Tel. 0043/(0)6138/80 03, www.wolfgangsee.at

Tourismusverband Bad Ischl, Auböckplatz 5, Trinkhalle, 4820 Bad Ischl, Tel. 0043/(0)6132/27 75 70, www.badischl.at

Tourismusverband Inneres Salzkammergut, Hallstatt, Seestraße 99, 4830 Hallstatt, Tel. 0043/(0)6134/82 08, www.hallstatt.net

Tourismusverband Ausseerland-Salzkammergut, Bahnhofstraße 132, 8990 Bad Aussee, Tel. 0043/(0)3622/54 04 00, www.ausseerland.at

Graz Tourismus Information, Herrengasse 16, 8010 Graz, Tel. 0043/(0)316/807 50, www.graztourismus.at

KARTEN

Kümmerley + Frey, Alpenstraßen 1:700 000 oder ADAC Oberösterreich/Salzburg-Nord 1:150 000

CAMPINGPLÄTZE

Camp24, Jakobistraße 30, 5321 Koppl, Tel. 0043/(0)6221/84 77, www.camping-salzburg.at (47.815532, 13.158992). Kleiner Campingplatz in einsamer Lage, jedoch nahe des Salzburgrings.

Seecamp Nussbaumer, Gries 1, 5310 St. Lorenz, Tel. 0043/(0)6232/29 38, www.nussbaumer-mondsee.at (47.818191, 13.364051). Nicht nur am westlichen Ufer des Mondsees gelegen, sondern auch gleich unterhalb der Drachenwand.

AustriaCamp Mondsee, Achort 60, 5310 St. Lorenz, Tel. 0043/(0)6232/29 27, www.AustriaCamp.at (47.829939, 13.364823). In ruhiger Lage zwischen dem Mondsee – direkt am Ufer – und einem Golfplatz.

Camping MondSeeLand, Punzau 21, 5310 Tiefgraben bei Mondsee, Tel. 0043/(0)6232/26 00, www.campmondsee.at (47.827015, 13.365315). Voll ausgestatteter Campingplatz in direkter Nachbarschaft zum Austria-Camp.

Auf der halbinselähnlichen Fläche am Südwestufer des Wolfgangsees gibt es zahlreiche Campingplätze, teilweise in direkter Nachbarschaft zueinander, die sich in der Ausstattung, Lage und im Preis-Leistungs-Verhältnis kaum unterscheiden:

Camping-Wolfgangsee-Birkenstrand, Schwand 4, 5342 Sankt Gilgen/Abersee, Tel. 0043/(0)6227/30 29, www.birkenstrand.at (47.739064, 13.40054).

Romantik Camping Wolfgangsee Lindenstrand, Tel. 0043/(0)6227/320 50, www.lindenstrand.at (47.739626, 13.403125).

Seecamping Primus, Schwand 39, 5342 Abersee, Tel. 0043/(0)6227/322 80, www.seecamping-primus.at (47.74055, 13.406065).

Camping Primusbauer, Schwand 43 u. Farchen 15, 5342 Abersee, Tel. 0043/(0)6227/32 07 (47.741704, 13.408071).

Camping Wolfgangblick, Seestraße 115, 5342 Abersee/St. Gilgen, Tel. 0043/(0)650/34 75, www.wolfgangblick.at (47.735846, 13.431831).

Camping Schönblick, Gschwendt 33, 5342 Abersee, Tel. 0043/(0)6137/70 42, www.camping-schoenblick.at (47.724909, 13.437555).

Zirlerhof-Camping Seewinkl, Gschwendt 31, 5342 Abersee, Tel. 0043/(0)6137/70 69 od. Mobil 0043/(0)664/530 79 21, www.zirlerhof.at (47.722906, 13.439346).

Camping Klausner-Höll, 4830 Hallstatt, Tel. 0043/(0)6134/83 22, http://camping.hallstatt.net (47.552922, 13.647459). Am Südrand von Hallstatt. Liegt näher zum Ortskern von Hallstatt als der Parkplatz 3. Rund 200 Meter vom Seeufer entfernt.

Camping am See, Winkl 77, 4831 Obertraun, Tel. 0043/(0)6131/265, www.camping-am-see.at (47.549482, 13.676186). Campingplatz am südöstlichen Ufer des Hallstättersees mit Blick auf das gegenüberliegende Hallstatt. Idealer Ausgangspunkt für eine Wanderung auf den Krippenstein.

Camping Grimmingsicht, Bad Mitterndorf 338, 8983 Bad Mitterndorf, Tel. 0043/(0)3623/29 85, www.grimmingsicht.at (47.555214, 13.922144). Freundlicher, überschaubarer Campingplatz mit 27 Stellflächen auf Rasen und einem Ausblick auf den Grimming.

Camping Im Dörfl, Falenburg-Dörfl 273, 8952 Irdning, Tel. 0043/(0)3682/220 22, www.imdoerfl.at (47.510295, 14.096789). Kleiner Platz mit 45 Stellflächen als Teil einer Ferienanlage mit verschiedenen Sporteinrichtungen. Schloss Trautenfels ist nur 1 Kilometer entfernt und zu Fuß erreichbar.

Camping Putterersee, Hohenberg 2a, 8943 Aigen/Ennstal, Tel. 0043/(0)3682/228 59 (47.520592, 14.131098). Ruhig gelegener Campingplatz an einem kleinen See im südlichen Ennstal.

Camping Central, Martinhofstraße 3, 8054 Graz, Tel. 0043/(0)676/378 51 02, www.campingcentral.at (47.02446, 15.396735). Kleiner Campingplatz neben einem Freibad, rund 7 Kilometer von der Grazer Altstadt entfernt.

STELLPLÄTZE

Wohnmobilstellplatz Liezen, 8940 Liezen (47.565176, 14.233718). 3 kostenfreie Stellflächen

Der Grazer Uhrturm wurde im 16. Jahrhundert errichtet.

an einer Tennishalle. Ver- und Entsorgung gegen Gebühr möglich.

Wohnmobilstellplatz Kaiservilla, Götzstraße 9, 4820 Bad Ischl (47.714853, 13.622826). Offizieller Stellplatz mit 7 Stellflächen in sehr zentraler Lage. Keine Ver- und Entsorgungseinrichtung.

Wohnmobilstellplatz am Traktormuseum, Böhlerstraße 8, 8794 Vordernberg, Tel. 0043/(0)664/350 06 29 (47.473287, 14.98732). Übernachtung neben dem Gasthaus des Traktormuseums möglich, bei Einkehr kostenfrei.

Wohnmobilstellplatz Graz, Steinfeldgasse 47, 8020 Graz, Tel. 0043/(0)316/71 48 70 (47.065175, 15.420415). Privater Stellplatz des Toyota-Autohauses Wölfl. Anmeldung im Autohaus, bei Ankunft nach 18 Uhr telefonische Anmeldung. Günstige Lage, nur 1,5 Kilometer von der Altstadt entfernt.

PÄSSE

Entweder Koppenpass (690 m)
oder Pötschenpass (982 m)

13 WANDERN IN DEN DOLOMITEN UND AM DREILÄNDERECK

Von den Dolomiten nach Klagenfurt

Start- und Endpunkt: Toblach und Klagenfurt   **Beste Jahreszeit:** Sommer und Herbst   **Streckenlänge:** Rund 340 km   **Fahrzeit:** 2 bis 3 Tage   **Mautstrecken:** Vignettenpflicht auf österreichischen Autobahnen, Gebirgsstraße vom Misurinasee zu den Drei Zinnen.

Von den Drei Zinnen zum Lindwurm – unter diesem Motto könnte die Etappe auch stehen. Denn mit dem Wahrzeichen der Dolomiten beginnt und mit dem Wahrzeichen Klagenfurts endet die Tour. Dazwischen streifen wir den letzten Wildfluss der Alpen, den Tagliamento, wandeln auf den Spuren der Kriegsgeschichte, umrunden das Dreiländereck von Slowenien, Italien sowie Österreich und genießen mit dem Wörthersee das größte Gewässer Kärntens, das als Kulisse in unzähligen Filmen zu sehen ist. Prachtvolle Panoramen finden wir

Zeit für einen Blick auf die Drei Zinnen muss einfach sein ...

also nicht nur an den Drei Zinnen in den Dolomiten, sondern auch mit einem spektakulären Aussichtsturm auf dem Pyramidenkogel zwischen Villach und Klagenfurt.

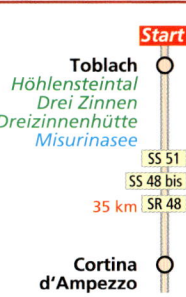

Bei Toblach in Südtirol (siehe Route 10) beginnt diese Alpentour, die uns gleich am Anfang der Strecke einen wahren Höhepunkt serviert. Schon nach wenigen Kilometern auf der SS 51 in das südlich gelegene Cortina d'Ampezzo folgt im Höhlensteintal der Abzweig nach links zum Misurinasee, an dem wir zu den sogenannten Drei Zinnen (46.612599, 12.293526) erneut links abbiegen können. Achtung: Schon am Misurinasee gibt es einen kostenpflichtigen Stellplatz. Wer sich also die sehr hohen Mautgebühren für die Gebirgsstraße sparen und den Aufstieg komplett zu Fuß meistern möchte, sollte direkt unten stehen bleiben.

Rundwanderung um die Drei Zinnen

Dieser Bergstock gilt als Wahrzeichen der Dolomiten und besteht aus drei fast unabhängig voneinander stehenden markanten Gipfeln. Die kleinste Zinne im Osten (Cima Piccola) ist 2857 Meter hoch, gleich daneben erhebt sich die Große Zinne (Cima Grand) mit 2999 Metern, der abschließend die Westliche Zinne (Cima Ovest) mit 2973 Metern folgt. Sie sind bei Kletterern beliebte Ziele und wurden 1869 erstmals erklommen. Doch auch Wanderer haben ihre Freude an den Drei Zinnen, da ein verhältnismäßig einfacher Wanderweg

rund um den Gebirgsstock führt. Mit sehr geringem Höhenunterschied benötigt man auf dem Wanderweg Nr. 101 rund vier Stunden für die komplette Umrundung, die unterwegs zahlreiche fantastische Aus- und Anblicke ermöglicht.

Der Speiseeishersteller Langnese war in den 1980er-Jahren besonders bekannt für das Dolomiti-Eis. Dieses Eis am Stiel wurde in den Nationalfarben Italiens (Weiß=Zitrone, Rot=Himbeere, Grün=Waldmeister) hergestellt und war in seiner Form den Drei Zinnen nachempfunden. Nachdem es fast zwei

Ganz im Zeichen der Dolomiten steht diese Tour.

235

Wegen ihrer markanten Felstürme sind Drei Zinnen gut wieder zu erkennen.

Jahrzehnte aus dem Programm genommen worden war, ist das Dolomiti-Eis seit dem Jahr 2014 in seiner damaligen Form wieder im Handel erhältlich.

Einen besonders schönen Blick auf die Drei Zinnen hat man von der Dreizinnen-hütte. Sie befindet sich etwas weiter nördlich und ist ebenfalls über den Wanderweg 101 erreichbar. Zwar blickt man so meistens auf die Schattenseite und gegen die Sonne, doch bieten gerade die Nordwände des Ge-birgsstocks die spektakulärsten Anblicke. Eine erste Schutzhütte an dieser Stelle wurde bereits 1882 gebaut und im selben Jahrhundert schon von fast 650 Personen pro Jahr besucht. Dieser Ansturm führte dazu, dass die Hütte nach der Jahrhundert-wende um ein Stockwerk erweitert wurde und noch vor dem Ausbruch des Ersten Weltkrieges rund 2000 Menschen pro Jahr beherbergte. Heute ist es die gleiche Anzahl an Personen, die jeden Tag (!) die kriegsbe-dingt neu errichtete Hütte erreichen.

Mahnmale des Ersten Weltkriegs

Die Drei Zinnen und ihr Umfeld waren über-dies bedeutender Schauplatz des Ersten Weltkriegs, als sich italienische und öster-reichisch-ungarische Truppen in dieser Höhe gegenüberstanden und einen erbit-terten Stellungskrieg führten. Doch trotz aller Versorgungsprobleme und Entbehrun-gen in diesem bis heute einzigartigen Ge-birgskrieg schaffte es das italienische Heer, unter anderem einen Scheinwerfer auf die Große Zinne zu transportieren, um die feindlichen Stellungen im Norden auszu-leuchten. Noch heute sind in den Dolomi-ten einige Kriegsanlagen und ehemalige Stellungen der verfeindeten Parteien zu sehen. Nicht sichtbar, aber dennoch vor-handen ist die Sprachgrenze zwischen Ita-lienisch im Süden und Deutsch im nördlicher gelegenen Südtirol. Diese ver-läuft exakt auf der Höhe der Drei Zinnen, die damals also nicht nur Grenze und

Frontlinie waren, sondern heute auch die Grenze zu Südtirol markieren.

Auf Südtiroler, also nördlicher Seite der Drei Zinnen erstreckt sich darüber hinaus der nach dem Gebirgsstock benannte Naturpark bis nach Toblach. Er wurde 1981 als Naturpark Sextener Dolomiten gegründet und 2010 zum heutigen Naturpark umbenannt. Zum Großteil besteht er wegen seiner Höhenlage aus Schutt und Geröll, doch in weiter unten liegenden Lagen dominieren Nadelwälder.

Zurück am Wohnmobil fahren wir die Gebirgsstraße wieder hinab zum Misurinasee, an dessen Ufer sich mehrere Hotelburgen erheben. Der an seiner tiefsten Stelle gerade mal fünf Meter tiefe See war 1956 Austragungsort für die Eisschnelllaufdisziplinen bei den Olympischen Winterspielen im nahe gelegenen Cortina d'Ampezzo, unserem nächsten Ziel. Hierfür haben wir jedoch zwei Möglichkeiten, da wir auf dem Weg die

bis zu 3221 Meter hohe Cristallogruppe halb umrunden müssen. Das Gebirgsmassiv war bereits mehrfach Drehort für verschiedene Filme, unter anderem für »Das blaue Licht« aus dem Jahr 1932, dem Regiedebüt von Leni Riefenstahl, die damit die Aufmerksamkeit von Hitler und Goebbels auf sich zog. 60 Jahre später hangelte sich Sylvester Stallone trotz Höhenangst für den Hollywood-Blockbuster »Cliffhanger« durch das Cristallomassiv.

Entweder fahren wir zurück zur SS 51 und folgen dieser nach links über den unscheinbaren 1530 Meter hohen Pass Im Gemärk (46.61665, 12.170263) oder wir benutzen die kürzere Variante, auf der die Straße jedoch etwas schmaler ist. Sie führt uns auf der SS 48 bis und der SR 48 über den 1809 Meter hohen Passo Tre Croci (46.556204, 12.204131). Dieser liegt zwar in wunderschöner Lage, bietet jedoch auch wenig Aussichtsmöglichkeiten.

Am Dreiländereck treffen sich Slowenien, Deutschland und Österreich.

Olympia in den Dolomiten

Cortina d'Ampezzo kann leider nicht als wohnmobilfreundlich beschrieben werden. Die meisten Parkplätze begrüßen den Wohnmobilisten mit einer Höhenbegrenzung oder mindestens mit einem Verbotsschild. Von einem Stellplatz will man gar nicht erst reden. Lange Zeit galt der Stellplatz fünf Kilometer nördlich der Ortschaft als Geheimtipp in Fiames, doch hier war in den letzten Jahren die Rede von einer Neuausrichtung des Platzes. Daher bleibt einem nur die Möglichkeit, auf einen der Campingplätze auszuweichen, die allerdings auch nicht gerade als nah bezeichnet werden können. Das ist eigentlich schade, da sich der Ort mit einem kleinen, aber hübschen Zentrum rund um die Kirche präsentiert. Überregional bekannt wurde Cortina d'Ampezzo spätestens durch die Olympischen Winterspiele des Jahres 1956. Einige der damaligen Sportstätten werden sogar noch heute, ein halbes Jahrhundert später, genutzt, was bei vielen

heutigen Prestigeobjekten in anderen Olympiaorten leider nicht immer der Fall ist. Dazu zählen zum Beispiel das Olympiastadion und die Olimpia delle Tofane. Auf dieser olympischen Skirennstrecke werden aktuell noch Weltcuprennen durchgeführt.

Südlich von Cortina d'Ampezzo fahren wir auf der SS 51 durch Valle del Boite, benannt nach dem gleichnamigen 42 Kilometer langen Fluss, der uns auf dem weiteren Weg begleitet. Den Fluss verlassen wir bei Piave di Cadore, folgen der SS 51b und erreichen 40 Kilometer hinter Cortina d'Ampezzo die SS 52, an der wir rechts abbiegen und der Ausschilderung in Richtung Udine bzw. Passo Mauria folgen. Kurz zuvor hätten wir die Möglichkeit, über eine kleine Bergstraße (SP 347) zum Messner Mountain Museum Dolomites zu gelangen (siehe Route 09). Die nicht besonders breite Straße führt uns durch einen relativ abgelegenen Teil der Dolomiten und durch einige Kurven hinauf auf den 1298 Meter hohen Mauriapass.

Kurz hinter der Passüberfahrt geht es in engen Spitzkehren wieder hinab und nach der zweiten engen Kurve sehen wir auf der rechten Seite ein Hinweisschild auf die Quelle des Tagliamento (46.449819, 12.5219). Eine Parkmöglichkeit gibt es hier jedoch nicht.

Der Tagliamento als letzter Wildfluss der Alpen

Der Tagliamento, an seiner Quelle natürlich noch völlig unscheinbar, ist 170 Kilometer lang und gilt als einer der letzten bedeutenden Wildflüsse der Alpen. Er ist in weiten Teilen seines Oberlaufs unreguliert und bildet mit weiten Schotterflächen, kleinen Inseln ein beinahe einzigartiges Ökosystem. Der Fluss ändert jedes Jahr seinen Lauf und ist auf engem Raum Heimstatt für eine Vielfalt von Lebewesen. Noch, muss man leider sagen, denn die Planungen der Regierung sehen vor, den Fluss mit mehreren Rückhaltebecken zu regulieren, was international zu Protesten führte. Auch eine Schnellstraße im Flusstal ist geplant. Dabei gilt der Fluss bei Forschern als Vorbild für andere europäische Flüsse, die renaturiert werden sollen. Bei Zählungen hat man über 30 Fischarten im Tagliamento festgestellt – doppelt so viele wie in anderen Flüssen. Bei Insekten und Amphibien sieht das Zahlenverhältnis nicht anders aus. Auch der Fluss selbst zeigt sich in zahlreichen Facetten. Mal ist er als breiter, schlammiger Fluss zu erkennen, ein anderes Mal ist er ein schmales Rinnsal mit glasklarem Wasser. Ein wichtiger Faktor für diese Diversität ist das Totholz, das vom Oberlauf mitgebracht wird. Dieses wird nicht, wie bei anderen Flüssen, aus dem Wasser geholt, sondern wird zum Lebensraum zahlreicher Lebewesen. Nicht wenige der Inseln entstanden durch liegen gebliebenes Totholz. Oftmals sind diese heute baumbestandenen Inseln nicht älter als ein oder zwei Jahrzehnte.

Nach einiger Zeit durch das Tagliamento-Tal gelangen wir nach Tolmezzo, wo der 33 Kilometer lange Fluss But in den Tagliomento mündet und wir durch sein Tal zum Plöckenpass (Passo die Monte Croce Carnico) fahren. Die Auffahrt von der südlichen Seite erfordert Lenkgeschick, da einige der engen Spitzkehren als Tunnel bzw. als Gale-

Das slowenische Dorf Rateče schmiegt sich an die Flanke der Julischen Alpen.

rie bestehen. Wer sich das oder seinem Fahrzeug nicht zutraut, fährt besser über die A 23 nach Tervisio und reist von dort nach Österreich ein. Oben angekommen befindet man sich auf einer Höhe von 1357 Metern und gleichzeitig an der Grenze zum österreichischen Bundesland Kärnten. Der Pass gehört zu den Karnischen Alpen, benannt nach der römischen Provinz Carnia und ist zugleich Teil eines Freilichtmuseums. Der Verein Dolomitenfreunde wurde vom einstigen Offizier und Bergsteiger Walther Schaumann gegründet und hat es sich zur Aufgabe gemacht, an die Kämpfe des Ersten Weltkrieges, die in den Dolomiten, insbesondere rund um den Plöckenpass, stattfanden, zu erinnern. Dazu gehören mehrere Friedenswege, die durch heute friedliche Landschaften führen, aber auch rekonstruierte Bauten aus den Gebirgskämpfen zeigen. Am Plöckenpass befindet sich ein historischer Rundweg, der an zahlreichen historischen Objekten vorbeiführt. Schwerpunkt ist hierbei unter anderem der 1867 Meter hohe Kleine Pal, der durch zahlreiche Stellungen zu einem markanten Beispiel des alpinen Krieges wurde.

Über den Plöckenpass nach Österreich

Auf der kurvigen Plöckenpassstraße fahren wir durch das Tal des Valentinbachs hinab bis Kötsch-Mauthen, das sich im Gailtal befindet. Dort können wir im Rathaus die Ausstellung über den Gebirgskrieg von 1915 bis 1918 besichtigen und erfahren Details darü-

Schön kurvig und auch bei Motorradfahrern beliebt: der Plöckenpass.

» WISSENSWERTES

Deutsche Sprachinseln

Durch das Tal des Tagliamento fahren wir auf der SS 52 bis Ampezzo, wo die kleine, aber anstrengend zu fahrende SP 73 zum Lago di Sauris abzweigt. Der Stausee liegt in wunderbarer Landschaft eingebettet, doch hier gibt es auch eine Besonderheit zu hören. Denn am See befindet sich die gleichnamige Ortschaft Sauris, die als deutsche Sprachinsel in Italien gilt. Anders als in Südtirol existieren in dem Bergdorf zwar keine zweisprachigen Straßenschilder, doch die

Zahrische Mundart (Zahre ist der deutsche Name von Sauris) ist noch verbreitet und wird von einer Mehrheit der Dorfbewohner gesprochen. Mit diesen deutschen Spuren ist Zahre/Sauris jedoch nicht alleine in der Region. Weitere deutsche Sprachinseln sind zum Beispiel Timau und Sappada. Alle Orte sind heute überwiegend durch kleine Straßen in den oberen Höhenlagen erreichbar. Sappada, zu Deutsch: Bladen, ist aber dennoch ein gut besuchtes Ferienziel und verfügt sogar über einen Wohnmobilstellplatz.

romanischen, germanischen und slawischen Kulturen aufeinandertreffen. Dies geschieht in exakt 1508 Metern Höhe auf einem Berg namens Ofen. Hier ist das Dreiländereck zwischen Österreich, Italien und Slowenien, das durch eine kleine Stele markiert wird. Zu erreichen ist es im Sommer über zahlreiche Wanderwege rund um den Ofen, im Winter auch mit dem Skilift, da die Region um das Dreiländereck ebenfalls ein beliebtes Skigebiet ist.

Vom Faaker See zum Wörthersee

Südlich von Villach (siehe Route 14) fahren wir auf der Bundesstraße 85 am Faaker See vorbei, der zahlreiche Möglichkeiten zur Freizeitgestaltung bietet und dementsprechend mit Campingplätzen und Strandbädern eine gute touristische Infrastruktur besitzt. Wenig später unterqueren wir die Karawanken-Autobahn (A 11) und erreichen das Drautal, das sich weit vor uns erstreckt.

Die Karawanken-Autobahn ist lediglich 21 Kilometer lang und dient als Verlängerung der von Norden kommenden Tauernautobahn (A 10). Wie der Name schon verrät, unterquert sie den Gebirgsstock der Karawanken, der mit dem Hochstuhl bis zu 2238 Meter aufragt. Der Übergang von Nord nach Süd oder umgekehrt war schon von jeher herausfordernd und nur über einen der drei Pässe (Wurzenpass, Loiblpass und Seebergsattel) möglich, wobei der Loiblpass eine Steigung bis zu 24 Prozent aufweist.

Seit 1991 ist die Nord-Süd-Trasse mit der Autobahn und dem Karawanken-Tunnel deutlich vereinfacht, womit die Pässe heute nur noch touristischen Zwecken dienen. Zwar ist der acht Kilometer lange, mautpflichtige Tunnel bisher noch einröhrig, eine zweite Röhre ist jedoch geplant. Zur weiteren Verkehrssicherheit hat die Betreiberfirma einen Thermoscanner installiert, der die Temperatur an Lkw-Bremsen misst und gegebenenfalls die Einfahrt in den Tunnel verweigert. Alleine in den ersten zwölf Monaten nach Inbetriebnahme des in Europa bisher einmaligen Systems wurden 300 Lkws und Busse an der Einfahrt gehindert.

Am Ufer des Wörthersees wurde eine beliebte Fernsehserie gedreht.

ber, wo die Kämpfe rund um die Ortschaft und in der Region stattfanden.

Im Gailtal fahren wir gen Osten, haben dabei zu unserer Linken den Drauzug bzw. die Gailtaler Alpen mit dem 2317 Meter hohen Reißkofel als höchsten Berg der Gebirgsgruppe und zu unserer Rechten die Karnischen Alpen, die ab der slowenischen Staatsgrenze in die Karawanken übergehen. Doch zuvor durchqueren wir Hermagor mit den beiden verhältnismäßig kleinen Schlössern Möderndorf und Lerchenhof. Wenig später passieren wir den Presseger See, der besonders im Osten und Westen von dichtem Schilf geprägt ist, was vor allen Dingen der Vogelwelt zugute kommt. Neben den klassischen Wasservögeln wie Stockenten, Blässhühnern, Teichhühnern sind dort auch Teichrohrsänger, Rohrschwirrl und Zwergrohrdommeln beheimatet. Um den See führt ein schöner Rundweg herum, der zwar im Norden und Süden auf wenig befahrenen Dorfstraßen und am Ufer verläuft, aber eben westlich und östlich des Gewässers schöne Einblicke in die Schilflandschaft bietet. Der Rundweg dauert rund zwei Stunden.

Cortina d'Ampezzo	○
Tal des Tagliamento	SS 51
Plöckenpass	SS 52
Kötschach-Mauthen	SP 111
Hermagor	B 110
210 km	B 111
Arnoldstein	○

Rund um das Dreiländereck von Italien, Österreich und Slowenien

Ebenfalls sehr schön wandern kann man weiter östlich, nahe der nächstgrößeren Ortschaft Arnoldstein. Die Gemeinde befindet sich am einzigen Schnittpunkt, an dem die

Der Pyramidenkogel ist mit 900 Metern der höchste Holzturm der Welt.

Bei Rosegg überqueren wir die Drau, die oberhalb des Südtiroler Pustertals entspringt und erst nach 750 Kilometern in Kroatien in die Donau mündet. Sie fließt verhältnismäßig knapp am Wörthersee vorbei, der wiederum unser nächstes Ziel auf der Route ist.

Die Natur auf Leinwand gebannt – der Wörthersee

Spektakulär ist der Blick über den Wörthersee, größter See Kärntens.

Der relativ schmale See erstreckt sich auf einer Länge von über 16 Kilometern in Ost-West-Richtung. Die Drau verpasst den See zwar knapp, bezieht aber durch die beiden Abflüsse Gurk und Glan auch Wasser aus dem Wörthersee. Der See gilt als einer der wärmsten der Alpen und Wassertemperaturen von über 25 Grad sind besonders in Ufernähe keine Seltenheit. Schon im 19. Jahrhundert wurde der See aufgrund seiner Lage zwischen Villach und Klagenfurt als Reiseziel für den Tourismus erschlossen und bereits 1853 stach der erste Raddampfer in See, der im Liniendienst Velden und

Klagenfurt miteinander verband. Ein Jahrhundert später begann der See eine Laufbahn im Filmgeschäft, von denen zahlreiche Schauspieler wohl träumen dürften. In Schlagerfilmen und Komödien, besonders in den 1950er- und 1960er-Jahren diente der Wörthersee als Kulisse für diverse Geschichten, die oft mit dem Tourismus und den Hotels am Ufer zu verbinden sind. Später folgten Komödien mit Thomas Gottschalk und Mike Krüger, doch den größten Bekanntheitsgrad erhielt das Gewässer wohl durch die Fernsehserie »Ein Schloss am Wörthersee«. Die Serie wurde in drei Staffeln gedreht und war bekannt für die Gastauftritte unzähliger Schauspieler. Der Hauptdarsteller war jedoch der Schlagersänger Roy Black, der einen Hotelerben spielte. Das in der Serie verfilmte Schloss Velden existiert tatsächlich (46.611836, 14.043788) und dominiert das Westufer des Sees. Gleich gegenüber dem Schloss befindet sich eine Büste zu Ehren von Roy Black, der 1991 verstarb.

Der Lindwurm ist das Wahrzeichen der Stadt Klagenfurt.

Besuch beim Lindwurm in Klagenfurt

Am Wörthersee besteht die Möglichkeit, im Norden die Bundesstraße oder die Autobahn zu benutzen oder im Süden die schmalere Süduferstraße, die auch direkt am Pyramidenkogel entlangführt. Auf beiden Wegen kommt man schließlich zum Etappenziel nach Klagenfurt. Wie so oft in größeren Städten sollte man erst gar nicht

» KULTURTIPP

Bunkermuseum
Dass man das Dreiländereck zwischen Österreich, Slowenien und Italien heute so einfach umrunden kann, war vor wenigen Jahrzehnten noch undenkbar. Jugoslawien, wozu Slowenien im letzten Jahrhundert noch gehörte, war zwar kein sogenannter Ostblockstaat, sondern galt als realsozialistischer Staat blockfrei, dennoch waren das Schengener Abkommen und die damit kontrollfreien Grenzübertritte damals noch weit entfernt. In diesem Zusammenhang lohnt sich eine Fahrt auf der Kärntner Straße bis Riegersdorf, wo die Wurzenpassstraße als Bundesstraße 109 auf den gleichnamigen Wurzenpass abzweigt. Sie wurde erstmals in der ersten Hälfte des 18. Jahrhunderts angelegt und weist an einer Stelle eine Steigung von 18 Prozent auf, weshalb sich dort in der Kurve eine entsprechende Fluchtstraße befindet, um im Notfall gefahrlos abgesichert zu wer-

den. Entlang der Straße sind zahlreiche Verteidigungsanlagen zu sehen, die an den Kalten Krieg erinnern. Ab den 1960er-Jahren wurde die Straße zu Verteidigungszwecken ausgebaut und beherbergte neben dem Stellungssystem und einigen Bunkern auch versenkte Stahlelemente, um im Ernstfall die Straße nach Süden hin abzusperren. Noch bis in das Jahr 2002 galten die Anlagen als größte Verteidigungsanlage Österreichs und waren geheim und einsatzbereit. Rund 2,5 Kilometer vor der Grenze nach Slowenien befindet sich heute das privat geführte Bunkermuseum mit einem Infozentrum, das über die damalige Zeit sowie über die Stellungen informiert. Das weitläufige Areal mit einer Fläche von rund 11 000 Quadratmetern kann heute betreten und besichtigt werden. Bunkermuseum Wurzenpass, An der Bundesstraße 109, www.bunkermuseum.at (46.535307, 13.745666).

» SEHENSWERTES

Pyramidenkogel

Den wohl schönsten Ausblick auf den größten See im Bundesland Kärnten hat man vom Aussichtsturm auf dem Pyramidenkogel. Der 850 Meter hohe Berg erhebt sich am Südufer des Wörthersees und zwar praktischerweise genau auf der Hälfte zwischen West- und Ostufer. Kein Wunder also, dass es an dieser Stelle schon früh einen ersten hölzernen Aussichtsturm gab. Dieser wurde 1968 durch einen Stahlbetonturm ersetzt, der durch seine markante Bauweise mit drei Plattformen in rund 50 Metern Höhe eine weithin sichtbare Landmarke war. Im Jahr 2012 wurde der Turm gesprengt und schuf Platz für den heutigen neuen und auf-

sehenerregenden Turm, der im Sommer 2013 feierlich eingeweiht wurde. Der aus einer Holz- und Stahlkonstrukion bestehende Neubau ragte insgesamt 100 Meter in die Höhe, soll durch seine Bauart einer Schraube nachempfunden sein und beherbergt nicht nur ein Turmcafé, sondern auch eine Rutsche für Erwachsene, die mit einer Höhe von über 50 Metern als höchste, überdachte Rutsche Europas gilt. Hoch sind allerdings auch die Eintrittspreise, wenn man bedenkt, dass es sich »nur« um einen Aussichtsturm handelt, doch einen aufregenderen Blick über den Wörthersee erhält man wohl kaum. www.pyramidenkogel.info (46.609784, 14.145454).

Arnoldstein
Dreiländereck
Bunkermuseum B 83
Faaker See B 85
Wörthersee
Pyramidenkogel L 54
mit Aussichtsturm L 52
58 km L 96

Klagenfurt
Altstadt
Lindwurm-
brunnen
Landhaus
Miniaturwelt
Minimundus
Kinomuseum
Reptilienzoo

Ziel

versuchen, mit dem Wohnmobil direkt in das Zentrum zu fahren. Gerade Klagenfurt hat einige Sehenswürdigkeiten im Westen der Stadt, wo sich ohnehin der Campingplatz und einige P+R-Parkplätze (z. B. 46.620248, 14.266464) befinden. Der Fußweg von dort bis in das Zentrum beträgt rund 45 Minuten. Innerhalb des Cityrings dominieren Parkhäuser. Wer dennoch citynah stehen möchte, sollte das Müllheiz-

kraftwerk nordöstlich des Zentrums ansteuern (46.62937, 14.314509).

Die Hauptstadt des Bundeslandes Kärnten ist durch den idyllischen Lendkanal mit dem Wörthersee verbunden, der in den Sommermonaten mit einem Ausflugsschiff befahren wird. Das Wahrzeichen der Stadt befindet sich zentral in der Altstadt und besteht aus dem Lindwurmbrunnen. Ende des 16. Jahrhunderts wurde dieser Brunnen aus einem

Zeit für einen Bummel durch Klagenfurts Altstadt sollte man sich nehmen.

» SEHENSWERTES

Minimundus, Reptilienzoo

Außerhalb der Altstadt, in unmittelbarer Nähe zum Campingplatz, kann man seine Reise durch die Alpen mit einer kleinen Weltreise kombinieren. In der Nähe des Campingplatzes befindet sich die Miniaturwelt Minimundus, in der auf einem Rundgang 150 Modelle von berühmten Sehenswürdigkeiten dieser Welt zu sehen sind. Minimundus, Villacher Straße 241, 9020 Klagenfurt am Wörthersee, Tel. 0043/(0)463/21 19 40, www.minimundus.at. Gleich daneben kann der Reptilienzoo besucht werden, der rund 1000 Tiere wie Klapperschlangen, Schildkrö-

ten und Eidechsen beherbergt. Reptilienzoo Happ, Villacher Straße 237, 9020 Klagenfurt, Tel. 0043/(0)463/234 25, www.reptilienzoo.at. Unmittelbar daneben steht das privat geführte Planetarium, das allerdings im Frühjahr 2014 Insolvenz anmelden musste. Ein Weiterbetrieb steht daher sprichwörtlich in den Sternen. Auf der anderen Seite des Lendkanals folgt schließlich noch das Kinomuseum, das unter anderem über die Kinogeschichte Klagenfurts informiert und einige alte Filmkameras zeigt. Klagenfurter Kinomuseum, Wilsonstraße 37, 9020 Klagenfurt am Wörthersee, Tel. 0043/(0)664/343 00 97

Block gefertigt und zeigt das sagenhafte Tier zusammen mit Herkules, der jedoch erst wenige Jahrzehnte später hinzugefügt wurde. Seinen heutigen Platz erhielt der Lindwurmbrunnen in den 1970er-Jahren, als an seinem ursprünglichen Standort etwas weiter östlich eine Tiefgarage gebaut wurde. Der Sage nach entstand Klagenfurt als kleines Dorf an der Stelle, wo der Lindwurm bekämpft und be-

Mitten in Klagenfurt

siegt wurde, sodass die Region von der Plage des Lindwurmes befreit wurde.

Am westlichen Ende des Platzes befindet sich das Rathaus der Stadt und durch die kleinen Gassen der Altstadt gelangt man in wenigen Schritten zum Landhaus. In dem bedeutendsten weltlichen Gebäude der Stadt, errichtet im 16. Jahrhundert, ist heute der Kärntner Landtag untergebracht.

» PRAKTISCHE HINWEISE

Das Schlosshotel am Wörthersee ist als Kulisse zahlreicher Filme berühmt.

TOURISTINFORMATIONEN

Cortina Turismo, Consorzio di promozione turistica, Via Marconi, 15/b, 32043 Cortina d'Ampezzo, cortina.dolomiti.org

Wörthersee Tourismus, Villacher Straße 19, 9220 Velden, Tel. 0043/(0)4274/38 28 80, www.woerthersee.com

Klagenfurt Tourismus, Neuer Platz 1, 9010 Klagenfurt am Wörthersee, Tel. 0043/(0)463/537 22 23, www.klagenfurt-tourismus.at

KARTEN

ADAC Urlaubskarte Kärnten, 1:150 000
Reise Know How Landkarte Italien Nord, 1:400 000

CAMPINGPLÄTZE

Camping Olympia, 39034 Toblach, Tel. 0039/(0)474/97 21 47, www.camping-olympia.com (46.734327, 12.193756). Großer, baumbestander Campingplatz direkt an der SS 49 bei Toblach inklusive Tierpark für Kinder.

Camping Toblacher See, Toblacher See 3, 39034 Toblach, Tel. 0039/(0)474/97 31 38, www.toblachersee.com (46.706411, 12.218338). Südlich von Toblach befindet sich auf dem Weg zu den Drei Zinnen im Höhlensteintal auf der rechten Seite des kleinen Toblacher Sees dieser komfortable, aber teils enge Campingplatz.

International Camping Olympia, Località Fiames, 1, Cortina d'Ampezzo, Tel. 0039/(0)436/50 57, www.camping-olympiacortina.it (46.569269, 12.115772). Nördlich von Cortina d'Ampezzo liegt dieser Platz mit über 300 Stellflächen am Flussufer vom Boite.

Camping Cortina, Via Campo 2, 32043 Cortina d'Ampezzo Tel. 0039/(0)436/86 75 75, www.campingcortina.it (46.521611, 12.134152). Ebenfalls am Boite-Flussufer, jedoch südlich der Ortschaft und rund eine halbe Stunde Fußweg vom Zentrum entfernt.

Camping Dolomiti, Via Sacus, 1, Cortina d'Ampezzo, Tel. 0039/(0)436/24 85, www.campeggiodolomiti.it

(46.516351, 12.135975). Ebenfalls großer Campingplatz, aber noch ein Stück weiter südlich als Camping Cortina und damit noch weiter vom Ort entfernt.

Camping International di Cologna, Località Cologna, 32040 Vallesella di Cadore, Tel. 0039/(0)435/721 35, www.campingcologna.com (46.446104, 12.406954). Am Südufer des Lago di Cadore in waldreicher Umgebung.

Alpencamp Kötschach-Mauthen, 9640 Kötschach-Mauthen, Tel. 0043/(0)4715/429, www.alpencamp.at (46.669796, 12.991235). Überschaubarer Campingplatz am Rande der Ortschaft.

AlpenferienPark Reisach, Schönboden 1, 9633 Reisach, Tel. 0043/(0)4284/301 (46.654827, 13.148807). In waldreicher Lage am Nordrand des Gailtals gelegener Campingplatz, der von Niederländern geführt wird. Rund 60 Stellflächen für Wohnmobile.

Schluga Camping Hermagor, Vellach 15, 9620 Hermagor, Tel. 0043/(0)4282/20 51, www.schluga.com (46.631286, 13.395938). Zwischen Hermagor und dem Presseger See gelegener Campingplatz, direkt an der Bundesstraße 111, 240 Stellplätze und seit 2014 mit Hallenbad, ganzjährig geöffnet. Gehört zum Naturpark Schluga Seecamping.

Naturpark Schluga Seecamping, Presseggen 29, 9620 Hermagor, Tel. 0043/(0)4282/27 60, www.schluga.com (46.632251, 13.445794). Gehört zum Schluga Camping Hermagor, ist jedoch nur in der Sommersaison geöffnet. Terrassenförmige Stellflächen am Hang nördlich des Presseger Sees, jedoch nicht direkt am See.

Camping Alpenfreude, Bergbad, 9612 St. Georgen, Wertschach 27, Tel. 0043/(0)4256/27 08, www.alpenfreude.at (46.607259, 13.588564). Rund 150 Stellflächen auf einem familiär geführten Campingplatz mit eigenem Freibad.

Camping am Bauernhof, Wertschach 23, 9612 St. Georgen/Gail, Tel. 0043/(0)699/88 50 44 98 http://members.aon.at/campingbauernhof (46.608302, 13.590377). In unmittelbarer Nachbarschaft zum Camping Alpenfreude, jedoch deutlich kleiner. Wie der Name schon sagt, handelt es sich um einen Bauernhof mit angeschlossenem Campingplatz, 35 großzügig angelegte und verhältnismäßig günstige Stellflächen.

Familien-Erlebnis-Camping Poglitsch, Kirchenweg 19, 9583 Faak am See, Tel. 0043/(0)4254/27 18, www.kindercamping.at (46.569888, 13.906158). Familienfreundlicher Campingplatz mit zahlreichen Ausstattungsmerkmalen, unter anderem mit einer Windsurfschule am Faaker See. Der Campingplatz hat zwar einen eigenen Strand und liegt am Ufer, der dortige sehr kleine See ist jedoch durch einen breiten Schilfgürtel vom Rest des Sees abgetrennt. Durch den Schilfgürtel entwässert der Faaker See in den Seebach, außerdem verläuft ein interessanter Spazierweg durch den Schilfgürtel.

Die folgenden 3 Campingplätze sind sich in Lage (Südostufer des Faaker Sees) und umfangreicher Ausstattung ähnlich:

Strand Camping Sandbank, Badeweg 3, 9583 Faak am See, Tel. 0043/(0)664/858 63 17, www.camping-sandbank.at (46.568841, 13.929698).

Strandcamping Gruber, Strand Nord 3, 9583 Faak am See, Tel. 0043/(0)4254/22 98, www.strandcamping.at (46.57244, 13.932391).

Strandcamping Anderwald, Strand Nord 4, 9583 Faak am See, Tel. 0043/(0)4254/22 97, www.campinganderwald.at.

Weißes Rössl, Auen am Wörthersee, Auenstraße 47, 9535 Schiefling-Auen, Tel. 0043/(0)4274/28 98, www.weissesroessl-camping.at (46.618277, 14.104572). Am Südufer des Wörthersees auf halber Strecke zwischen Velden und Maria Wörth. Kleiner, ruhig gelegener Campingplatz. Guter Ausgangspunkt für eine Tageswanderung auf den Pyramidenkogel.

Camping Wörthersee, Metnitzstrand 5, 9020 Klagenfurt am Wörthersee, Tel. 0043/(0)463/28 78 10, www.campingwoerthersee.at (46.6188, 14.255865). Großer Campingplatz am Ostufer des Sees. In umittelbarer Nähe von Kinomuseum, Minimundus und Reptilienzoo. Entlang dem Lendkanal spaziert man in weniger als 1 Stunde (rund 4 km) bis in das Klagenfurter Zentrum.

STELLPLÄTZE

Stellplatz am Misurinasee (46.588361, 12.256511). Ausgangspunkt für Touren rund um die Drei Zinnen, jedoch ist hier noch der Aufstieg zu berücksichtigen.

Stellplatz an den Drei Zinnen (46.612982, 12.293247). Auch in 2400 Metern Höhe, direkt am Fuße der Drei Zinnen, kann genächtigt werden. Hier sind jedoch noch die sehr hohen Mautgebühren für die Gebirgsstraße zu berücksichtigen.

Stellplatz Forni di Sopra (46.425597, 12.569085). Eher ein kleiner Parkplatz direkt an der SS 52 und am Ortseingang. Allerdings mit Entsorgungsmöglichkeit.

Stellplatz Ampezzo (46.411777, 12.800349). Mehrere Stellflächen in ruhiger Lage neben einem Sportplatz.

Sappada/Bladen, 32047 Sappada (46.562431, 12.679807). An der Kirche im Ort die Straße hinab bis zum kostenpflichtigen Stellplatz in einer Kurve rund 300 Meter vom Ortskern entfernt. Ruhige und schöne Lage.

Wohnmobilpark Gailberghöhe, 9640 Kötschach-Mauthen, Tel. 0043/(0)4715/368, www.gailberg.at (46.715599, 12.968056). Terrassierter Stellplatz, der im Jahr 2009 eröffnet wurde und an den Gasthof Gailberg angeschlossen ist. Liegt nicht ganz auf der Strecke, sondern 7 Kilometer nördlich von Kötschach-Mauthen am Gailbergsattel in Richtung Oberdrauburg (B 110).

Schluga Camping Hermagor, Vellach 15, 9620 Hermagor, Tel. 0043/(0)4282/20 51, www.schluga.com (46.631286, 13.395938). Vor dem Campingplatz befinden sich auch 6 Stellflächen für »Nur-Übernachter« zwischen 18 und 9 Uhr.

Stellplatz Tarvisio (46.503351, 13.57217). Wer vor Arnoldstein rechts auf die Bundesstraße 83 abbiegt und wieder nach Italien einreist, wird im 12 Kilometer entfernten Tarvisio einen schönen Stellplatz am Rande eines Großparkplatzes finden. Ver- und Entsorgungsmöglichkeit sowie ein kleines Sanitärgebäude vorhanden.

Familien-Erlebnis-Camping Poglitsch, Kirchenweg 19, 9583 Faak am See, Tel. 0043/(0)4254/27 18, www.kinder-camping.at (46.569888, 13.906158). Stellflächen auch außerhalb des oben aufgeführten Campingplatzes.

Stellplatz am Roseggerhof, 9232 Rosegg, Tel. 0043/(0)4274/27 22, www.roseggerhof.com (46.589858, 14.020437). Kleiner, privat geführter Stellplatz des Gasthofs Roseggerhof. Auf einer Wiese am Ortsrand inkl. Ver- und Entsorgung. Nur von April bis Oktober nutzbar.

PÄSSE

Entweder Im Gemärk (1530 m) oder Passo Tre Croci (1809 m)
Mauriapass (1298 m)
Plöckenpass (1357 m)

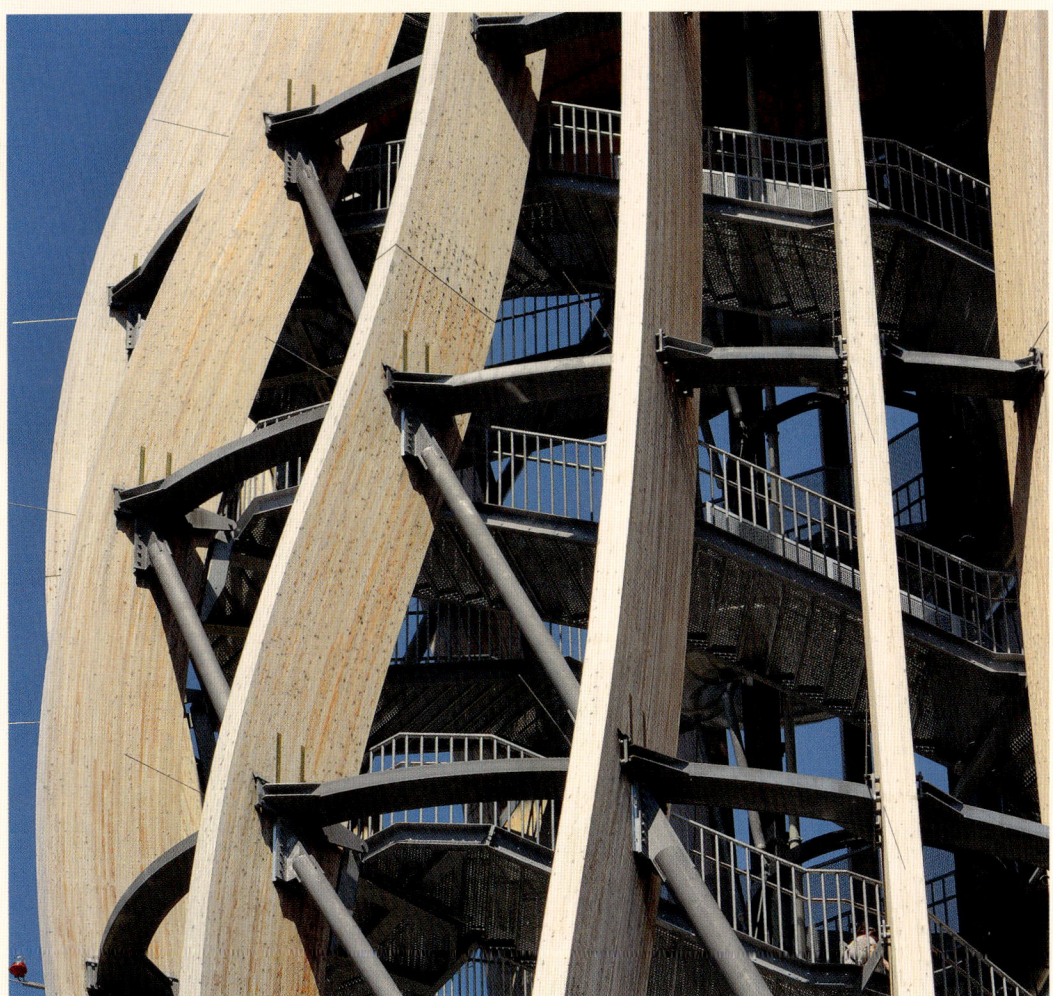

Abenteuerlich wirkt die Konstruktion des hölzernen Pyramidenkogels.

14 DURCH DAS HOCHGEBIRGE SLOWENIENS

Von Villach nach Bled

Start- und Endpunkt: Villach und Bled   **Beste Jahreszeit:** Sommer   **Streckenlänge:** Rund 150 km
Fahrzeit: 2 Tage   **Mautstrecken:** Mautpflicht auf den Autobahnen in Österreich, Italien und Slowenien, Mautpflicht auf der Mangartstraße (nur mit Pkw, Quad, Motorrad befahrbar), Mautpflicht im Karawankentunnel

Die historische Altstadt von Villach lädt zum Bummeln ein.

Die kürzeste Strecke in diesem Reiseführer verläuft dennoch durch drei Staaten. Nach einem kurzen Besuch in Villach und einem Abstecher zu den Sehenswürdigkeiten am Ossiacher See fahren wir ein kurzes Stück durch italienisches Gebiet, um wenig später nach Slowenien einzureisen und dort die herrlichen Julischen Alpen kennenzulernen. Diese sind beinahe komplett als Nationalpark Triglav geschützt und bieten zahlreiche Freizeitaktivitäten sowie tolle Ausblicke auf die höchsten Berge Sloweniens. Nach Durchquerung des Gebirges über einen 1611 Meter hohen Pass gelangen wir in das Savetal, wo wir auf den Kurort Bled zusteuern, der mit seiner Burg und dem See ein beliebtes Reiseziel ist.

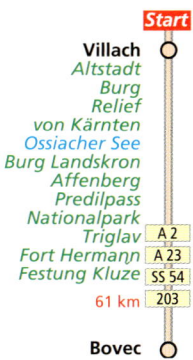

Villach
Altstadt
Burg
Relief
von Kärnten
Ossiacher See
Burg Landskron
Affenberg
Predilpass
Nationalpark
Triglav `A 2`
Fort Hermann `A 23`
Festung Kluze `SS 54`
61 km `203`

Bovec

Nördlich des Faaker Sees und westlich des Wörthersees (siehe Route 13) beginnen wir die Fahrt in der Stadt Villach, die sich auf beiden Seiten der Drau erstreckt. Von den

Parkplätzen (46.616645, 13.84025 am linken Drauufer oder 46.615481, 13.835916 am rechten Drauufer) ist das Zentrum von Villach schnell zu Fuß erreicht. Die Stadt ge-

Man sollte sich Zeit nehmen, den slowenischen Nationalpark Triglav zu erkunden.

253

Im Triglav kann man noch entlang von unverbauten Bergbächen wandern.

hört zu den kleineren Alpenstädten und ist dementsprechend schnell durchquert. Die wenigen Gassen der kleinen Altstadt befinden sich zwischen dem Hauptplatz und dem Burgplatz am rechten Drauufer und umschließen den Kaiser-Josef-Platz. Dabei

ist die zweitgrößte Stadt Kärntens ein wichtiger Dreh- und Angelpunkt für den Straßen- und für den Bahnverkehr. Neben dem Hauptbahnhof und dem Westbahnhof gibt es zum Beispiel noch den Autoverladebahnhof als Zwischenstation zwischen Deutsch-

» SEHENSWERTES

Ossiacher See, Burg Landskron, Affenberg
Außerhalb von Villach lohnt sich eine Fahrt gen Nordosten in Richtung Ossiacher See. Rund um den bis zu zehn Kilometer langen, aber stellenweise nur 600 Meter breiten See haben sich zahlreiche Campingplätze angesiedelt und der See kann auf einem 25 Kilometer langen Radweg gemütlich umrundet werden. Neben dieser sportlichen Herausforderung lädt in der Nähe des südwestlichen Ufers die Burg Landskron zu einem Besuch ein. Seit dem Bau der Burg vor rund 1000 Jahren hat sie zahlreiche Besitzerwechsel erlebt, die allesamt die tolle Aussicht vom Burghügel über die Stadt Villach erleben konnten. Heute besteht die Möglichkeit, auf der Burg zu heiraten, an mittelalterlichen Ta-

felrunden teilzunehmen oder eine Greifvogelschau zu beobachten. Im Anschluss an die rund 40-minütige Schau kann der dazugehörige Greifvogelzoo mit Geiern, Milanen, Falken, Adlern und Eulen besucht werden. Auf der anderen Seite des Schlossteiches befindet sich mit dem Affenberg eine weitere Attraktion, die man nicht auslassen sollte. Im Rahmen einer dreiviertelstündigen Führung begegnet man nicht nur zahlreichen Makakenaffen hautnah, sondern erfährt zahlreiche Informationen über diese Affenart. Burg Landskron, Schlossbergweg 30, 9523 Villach, Tel. 0043/(0)4242/415 63, www.burglandskron.at bzw. www.adlerarena.com; Abenteuer Affenberg, Schlossbergweg 18, 9523 Landskron, Tel. 0043/(0)4242/43 03 75, www.affenberg.com (46.644063, 13.89713).

land und den Balkanstaaten. Darüber hinaus befindet sich im Osten der Stadt der Autobahnknotenpunkt, wo die Tauernautobahn (A 10) in die Karawankenautobahn (A 11) übergeht und die Südautobahn (A 2) in Ost-West-Richtung verläuft.

Stadtrundgang in Villach

Auch die Römer nutzten die Region rund um Villach für eine ihrer wichtigsten Alpenstraßen. Spuren von der Römerstraße sind noch heute im südlich gelegenen Ortsteil Warmbad zu sehen. In der Altstadt lohnt sich unter anderem der Besuch der Burg am Drauufer. Die im 13. Jahrhundert errichtete Burg kann zwar heute nicht mehr komplett besichtigt werden, doch das Stadtmuseum Villach hat einen Schauraum eingerichtet, in dem zahlreiche archäologischen Funde aus der Region ausgestellt sind. Das eigentliche Museumsgebäude erreicht man von der Burg aus über die Widmanngasse und ist dort in einem nicht minder schönen Gebäude

des Renaissancestils untergebracht. Wenige Meter von dort entfernt liegt die Stadtpfarrkirche, die dem Heiligen Jakobus geweiht und ein wichtiger Meilenstein für Jakobspilger auf dem Weg in das spanische Santiago de Compostela ist. Der Kirchturm, mit 94 Metern der höchste in Kärnten, kann bestiegen werden und bietet einen schönen Überblick über Villach und Umgebung.

Ebenfalls sehenswert ist das Relief von Kärnten, das sich in einem kleinen Gebäude im Schillerpark befindet. Es hat eine Fläche von über 180 Quadratmetern (19,5 x 9 Meter) und sollte nach drei Jahren Bauzeit in den 1890er-Jahren fertiggestellt werden. Da es damals aber weder GPS noch Satellitenaufnahmen, sondern nur einfache Karten gab, wurde aus den geplanten drei Jahren eine Bauzeit von 24 Jahren. Heute gilt die Plastik als eine der größten ihrer Art in Europa. Einen schönen Blick auf die Kärntner Miniaturlandschaft hat man dementsprechend von den Gängen oberhalb des Reliefs.

Die Julischen Alpen sind für ihre markanten Formationen berühmt.

Über Italien und den Predilsattel nach Slowenien

Südlich von Villach verlassen wir Österreich und steuern Slowenien an. Dabei haben wir drei Möglichkeiten, das Land südlich der Karawanken zu erreichen. Die schnellste Fahrt verläuft durch den mautpflichtigen Karawankentunnel der Autobahn 11. Spektakulärer, aber wegen der extremen Steigung für Wohnmobile weniger geeignet, ist die Fahrt über den weiter westlich gelegenen Wurzenpass. Wer jedoch noch über einen kleinen Abstecher durch Italien nach Slowenien einreisen möchte, nutzt die Strecke

über Arnoldstein und später Trevisio (Wohnmobilstellplatz) bis zum Lago di Previl, wo am Seeufer noch ein schöner Picknickplatz wartet (46.426651, 13.568924). Wenig später geht unsere Fahrt in einigen Kurven in die Höhe, wo wir am Predilpass auf einer Höhe von 1156 Metern die Grenze zu Slowenien erreichen. Kurz zuvor sehen wir auf der rechten Seite die Batterie Predilsattel, die als sogenannte Sperre Predil zu den österreichischen Festungsbauwerken des ausgehenden 19. Jahrhunderts gehört.

Mit der Überquerung des Passes erreichen wir nicht nur Slowenien als ehemaligen Teil von Jugoslawien, sondern auch sofort

Steile Berge, grüne Wiesen, klare Bäche – Postkartenidyll der Julischen Alpen

den einzigen Nationalpark des Landes, der aber gleich drei Prozent der Landesfläche ausmacht. Der Nationalpark Triglav wurde nach dem höchsten Berg Sloweniens benannt, der beinahe auch den geografischen Mittelpunkt des Nationalparks markiert.

Der Park wurde in der ersten Hälfte des letzten Jahrhunderts angelegt und immer wieder erweitert, bis er im Jahr 1981 seine heutige Größe erlangte und dabei fast komplett den östlichen Teil der Julischen Alpen abdeckt. Rund zwei Drittel des Nationalparks sind bewaldet, oberhalb der Baumgrenze ist das kalkhaltige Gestein der Julischen Alpen gut erkennbar, das mit

für die Entstehung von Karsterscheinungen verantwortlich ist. Besonders stolz ist man im Nationalpark auch auf das kristallklare Wasser, das allgegenwärtig zu sein scheint.

Verschiedene Wanderwege und Lehrpfade durchziehen den Triglav-Nationalpark und laden zum Erleben, Erholen und Verweilen ein. Es gibt nicht nur individuelle Wanderungen, sondern auch geführte Wanderungen, die von einem der Besucherzentren organisiert werden und die es ebenfalls in deutscher Sprache gibt. Abgeraten wird jedoch vom Übernachten bzw. freien Stehen mit dem Wohnmobil, da es sich um

einen Nationalpark handelt und dies zu hohen Strafen führt.

Doch wir fahren zunächst auf der Straße 203 weiter nach Slowenien hinein und genießen die ersten Ausblicke auf die steilen, vor uns liegenden Berge der Julischen Alpen. Schon nach wenigen Kurven haben wir rechts die Möglichkeit, einen kurzen Stopp einzulegen (46.420631, 13.58585), um einen Blick auf die Ruinen von Fort Hermann werfen zu können. Es handelt sich um die zweite Festungsanlage am Predilpass. Sie stand 1915 unter starkem Granatenbeschuss und wurde stark zerstört. Gleich unterhalb der Festungsruine sehen wir beim Vorbeifahren ein Denkmal zu Ehren des Kommandanten Johann Hermann von Hermannsdorf, der das Fort zu Beginn des 19. Jahrhunderts gegen die Truppen Napoleons verteidigte und dabei zu Tode kam. Das Denkmal wurde anschließend auf Geheiß von Kaiser Ferdinand I. von Österreich aufgestellt.

Der weitere Weg führt auf einer zwar zweispurigen, aber dennoch teilweise engen Straße bergab und an kleinen Bergdörfern und Weilern vorbei, bis wir weiter unten im Tal die letzte der drei österreichischen Befestigungsanlagen erreichen (46.361145, 13.589226). Die Festung Kluže ist die am besten erhaltene von den dreien und entstand zu Beginn der 1880er-Jahre. Doch schon im 15. Jahrhundert stand an dieser

Nur selten bekommt man einen »echten« Steinbock zu Gesicht.

Stelle eine venezianische Klause, die das enge Tal vor den Einfällen der Türken schützen sollte. Wenig später passieren wir den Abzweig nach Trenta, fahren aber zuvor geradeaus in den ersten größeren Ort auf slowenischer Seite, Bovec.

Von Bovec durch das Soča-Tal auf den Vršič-Pass

Viel Sehenswertes gibt es in der 3000-Einwohner-Gemeinde zwar nicht, doch die Lage im Nationalpark macht Bovec zu einem idealen Ausgangspunkt für Touren

---

» SEHENSWERTES

Mangart mit Blick auf die Julischen Alpen
Gleich hinter dem Hermanns-Denkmal fahren wir durch die Ruinen hindurch und sehen vor uns am Horizont den markanten Gipfel des gut erkennbaren Mangarts. Er ist 2677 Meter hoch und kann von Wohnmobilisten, die ein Motorrad, Quad oder einen Pkw bei sich haben über die Mangartstraße erreicht werden. Denn wenig später sehen wir in einer Rechtskurve auf der linken Seite einen Parkplatz und den Beginn der kostenpflichtigen Mangartstraße, die gleichzeitig die höchstgelegene Straße Sloweniens ist. Die Mautstelle erscheint mit einem kleinen Holzhäuschen am Wegesrand nach rund 2,5 Kilometern. Doch die Straße hat eine Steigung von bis zu 22 Prozent und das Hinweisschild mit der Hö-

henbeschränkung von 2,20 Metern ist auf jeden Fall ernst zu nehmen. Auf dem Weg in die Höhe sind mehrere Tunnel zu durchqueren, durch die ein Wohnmobil definitiv nicht passt. Auch vom Versuch ist dringend abzuraten, da die Wendemöglichkeit vor dem ersten Tunnel bzw. an der Mautstelle äußerst schmal ist. Wer jedoch mit einem kleineren Fahrzeug die Bergfahrt bewältigt, wird am Rande der slowenisch-italienischen Grenze mit einem tollen Ausblick auf die Julischen Alpen Sloweniens belohnt und hat die Möglichkeit, vom Ende der Straße – an der Lahnscharte – den Gipfel des Mangarts zu erreichen. Wer sich diese Tour nicht zutraut, hat aber auch von der Lahnscharte schon einen fantastischen Ausblick über die Region.

Linke Seite: Auf den grünen Wiesen grasen Schafe und Rinder.

durch den Nationalpark. Außerdem ist Bovec für den hiesigen Schafskäse bekannt, der durch die klassische Landwirtschaft hergestellt werden kann, da sich der Ort mit Weiden und Feldern in einem Talbecken erstreckt. Für uns Wohnmobilisten ist er überdies interessant, weil er nicht nur Campingplätze bietet, sondern auch einen der in Slowenien noch sehr selten vorkommenden Wohnmobilstellplätze.

An dem Abzweig nach Trenta können wir in die Geschichte der Julischen Alpen eintauchen. Wenn wir der Straße folgen, haben wir zahlreiche Spitzkehren und einige Höhenmeter zu überwinden, denn es geht auf den 1611 Meter hohen Vršič-Pass hinauf. Doch zunächst fahren wir auf der teilweise engen Straße 206 durch das Soča -Tal leicht ansteigend, bis wir Trenta erreichen. Der Ort ist ein Teil von Bovec und besteht aus nur wenigen Häusern. Eines davon ist das Na-

» SEHENSWERTES

Botanischer Garten Juliana

Fast drei Kilometer hinter dem Besucherzentrum wartet bereits mit dem alpinen Botanischen Garten Juliana die nächste Sehenswürdigkeit. Leider ist dort das Parken nicht besonders einfach, weshalb man vor der Kirche der Heiligen Madonna von Loreto auf der linken Seite seinen Wagen abstellen sollte (46.396437, 13.744942). Dort steht man übrigens auch direkt an einer der Hängebrücken, die sich über die Soča spannen und die ein typisches Bild für den Fluss sind. Rund 200 Meter entlang der Straße folgt der Botanische Garten. Sollte der kleine Parkplatz bereits belegt sein, findet man auch hinter der nächsten Rechtskurve eine Haltemöglichkeit und kann zum Juliana-Garten zurückgehen. Er ist der älteste Botanische Garten Sloweniens und wurde in den 1920er-Jahren angelegt. Der Garten zeigt überwiegend Pflanzen aus den Julischen Alpen, aber auch aus den Karawanken. Ein Teil ist außerdem für nicht-endemische Pflanzen vorgesehen und präsentiert Arten aus den westlichen Alpen, dem Kaukasus und den Pyrenäen. Empfohlen wird ein Besuch des heutigen Naturdenkmals besonders im Mai und im Juni.

tionalparkhaus (46.380689, 13.752345, Na Logu in Trenta, SI-5232 Soča, Tel. 00386/(0)5/388 93 30, www.tnp.si/nationalpark. Neben der Ausgabe von Informationen über die Region beherbergt es auch verschiedene Themenausstellungen zur Geologie und zur Kultur der im Nationalpark lebenden Menschen.

Die Kirche der Heiligen Madonna von Loreto unterhalb des Botanischen Gartens wurde Ende des 17. Jahrhunderts erbaut und zeigt neben der Schwarzen Madonna von Loreto auch ein sehenswertes Altarrelief.

Anschließend überqueren wir zweimal den Soča und erreichen einen Abzweig zur Quelle des Flusses (Izvir Soča, 46.409265, 13.725614). Am Ende dieser Stichstraße finden wir an einem Gasthof einen kleinen Parkplatz mit einem schmalen Wanderweg zur Soča-Quelle. Der hier entspringende Fluss, der uns auf der Strecke von Bovec bis hierhin die gesamte Zeit entgegenfloss, ist insgesamt 140 Kilometer lang. In der Nähe des italienischen Monfalcone mündet er schließlich in den Golf von Triest, wo er seit Überquerung der Staatsgrenze den Namen Isonzo trägt. Weingenießer kennen die Bezeichnung für das gleichnamige Weinbaugebiet auf italienischer Seite.

Willkommen auf dem Vršič-Pass

An dem Abzweig zur Quelle beginnt die eigentliche Auffahrt zum Vršič-Pass und wir sehen in der ersten Spitzkehre das Schild mit der Nummer 49. Keine Sorge, die Passhöhe liegt zwischen den Nummer 25 und 24. Die niedrigeren Nummern markieren bereits die Abfahrt auf der nördlichen Seite des Passes. Allerdings sei spätestens hier darauf hingewiesen, dass die Straße bei der Talfahrt teilweise schmal ist und der Bodenbelag in den Spitzkehren aus Kopfsteinpflaster besteht. Dieses ist jedoch stellenweise in einem besseren Zustand als die asphaltierten Straßenabschnitte dazwischen. Wer sich die Fahrt nicht zutraut, sollte spätestens hier umkehren und das Triglavgebirge auf der Straße 102 südlich umfahren.

Auch vor Spitzkehre 48 kann man nochmal an einem schmalen Schotterstreifen anhalten. Auf der anderen Straßenseite führt ein kurzer Spazierweg zu einem Denkmal, das an Julius Kugy erinnert. Auf den Namen Kugy wird man als Wanderer in den Julischen Alpen immer wieder stoßen, denn er war Bergsteiger und Schriftsteller und hatte nicht nur die Julischen Alpen erschlossen, sondern auch einige Erstbesteigungen durchgeführt. Ungeachtet der politischen Verhältnisse zu seinen Lebzeiten zwischen 1858 und 1944 wurde er von Slowenen, Italienern und Österreichern gleichermaßen respektiert – in den Städten rund um das Dreiländereck sind in allen drei Ländern mehrere Straßen und Plätze nach ihm benannt.

Die weitere Bergfahrt bietet uns aufgrund der dichten Bewaldung wenig Ausblicke unterwegs und so erreichen wir nach über 20 weiteren Spitzkehren den Vršič-Pass mit seinem kostenpflichtigen Parkplatz. Nach der Mangartstraße als höchste Straße Sloweniens ist dies der höchstgelegene Gebirgspass des Landes. Er wird gerne als Ausgangspunkt für zahlreiche Wanderungen in die Julischen Alpen genommen, aber man kann auch schon nach wenigen Minuten Wanderung faszinierende Ausblicke über den Nationalpark genießen.

Die Abfahrt vom Pass gehen wir, wie bei allen Pässen natürlich auch, gewohnt langsam und entspannt an. Ein nächster Stopp lohnt sich nach der Spitzkehre Nummer 9, wo auf der linken Seite ein kleiner Parkplatz erscheint (46.442773, 13.768878). Von dort ist man in wenigen Schritten an der Ruska Kapelica, der Russischen Kapelle. Gleich daneben befindet sich ein Gemeinschaftsgrab, in dem bis zu 300 russische Kriegsgefangene begraben liegen. Sie waren es nämlich, die die Passstraße während des Ersten Weltkrieges bauen mussten. Im März

Die tiefen Täler rund um den Triglav haben Gletscher eingegraben.

Die Russische Kapelle erinnert an Soldaten des Ersten Weltkriegs.

Bovec
Trenta
Nationalparkhaus
Botanischer Garten Juliana
VršičPass
Russische Kapelle
45 km 206

Kranjska Gora
Slowenisches Alpinmuseum
201
254
40 km 209

Bled
Bleder See
Burg
Insel
Blejski Otok
Fahrt mit einer Pletna
Vintgar-Klamm

Ziel

1916 kam es bei der ohnehin schon schweren Arbeit zu einem Lawinenunglück, bei dem bis zu 300 russische Gefangene und vermutlich bis zu 80 österreichische Soldaten ums Leben kamen. Die überlebenden Gefangenen bauten anschließend freiwillig die kleine hölzerne Kapelle mit ihren beiden Türmen, die ihren Abschluss mit einem Zwiebeldach und einem russisch-orthodoxen Kreuz finden.

Durch das Savetal zwischen Karawanken und Julischen Alpen nach Bled

Am Ende der Passstraße erreichen wir im Tal der Save den Ort Kranjska Gora, der sich zwischen den Karawanken und den Julischen Alpen befindet. Dem Fluss folgen wir durch sein Tal. Er entspringt nicht weit von Kranjska Gora und wird in seinem Verlauf zum größten Fluss Sloweniens und später auch Kroatiens. Nach 940 Kilometern mündet er schließlich in Serbien in die Donau. Schon nach einer rund viertelstündigen Fahrt gelangen wir nach Mojstrana, das noch zu Kranjska Gora gehört und wo wir Gelegenheit haben, das Slowenische Alpinmuseum zu besichtigen. Es wurde im Jahr 2010 durch den damaligen Staatspräsidenten Danilo Türk feierlich eröffnet. Es zeigt in mehreren Sammlungen und einem umfangreichen Archiv die alpine Geschichte Sloweniens und befasst sich mit der Erschließung der Julischen Alpen (Triglavska cesta 49, 4281 Mojstrana, Tel. 00386/(0)8/380 67 30, www.planinskimuzej.si (46.458066, 13.935948).

Wenig später unterqueren wir im Savetal die Autobahn, die an dieser Stelle in den Karawankentunnel nach Österreich mündet. Den folgenden lang gestreckten Jesenice passieren wir nur kurz und steuern auf unser Etappenziel Bled zu (Parken: 46.368882, 14.111889; 46.369285, 14.110559 oder 46.364744, 14.106385). Bled ist ein beliebter Luftkurort am östlichen Rand der Julischen Alpen. Doch das Interesse der meisten Besucher hat weniger mit der Ortschaft selbst zu tun, sondern eher mit seiner Lage am Bleder See. Am Nordrand des Gewässers erhebt sich ein 139 Meter steil aufragender Felsen, auf dem stolz die älteste Burg Sloweniens wacht. Sie ist mindestens 1000 Jahre alt und beherbergt heute neben einem

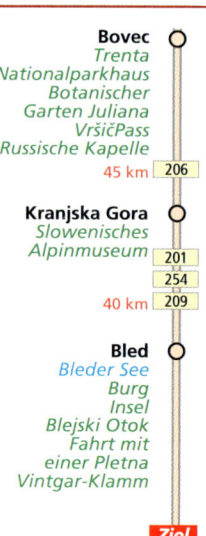

Burg Bled gilt als die älteste Burg Sloweniens.

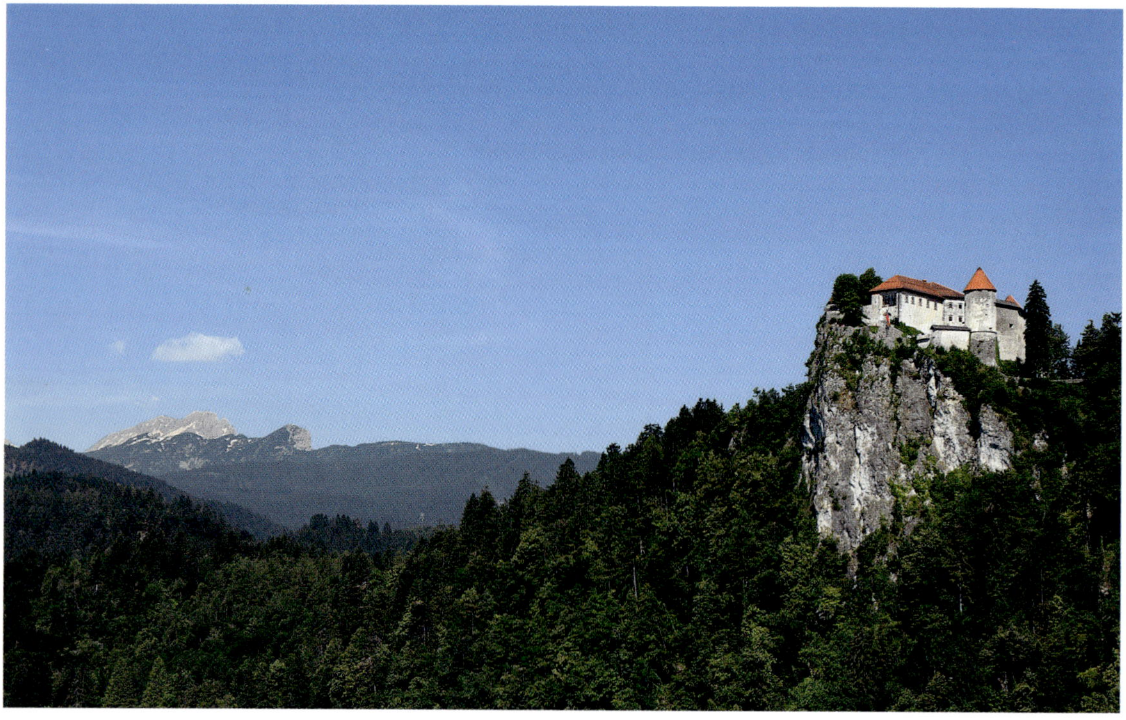

Restaurant auch ein Museum, das über die Geschichte Bleds informiert. Sowohl der Anblick der Burg vom Südufer aus, als auch der Ausblick vom Burghof über den Bleder See hinweg bis in die Julischen Alpen ist unbedingt empfehlenswert. Beim Ausblick von der Burg erkennt man gleichzeitig eine kleine Insel im See. Dieses Blejski Otok genannte Eiland ist bekannt für seine Marienkirche aus dem 17. Jahrhundert, die mit zahlreichen gotischen Fresken versehen ist. Von der Anlegestelle aus ist sie über 98 Stufen zu erreichen, die im Jahr 1655 angelegt wurden. Die Kirche wird gerne für Hochzeiten genutzt und traditionell trägt der Bräutigam seine Braut die Stufen hoch, was der Ehe Glück bringen soll.

Zu erreichen ist die Insel über die sogenannten Pletnas. Die halboffenen Holzboote haben meist ein farbenfrohes Leinendach und bieten Platz für bis zu 20 Passagiere. Gesteuert werden sie von einem stehenden Pletnar, was auch heute noch ein angesehener Beruf ist, der in der Regel von Familie zu Familie als Titel weitergegeben wird.

» SEHENSWERTES

Um Bled herum
Auch außerhalb von Bled gibt es einiges zu entdecken. Südlich des Sees befindet sich das Dorf Selo, wo am Bauernhof Mulej unter anderem ein Lehrbienenstock mit 50 Bienenvölkern zu sehen ist. Der Imker Blaž Ambrožič bietet englischsprachige Führungen an, die sich mit der Krainer Biene befassen. Außerdem werden Workshops für Kinder angeboten und natürlich besteht die Möglichkeit, frischen Honig zu erwerben (46.35276, 14.106139, Blaž Ambrožič , Tel. 00386/(0)41/65 71 20). Wiederum nördlich vom Bleder See lädt die Vintgarklamm zu einer erholsamen Wanderung ein (46.392333, 14.084418). Sie wurde erst im Jahr 1891 entdeckt, aber sogleich zu touristischen Zwecken ausgebaut. Über zahlreiche Holzstege, Galerien und Brücken führt ein kostenpflichtiger Wanderweg oberhalb des grünlich schimmernden Wassers durch die bis zu 300 Meter tiefe Schlucht. Der Weg ist rund 1,5 Kilometer lang und endet schließlich am Wasserfall Sum.

Malerisch erhebt sich die Kircheninsel aus dem türkisblauen Bleder See.

TOURISTINFORMATIONEN

Villach-Warmbad, Faaker See, Ossiacher See Tourismus GmbH, Töbringer Straße 1, 9523 Villach-Landskron, Tel. 0043/(0)4242/420 00

Fremdenverkehrsamt Bled, Cesta svobode 10, 4260 Bled, Tel. 00386/(0)4/578 02 05, www.bled.si

Nationalpark Triglav, Ljubljanska cesta 27, 4260 Bled, Tel. 00386/(0)4/578 02 00, www.tnp.si/national-park

KARTEN

Kümmerley + Frey, Alpenstraßen 1:700 000 oder Marco Polo, Salzburg, Kärnten, Steiermark 1:200 000

CAMPINGPLÄTZE

Camping Gerli, Badstraße 23, 9500 Villach, Tel. 0043/(0)4242/574 02, www.campinggerli.at (46.615304, 13.80682). Kleiner Campingplatz, rund 4 Kilometer westlich vom Zentrum entfernt.

Camping Seehof, Campingweg 12, 9500 Villach, 0043/(0)676/843 74 07 13, www.campingseehof.at (46.632686, 13.857704). Nordöstlich von Villach am Ufer des kleinen Vassacher Sees.

CampingBad Ossiacher See GmbH, Seeuferstraße 109, 9520 Annenheim, Tel. 0043/(0)4248/27 57, www.camping-ossiachersee.at (46.65616, 13.89236). Größerer Campingplatz mit allem erdenklichen Komfort am Westufer des Ossiacher Sees.

Gasthof Lindenhof, Lindenhofweg 1, 9520 Annenheim, Tel. 0043/(0)4248/27 03, www.gasthof-lindenhof.info (46.657117, 13.888423). Zwar nicht direkt am Ossiacher See, aber in unmittelbarer Nähe. Auch der Affenberg und die Burg Landskron sind, wie vom Campingbad Ossiacher See, in etwas mehr als einer halben Stunde Fußweg erreichbar.

Zahlreiche weitere Campingplätze am Ossiacher See, vor allem am Südufer eine große Auswahl an Campingmöglichkeiten.

Camping »Liza«, Vodenca 4, 5230 Bovec, Tel. 00386/(0)5/389 63 70, www.camp-liza.com (46.332443, 13.575045). Ruhig gelegener, idyllischer Campingplatz. Um ihn zu erreichen, muss man den deutlich größeren Campingplatz Vodenca überqueren.

Camping Vodenca, Vodenca, 5230 Bovec, Tel. 00386/(0)31/54 22 99, www.camp-vodenca.com (46.330673, 13.57364). Großer Campingplatz in ruhiger Lage.

Camping Soča, 5232 Soča, Tel. 00386/(0)31/82 44 86. Einfacher Campingplatz in ruhiger Lage im Tal, direkt am Flussufer.

Camping Korita, 5232 Soča, Tel. 00386/(0)51/64 56 77, www.camp-korita.com (46.341404, 13.684831). Kleiner, einfacher Campingplatz mit 25 Stellflächen am Flussufer. Bezeichnet sich selbst als erstes Öko-Camping Sloweniens.

Camping Triglav, Trenta 18, 5232 Soča, Tel. 00386/(0)5/388 93 11, www.kravanja.si (46.374256, 13.740794). Einfacher Campingplatz auf dem Weg zum Besucherzentrum.

Camping Trenta, Trenta 60, 5232 Soča, Tel. 00386/(0)5/61 59 66 (46.389018, 13.747182). Rund 700 Meter vor dem Botanischen Garten Juliana und der dortigen Kirche. Über Wanderwege sind sie vom Campingplatz aus gut erreichbar.

Camping Kamne, Dovje 9, 4281 Mojstrana, Tel. 00386/(0)4/589 11 05, www.campingkamne.com (46.464218, 13.956898). Überschaubarer Campingplatz im Savetal, direkt an der Straße 201, ca. 1 Kilometer östlich von Mojstrana.

Camping Bled, Kidričeva 10C, 4260 Bled, Tel. 00386/(0)4/575 20 00, www.camping-bled.com (46.361667, 14.08198). Großer Campingplatz als Teil einer Hotelkette. Am Westufer des Bleder Sees gelegen, nur durch eine schmale Straße vom Wiesenstrand abgetrennt.

STELLPLÄTZE

Stellplatz Tarvisio (46.503351, 13.57217). Wer vor Arnoldstein rechts auf die Bundesstraße 83 abbiegt und wieder nach Italien einreist, wird im 12 Kilometer entfernten Tarvisio einen schönen Stellplatz am Rande eines Großparkplatzes finden. Ver- und Entsorgungsmöglichkeit sowie ein kleines Sanitärgebäude vorhanden.

Stellplatz Bovec (46.332565, 13.538658). Einer der sehr seltenen Stellplätze in Slowenien. Einfacher Asphaltparkplatz mit Ver- und Entsorgungsmöglichkeit am westlichen Rand der Stadt, etwas abgelegen. Zur einmaligen Übernachtung in Ordnung, aber nicht für einen längeren Aufenthalt gedacht.

PÄSSE

Predilpass (1156 m)
Vršič-Pass (1611 m)

Im Sommer ist man für einen schattigen Parkplatz dankbar.

15 VON HÖHLEN, KLAMMEN, GLETSCHERN UND DEM HÖCHSTEN BERG ÖSTERREICHS

Von Salzburg nach Lienz

Start- und Endpunkt: Salzburg und Lienz   **Beste Jahreszeit:** Sommer   **Streckenlänge:** Rund 200 km
Fahrzeit: 2 Tage   **Mautstrecken:** Vignettenpflicht auf österreichischen Autobahnen, Mautpflicht auf der Großglockneralpenstraße

Auf der ersten Hälfte dieser Route haben wir mehrmals die Möglichkeit, Österreich unter Tage zu erleben. Südlich von Salzburg erwartet uns ein Schaubergwerk der einstigen Salzregion, bei dem wir das Wohnmobil mit der Grubenbahn austauschen. Dem Salz folgt das Eis in der Eisriesenwelt bei Werfen und zu guter Letzt kommt noch die Entrische Kirche, der Heilkräfte nachgesagt werden. Wer kein Freund von Höhlenbesuchen ist, findet aber sicher Gefallen an den Klammen auf dem Weg. Diese sind zwar auch spektakulär eng, aber nach oben offen. Die Liechtensteinklamm und die Kitzlochklamm sind auf jeden Fall einen Besuch wert. Auf der zweiten Hälfte dieser Route geht es hoch hinaus. Über die berühmte touristische Groß-

Das Salzburger Land ist durch den Salzabbau reich geworden.

glockneralpenstraße erreichen wir den Ort, von dem schon Kaiser Franz Josef einen fantastischen Blick auf den höchsten Berg Österreichs, den Großglockner, werfen konnte.

Start

Salzburg
Altstadt
Domplatz
Festung
Hohensalzburg
Geburtshaus
von Mozart
Hallein
Schaubergwerk
Keltenmuseum
Stille-Nacht-
Museum

40 km B 159

Werfen

Durch die Salzregion Österreichs

Südlich von Salzburg fahren wir durch das Tal der Salzach und passieren nach wenigen Kilometern die Ortschaft Hallein. Ihr Name leitet sich von Hall ab, das als Teil eines Ortsnamens in der Regel mit Salzgewinnung durch eine Sole in Verbindung steht. Etymologisch ist die Herkunft von Hall und Hal nicht eindeutig geklärt, in den meisten Fällen ist jedoch der Talort der Saline gemeint. Bekannte Orte sind zum Beispiel Bad Reichenhall, Schwäbisch Hall und Halle an der Saale. Auch bei den Halligen in der Nordsee wird angenommen, dass die Bezeichnung vom Marschboden und dem Meersalz abzuleiten ist.

   In Hallein wurde bereits vor zweieinhalbtausend Jahren Salz von den Kelten abgebaut. Doch noch vor der Zeitenwende wurde dieser Salzabbau eingestellt und erst über ein Jahrtausend später Ende des 12. Jahrhunderts wieder aufgenommen. Wenige Jahre darauf erhielt Hallein die Stadtrechte. Dieser Salzabbau hielt wesentlich länger an, wurde jedoch im Jahr 1989 endgültig eingestellt. In dem einstigen Bergstock befindet sich heute ein Schaubergwerk (47.666916, 13.091556), das im Rahmen einer rund 70-minütigen Führung besichtigt werden kann. Bei Temperaturen zwischen sieben und zehn Grad Celsius wird warme Kleidung empfoh-

Der Stellplatz in Golling liegt unmittelbar neben der Badeoase Aqua Salza.

len. Darüber hinaus erhält man noch Spezialkleidung, da man mit der Grubenbahn in den Stollen einfährt und innerhalb des Schaubergwerks die Möglichkeit hat, auf einer Salzrutsche hinabzurutschen. Der Fußweg innerhalb des Salzstollens beträgt rund 1,5 Kilometer. Das Bergwerk ist Teil der sogenannten Salzwelten mit zwei weiteren Standorten in Hallstatt und in Altaussee.

Salzwelten Bad Dürrnberg, Ramsaustraße 3, 5422 Bad Dürrnberg, Tel. 0043/(0)6132/ 200 85 11, www.salzwelten.at.

Eine weitere interessante Ausstellung in Hallein beherbergt das Keltenmuseum, das zum Salzburgmuseum gehört und in einer Dauerausstellung über die Zeit vor 2500 Jahren informiert, als die Kelten in der Region begannen, Salz abzubauen. Zu den

» HISTORISCHES

»Stille Nacht, heilige Nacht«
Franz Xaver Gruber lebte zwar viele Jahrhunderte nach den Kelten, hat der Nachwelt jedoch auch etwas Weltberühmtes hinterlassen. An Heiligabend im Jahr 1818 spielte er zum ersten Mal das Lied »Stille Nacht, heilige Nacht«. Es gilt heute als das bekannteste Weihnachtslied der Welt und wurde von der österreichischen Unesco-Kommission als immaterielles Kulturerbe dokumentiert. Über das Lied, das im Original aus sechs Strophen besteht und seinen Komponisten informiert das Stille-Nacht-Museum als Teil des Keltenmuseums in Hallein. Es ist im ehemaligen Wohnhaus von

Franz Xaver Gruber untergebracht, gleich gegenüber der Stadtpfarrkirche, in der er 28 Jahre als Organist tätig war. Vor dem einstigen Wohnhaus und heutigen Museum befindet sich seine Grabstelle, an der sich zu Weihnachten zahlreiche Besucher versammeln und das Weihnachtslied spielen. Das Stille-Nacht-Museum in Hallein darf nicht mit dem Stille-Nacht-Museum in Oberndorf verwechselt werden. Dieses befindet sich nördlich von Salzburg, am Ort, wo Gruber das Lied zum ersten Mal aufführte. Stille-Nacht-Museum, Gruberplatz 1, 5400 Hallein, Tel. 0043/(0)6245/807 83, www.keltenmuseum.at

Ausstellungsstücken gehören zahlreiche Grabfunde. Keltenmuseum, Pflegerplatz 5, 5400 Hallein, Tel. 0043/(0)6245/807 83, www.keltenmuseum.at.

Warm anziehen für die Eisriesenwelt

Auf dem weiteren Weg nach Süden erreichen wir nach kurzer Zeit durch das Salzachtal eine weitere Möglichkeit, einen Berg von innen zu besichtigen. Die sogenannte Eisriesenwelt in einer Höhe von über 1600 Metern besteht aus einem Höhlensystem, das bis zu 42 Kilometer in das Tennengebirge hineinragt. Damit gilt die Höhle als die größte Eishöhle der Welt. Zwar können Besucher nur den ersten Kilometer im Rahmen einer Führung besichtigen, doch dieser hat es schon in sich und vermittelt das gesamte Höhlensystem sehr gut. Die Höhle wurde im Jahr 1879 entdeckt. Der aus Salzburg stammende Naturforscher konnte damals rund 200 Meter in das Höhleninnere hinein und musste dann wegen der zu steilen Eisdecke umkehren. Zwar wurde in einer

Zeitschrift des Alpenvereins ein Bericht über die Entdeckung veröffentlicht, dennoch geriet die Eishöhle in Vergessenheit, bis sie im Jahr 1913 wieder erkundet wurde. Schon 1924 konnte man einen Teil der Höhle auf Holzstegen begehen.

Die Eisriesenwelt ist jedoch etwas herausfordernder als das Salzbergwerk, denn die Temperaturen liegen auch im Sommer oft bei unter null Grad. Außerdem sind alleine in der Höhle 134 Höhenmeter mit rund 1400 Stufen zu bewältigen. Wer zudem nicht mit der Seilbahn fahren möchte, der hat vom Besucherzentrum noch eine 90-minütige Wanderung mit einem Höhenunterschied von gut 600 Metern vor sich. Die Anreise mit dem Wohnmobil zum Besucherzentrum ist theoretisch möglich und erlaubt, jedoch wird davon abgeraten. Die fünf Kilometer lange Zufahrtsstraße ab Werfen weist stellenweise eine Steigung von 21 Prozent auf. Daher empfiehlt es sich, den Shuttlebus zu nutzen, der alle 25 Minuten ab dem Parkplatz (47.476372, 13.19364) abfährt. Bei Benutzung des kostenpflichtigen Busses darf

Direkt am Seeufer von Zell am See lockt der Elisabethpark mit seinen Rabatten.

der Parkplatz kostenlos genutzt werden. Eisriesenwelt GmbH, Eishöhlenstraße 30, 5450 Werfen, Tel. 0043/(0)6468/52 48, www.eisriesenwelt.at.

Das bereits erwähnte Tennengebirge gehört zu den Nördlichen Kalkalpen und ist zwar verhältnismäßig klein, dennoch recht markant. Es erhebt sich bis auf eine Höhe von 2430 Metern. Neben der Eisriesenwelt beherbergt das Karstgestein zahlreiche weitere kleinere Höhlen. Beliebt ist es jedoch wegen der schroffen Felswände, besonders an der Südflanke, bei Kletterern. Im Westen wird das Tennengebirge durch das Salzachtal vom Hagengebirge abgetrennt, das mit seinem höchsten Gipfel, dem 2363 Meter hohen Teufelshorn, ähnlich hoch ist. Genau

Hier geht's los: Kilometer null der Großglockner Hochalpenstraße.

Die Hochalpenstraße verbindet die Bundesländer Salzburg und Kärnten.

zwischen diesen beiden Bergmassiven bildet die Erlebnisburg Hohenwerfen ein wunderbares Motiv.

Die Festung Hohenwerfen befindet sich dominant auf einem über 100 Meter hohen Felskegel und wurde im 11. Jahrhundert als kleine Burg errichtet. Ihr heutiges, stolzes Aussehen erhielt sie im Laufe der Jahrhunderte durch zahlreiche Erweiterungen. Heute ist sie nicht nur ein beliebter Veranstaltungsort und kann mit einem gewandeten Burgführer besichtigt werden, sondern auch bekannt für eine Greifvogelschau, bei der Milane, Falken und sogar Geier mehrmals am Tag ihre Flügel schwingen. Sie ist vom Parkplatz (47.483355, 13.185674) über einen 15-minütigen Fußweg aus zu erreichen.

Südlich vom Tennengebirge erwartet uns Bischofshofen, das als vierter Ort der alljährlichen Vierschanzentournee bekannt ist und die größte Schanze dieser Veranstaltung bereithält. Das Springen findet auf der Paul-Ausserleitner-Schanze stand, benannt nach dem Bischofshofener Skispringer, der Anfang des Jahres 1952 bei einem Training auf der Schanze schwer verunglückte und wenige Tage später im Krankenhaus verstarb. Die Schanze wird in den letzten Jahren von österreichischen Skispringern dominiert, umso kurioser, dass der offizielle Schanzenrekord mit einer Sprungweite von 143 Metern von einem japanischen Skispringer, Daiki Itō, gehalten wird.

Enge Wege in der Liechtensteinklamm

Auf der Bundesstraße 311 fahren wir weiter an der Salzach entlang und erreichen nach kurzer Strecke St. Johann im Pongau. Anstatt aber in den kleinen Ortskern hineinzufahren, lohnt sich ein Besuch der Liechtensteinklamm, rund fünf Kilometer außerhalb und südlich der Ortschaft (47.313835, 13.190083).

Steter Tropfen höhlt den Stein. Das bewahrheitet sich auch in der sehenswerten Liechtensteinklamm. Über Tausende von Jahren haben die Wassermassen der Großarler Ache diesen bis zu 300 Meter tiefen, aber schmalen Einschnitt in das Gestein geschliffen. Bereits in der zweiten Hälfte des 19. Jahrhunderts sollte die Klamm dem Besucher zugänglich gemacht werden, doch während der Bauarbeiten fehlte das Geld, weshalb man Fürst Johann II. von Liechtenstein um eine Spende ersuchte. Dieser Bitte kam er nach, womit die Frage nach dem Namen der Klamm geklärt ist. Die Schlucht ist rund vier Kilometer lang, wovon ein Kilometer für den Besucher zugänglich ist. Der gesamte Wanderweg besteht aus einem Holzsteg, der in den Monaten November bis April, in denen die Klamm gesperrt ist, abgebaut wird. Um größtmögliche Sicherheit in der engen Klamm zu gewährleisten, werden der Weg und die Schlucht täglich auf Schäden kontrolliert. Außerdem findet jedes Jahr nach dem Winter ein »Frühjahrsputz« statt, bei dem Felskletterer loses, durch den Frost aufgebrochenes Geröll, entfernen. Am Ende des Wanderwegs wartet abschließend noch ein 70 Meter langer Tunnel auf den Besucher.

Unsere weitere Fahrt führt auf der Bundesstraße 311 weiter gen Westen, wo bei Lend die Straße 167 abzweigt und uns durch den Klammtunnel bringt. Schon kurz nach Verlassen des Tunnels erreichen wir einen Parkplatz (47.277413, 13.076203), der Ausgangspunkt für einen Besuch in der Entrischen Kirche ist. Hierbei handelt es sich um kein sakrales Bauwerk, sondern um eine Schauhöhle im Gasteinertal. Sie gilt als größte Höhle der Salzburger Zentralalpen und besteht aus mehreren Hallen, von denen die größte rund 2,5 Kilometer lang ist. Bekannt ist die Höhle bereits seit dem 15. Jahrhundert, doch mit der Erforschung wurde erst in der ersten Hälfte des 20. Jahrhunderts begonnen. Besichtigt werden kann ein rund 400 Meter langer Abschnitt im Rahmen einer 50-minütigen Führung. Es wird behauptet,

Von Ende Oktober bis Anfang Mai ist die Hochalpenstraße meist geschlossen.

dass Kraftfelder und sogenannte Erdstrahlen in der Höhle zu Heilungen führen, weshalb die Entrische Kirche auch zu Meditationszwecken genutzt werden kann. Vom Parkplatz aus sind es ungefähr 240 Höhenmeter, die auf einer Streckenlänge von fast 1,5 Kilometern zurückgelegt werden müssen, um den Höhleneingang zu erreichen.

Zurück zur Bundesstraße 311 im Salzachtal fahren wir weiter westwärts, um im folgenden Taxenbach das nächste Naturerlebnis bewundern zu können. Südlich der Salzach befindet sich ein Parkplatz (47.289258, 12.975989), von dem man in wenigen Gehminuten zu einer weiteren Klamm gelangt. Die Kitzlochklamm führt fast 1500 Meter durch die hohen Steilwände rechts und links der Rauriser Ache, die die Schlucht in jahrtausendelanger Arbeit entstehen ließ. Auf dem gesicherten Weg benötigt man ca. eineinhalb Stunden und steigt etliche Stufen auf und ab. In den Sommermonaten werden an einigen wenigen Abenden auch geführte Fackelwanderungen angeboten. Sportlich ambitionierte Besucher können die Klamm außerdem auf dem eigens eingerichteten 300 Meter langen Kitzklettersteig kennenlernen. Der Schwierigkeitsgrad liegt meistens bei C, stellenweise auch bei D. Für ungeübte Kletterer daher nicht geeignet.

Ausflug nach Zell am See

Der nächste Ort heißt mit voller Bezeichnung Bruck an der Großglocknerstraße und liegt – dem Namen entsprechend – an der nördlichen Zufahrt der Großglocknerstraße. Bevor wir uns aber dieser zuwenden, sollten wir etwas weiter nördlich einen Blick auf die Ortschaft Zell am See werfen. Zell am See (47.326305, 12.796078) gilt zwar als bedeutender Wintersportort, hat aber auch im Sommer seinen Reiz. Die Gemeinde liegt am Westufer des Zeller Sees, eingebettet zwischen dem Steinernen Meer und dem Hohen Tenn.

Die gesamte Altstadt von Zell befindet sich auf einer breiten Halbinsel und beherbergt gleich zwei Schlösser. Während Schloss Prielau, ein ehemaliges fürstbi-

schöfliches Jagdschloss aus dem 15. Jahrhundert, heute als Hotel genutzt wird, ist Schloss Rosenberg das Rathaus von Zell. Mit seinen Erkern entstand es im 16. Jahrhundert und befindet sich zentral am Schlossplatz. Nur wenige Meter entfernt erheben sich die romanische Stadtpfarrkirche zum heiligen Hippolyt am Stadtplatz und der Vogtturm am Turmplatz. Letzter wurde als Schutzturm errichtet und seine Geschichte reicht mindestens bis in das 10. Jahrhundert zurück. Heute ist in dem Turm das Heimatmuseum von Zell am See untergebracht, das über die lokale Geschichte und Kultur informiert. Übrigens, in Zell am See befindet sich eine Veranstaltungshalle namens Ferry Porsche Congress Center. Benannt wurde sie

Schneehöhen bis zu 10 Meter sind hier nicht selten.

In Zell am See verbrachte die österreichische Kaiserin Sisi gern den Sommer.

nach Ferry Porsche, dem einzigen Sohn des Fahrzeugkonstrukteurs Ferdinand Porsche. Ihre Urnen und die von weiteren Mitgliedern der Familie Porsche befinden sich in der Hauskapelle des Gutshofs Schüttgut im Zeller Ortsteil Schüttdorf. Der Hof ist noch heute im Besitz von Wolfgang Porsche, dem Enkel des Unternehmsgründers und Aufsichtsratsvorsitzenden des gleichnamigen Autoherstellers.

Südlich von Zell am See beginnen bei Kaprun die Hohen Tauern.

Tolle Panoramen auf der Großglockneralpenstraße

Bei Bruck an der Großglocknerstraße warfen wir schon einen kurzen Blick auf die legendäre Hochalpenstraße. Doch nun ist es Zeit, sie näher kennenzulernen und auf ihr in Nord-Süd-Richtung die Hohen Tauern zu durchqueren. An der Brücke über die Salzach in Bruck, gleich gegenüber vom Gasthof Lukashansl markiert ein Stein den Kilometer null der touristischen Strecke (47.28729, 12.824515). Die fast 50 Kilometer lange Strecke ist auf den ersten zehn Kilometern eine harmlos ansteigende Landstraße und bringt uns zunächst zur Mautstation (47.16842, 12.813781). Von dort geht es über zahlreiche Serpentinen hinauf bis zum sogenannten Fuscher Törl, wo eine zwei Kilometer lange Sackgasse als weitere Panoramastraße zur Edelweißspitze hinaufführt. Diese bildet mit einer Höhe von 2571 Metern den höchsten Punkt der Großglockneralpenstraße, von wo aus man ein wunderbares Panorama über die Hohen Tauern genießen kann. Am markantesten ist hierbei der 3018 Meter hohe Brennkogel im Westen.

Funde haben gezeigt, dass der Pass östlich des Großglockners bereits in der Eisenzeit genutzt wurde. Silbermünzen der Kelten aus dem 1. Jahrhundert wurden beispielsweise beim Bau der Straße gefunden. Der erste Abschnitt der Straße wurde von Norden aus in den 1920er-Jahren gebaut. Eine erste Komplettüberquerung der Hohen Tau-

» HISTORISCHES

Das Bahnunglück von Kaprun

Kaprun machte im November 2000 weltweit traurige Schlagzeilen, als es zu einem Unglück der damals verkehrenden Standseilbahn kam. Die Bahn startete wie gewohnt an der Talstation, fuhr einige Zeit auf einer Brücke und wenig später in einen Tunnel hinein, der zur Bergstation führte. Im Tunnel brach jedoch ein verheerendes Feuer aus, als ein Heizlüfter im unteren nicht besetzten Führerstand einige Hydraulikleitungen in Brand setzte. Das Öl in den Leitungen spritzte mit einem Druck von bis zu 200 Bar aus den Leitungen und wirkte wie ein Flammenwerfer. Dadurch geriet die Ummantelung einer Hochspannungsleitung in Brand, womit ein Lichtbogen entstand, der bis zu 10 000 Grad Celsius heiß war. Gleichzeitig wurden durch den Brand Nervengifte freigesetzt, die noch in der drei Kilometer entfernten Bergstation drei Menschen erstickten. Die Passagiere in der Standseilbahn, von denen viele in der Kabine eingesperrt waren, hatten keine Chance. Andere Fahrgäste, die der Flammenhölle zunächst entkommen konnten, rannten nach oben, doch der Kamineffekt in dem Tunnel führte ebenfalls zum Ersti-

ckungstod. Insgesamt kamen bei dem größten Unglück in der österreichischen Nachkriegsgeschichte 155 Menschen ums Leben. Lediglich zwölf Personen überlebten, weil sie bereits sehr früh die Scheiben des Zuges einschlugen und talwärts flüchteten. In den anschließenden Prozessen konnte niemandem eine Schuld nachgewiesen werden, weshalb die angeklagten Verantwortlichen sehr zum Unmut und Unverständnis der Hinterbliebenen freigesprochen wurden. Die damals 12-jährige Julia Dujmovits entging dem Desaster, weil sie statt der Standseilbahn die Gondelbahn nutzte. Sie war damit die einzige Überlebende ihres Snowboardteams. Bei den Olympischen Spielen 2014 im russischen Sotchi gewann sie im Alter von 26 Jahren die Goldmedaille und widmete diese ihren verstorbenen Teammitgliedern und Freunden. An der Talstation des geschlossenen Tunnels befindet sich eine Gedenkstätte (47.228601, 12.726604). Großen Respekt ist dabei auch den Rettungskräften zu zollen, die unter enormen physischen und psychischen Belastungen die verkohlten Leichen aus dem fast drei Kilometer langen Tunnel bergen mussten.

» KULTURTIPP

Vötters Fahrzeugmuseum

Es wirkt beinahe wie ein überdimensionaler Kellerraum, in dem man mehrere Regale angebracht und diese mit seiner Lieblingssammlung gefüllt hat. Und beinahe ist es sogar so, denn Helmut Vötter lädt hier zu einer Besichtigung in Vötters Fahrzeugmuseum ein. Alles begann mit einer restaurierten BMW Isetta. Daraus wurde innerhalb eines Vierteljahrhunderts eine beachtliche Sammlung von 170 Fahrzeugen aus den 1950er- bis 1970er-Jahren, die dicht beieinander stehen. Für Wohnmobiltouristen, die mit ihren Dreieinhalbtonnern spielend die Alpenpässe überqueren, sicherlich ein interessanter Einblick in eine Zeit, in der man die Strecken noch mit einem VW-Käfer bewältigte. Vötters Fahrzeugmuseum, Schlossstraße 32, 5710 Kaprun, Tel. 0043/(0)6547/713 40, www.oldtimer-museum.at (47.272772, 12.765973).

ern mit einem Fahrzeug konnte jedoch erst im darauffolgenden Jahrzehnt durchgeführt werden.

Heute ist diese höchstgelegene Straße Österreichs eine der beliebtesten Passstraßen der Alpen, hat jedoch als Transitroute kaum eine Bedeutung, sondern dient eher touristischen Zwecken. Dieses macht sich unter anderem auch durch die beiden Stichstraßen bemerkbar, die von der eigentlichen Trasse abweichen und als Sackgasse zu zwei Aussichtspunkten führen. Neben der Straße zur bereits erwähnten Edelweißspitze zweigt etwas weiter südlich die Gletscherstraße zur Kaiser-Franz-Josefs-Höhe ab. Für Wohnmobilreisende empfiehlt sich dort der Busparkplatz (47.072654, 12.758796) etwas weiter weg von dem eigentlichen Großparkplatz.

Die Kaiser-Franz-Josefs-Höhe liegt auf einer Höhe von 2369 Metern und ist nach Kaiser Franz Josef benannt, der diesen Aussichtspunkt mit seiner Gemahlin Sissi im Jahr 1856 besuchte. Der dortige Kaiserstein erinnert an den Besuch, der damals nur durch eine Wanderung möglich war. Was der Kaiser dort wollte, liegt auf der Hand, wenn man einmal oben ist: Er wünschte, den größten Glet-

scher Österreichs zu sehen – die sogenannte Pasterze. Seit dem Besuch des Kaisers hat der Gletscher zwar um rund die Hälfte an Fläche eingebüßt, ist aber mit seiner Länge von acht Kilometern immer noch beeindruckend. Doch der Gletscher ist nicht alleine Anziehungspunkt auf der Kaiser-Franz-Josefs-Höhe, denn auf der gegenüberliegenden Talseite erhebt sich der Berg, der der Straße seinen Namen lieh: Der mit 3798 Metern Höhe höchste Gipfel Österreichs. Dass dieser

Vor allem bei Touristen ist die Straße heute beliebt.

An das Bergbahnunglück von Kaprun erinnert dieses Monument.

Von Schöneck aus hat man freien Blick auf den Großglockner.

Sie reicht im Norden bis in die Donauregion bei Ingolstadt. Und es sind nicht wenige Bergsteiger, die sich diesen Ausblick gönnen. Bis zu 5000 Besteigungen pro Jahr zeigen, dass der Großglockner äußerst beliebt ist. Das führt wiederum dazu, dass es an einer Engstelle auf dem Weg zum Gipfel zu Wartezeiten kommen kann. Die Erstbesteigung fand im Jahr 1800 statt und es folgte im Laufe der nächsten 100 Jahre die Erschließung weiterer Routen. Doch den touristischen Aufschwung erhielt der Großglockner erst nach dem Zweiten Weltkrieg, als er plötzlich durch die Teilung Tirols der höchste Berg Österreichs wurde. Bis dahin galt dies für den Ortler, den heute höchsten Berg Südtirols.

Um den Berg herum befindet sich der Nationalpark Tauern, der im Jahr 1981 gegründet wurde. Die Hohen Tauern erstrecken sich über eine Länge von 120 Kilometern und umfassen die östlichsten Dreitausender der Alpen. Der östlichste Punkt, der dieses Höhenmaß gerade so eben noch erreicht, ist übrigens der Mittlere Sonnblick, ein Nebengipfel des Großen Sonnblicks. Unterteilt werden die Hohen Tauern in mehrere Gebirgsgruppen, unter anderem in die Glocknergruppe.

Von der Franz-Josefs-Höhe fahren wir wieder zurück zur Großglocknerstraße, wo wir uns vorsichtig an die Abfahrt auf der Südseite der Hohen Tauern machen und Heiligenblut im Mölltal erreichen. Durch das Mölltal hindurch fahren wir weiter talwärts bis Lienz.

Werfen
Eisriesenwelt
Festung
Hohenwerfen
Bischofshofen
Liechtenstein-
klamm
Entrische Kirche
Kitzlochklamm
53 km B 311

Zell am See
Zeller See
Stadtpfarrkirche
zum heiligen
Hippolyt
Schloss
Rosenberg
Kaprun
Vötters
Fahrzeugmuseum
Großglockner-
alpenstraße
Edelweißspitze
Kaiser-Franz-
Josefs-Höhe
Großglockner
Nationalpark
Tauern
92 km B 108

Lienz
Ziel

Der Großglockner darf sich höchster Berg Österreichs nennen.

Ort auch heute noch eine magische Anziehungskraft besitzt, zeigen nicht nur die großen Besucherparkplätze und die zahlreichen Reisebusse, sondern auch das vierstöckige Besucherzentrum, in dem sich neben dem Glockner-Kino eine umfangreiche Ausstellung über den Berg befindet.

Der pyramidenförmige Großglockner ist nicht nur der höchste Berg der Hohen Tauern und von Österreich, sondern zählt auch zu den bedeutendsten Gipfeln der Ostalpen und braucht sich vor den Gipfeln im Westen bzw. in der Schweiz nicht zu verstecken. Er hat sogar nach dem Mont Blanc die zweithöchste Dominanz, ein wichtiges Kriterium, um einen Gipfel als selbstständigen Berg zu bewerten. Wer bei richtigem Wetter auf dem Großglockner steht, kann eine Aussicht genießen, die über 200 Kilometer weit reicht.

» WANDERTIPP

Franz-Josefs-Höhe

Die Franz-Josefs-Höhe ist ein guter Ausgangspunkt für einige kleinere Wanderungen. Ein gesicherter alpiner Steig führt als Gletscherweg direkt auf die Pasterze. Wandermöglichkeiten bestehen über den Margaritzenstausee bis zum Glocknerhaus. Des Weiteren gibt es den Alpen-Panoramaweg Gamsgrubenweg, der rund eine halbe Stunde eindrucksvolle Blicke auf die Gletscherlandschaft ermöglicht. Zu guter Letzt existiert außerdem der Panoramaweg Swarovski-Warte. In rund zehn Minuten erreicht

man vom Besucherzentrum die Wilhelm-Swarowski-Beobachtungswarte. Von dort kann man in einer weiteren halbstündigen Wanderung zum Franz-Josef-Haus und zum Busparkplatz weiter. Und wer sein Wohnmobil für sehr lange Zeit stehen lassen möchte (was natürlich nicht zu empfehlen ist), kann an der Franz-Josefs-Höhe in den Alpe-Adria-Trail einsteigen. Der berühmte Fernwanderweg beginnt ebenfalls hier und verläuft auf 690 Kilometern durch Kärnten, Slowenien und Italien bis Muggia an der Adriaküste.

» PRAKTISCHE HINWEISE

TOURISTINFORMATIONEN

Touristinfo Salzburg, Mozartplatz 5, Tel. 0043/(0)662/ 88 98 73 30 und Südtiroler Platz 1, Tel. 0043/(0)662/ 88 98 73 40, 5020 Salzburg, www.salzburg.info

SalzburgerLand Tourismus, Wiener Bundesstraße 23, 5300 Hallwang, Tel. 0043/(0)662/668 80, www.salzburgerland.com

Tourismusverband Hallein Bad Dürrnberg, Mauttorpromenade 6, 5400 Hallein-Pernerinsel, Tel. 0043/(0)6245/853 94, www.hallein.com

Tourismusverband Golling, Markt 51, 5440 Golling, Tel. 0043/(0)6244/43 56, www.golling.info

Tourismusverband Bischofshofen, Salzburger Straße 1, 5500 Bischofshofen, Tel. 0043/(0)6462/24 71, www.bischofshofen.com

Tourismusverband Sankt Johann, Am Hauptplatz, Ing.-L.-Pech-Straße 1, 5600 Sankt Johann/Pg, Tel. 0043/(0)6412/60 36, www.sanktjohann.com

Tourismusinformation Zell am See-Kaprun Tourismus GmbH, Brucker Bundesstraße 1a, 5700 Zell am See, Tel. 0043/(0)6542/770, www.zellamsee-kaprun.com

Tourist Information Grossglockner-Zellersee, Raiffeisenstraße 2, 5671 Bruck-Fusch, Tel. 0043/(0)6545/72 95, www.grossglockner-zellersee.info

Tourismusinformation Lienzer Dolomiten, Europaplatz 1, 9900 Lienz, Tel. 0043/(0)50/21 24 00, www.lienzerdolomiten.info

KARTEN

Kümmerley + Frey, Alpenstraßen 1:700 000 oder Salzburg Süd Tirol-Osttirol 1:150 000

CAMPINGPLÄTZE

Camping Auwirt, Salzburgerstraße 42, 5400 Hallein, Tel. 0043/(0)6245/804 17, www.auwirt.com (47.704, 13.06947). Ruhig gelegener und kleiner Campingplatz am linken Ufer der Salzach (rund 300 Meter entfernt), nördlich von Hallein. Ideal für die Besichtigungen der Museen und Salzwelten in Hallein.

Camping am Landgasthof Torrenerhof, Wasserfallstraße 24, 5440 Golling, Tel. 0043/(0)6244/55 22, www.torrenerhof.com (47.601776, 13.142866). Kleiner Campingplatz als Teil des Landgasthofes auf einer großen Wiesenfläche.

Camping Golling, Wasserfallstraße 235, 5440 Golling, Tel. 0043/(0)6244/210 43, www.camping-golling.at (47.597259, 13.165105). Gemütlicher Campingplatz direkt am Ufer der Salzach. Trotz der Entfernung ist Salzburg auch von hier aus noch gut mit dem Regionalzug erreichbar.

Camping Vierthaler, Reitsam 8, 5452 Pfarrwerfen, Tel. 0043/(0)6468/565 70, www.camping-vierthaler.at (47.445256, 13.211681). Zentral gelegen für Ausflüge nach Bischofshofen oder zur Eisriesenwelt in Werfen. Direkt am linken Ufer der Salzach.

Camping Kastenhof, Kastenhofweg 6, 5600 St. Johann/Pongau, Tel. 0043/(0)6412/54 90, www.campingkastenhof.at (47.341774, 13.19776). Campingplatz eines Landgasthofes am Südrand von St. Johann im Pongau. Im Rahmen einer eineinhalbstündigen Wanderung ist die Liechtensteinklamm von hier aus gut zu erreichen.

Camping Wieshof, Wieshofgasse 8, 5600 St. Johann im Pongau, Tel. 0043/(0)6412/85 19, www.camping-wieshof.at (47.346652, 13.192315). Im Rahmen einer Fahrradtour ist die Liechtensteinklamm auch von diesem Campingplatz gut erreichbar.

Camping am Oberhasenberghof, Taxberg 56, 5669 Taxenbach, Tel. 0043/(0)6543/60 68, www.oberhasenberghof.at (47.300773, 12.944951). Am Nordhang des

Seitliche Begrenzungsmauern schützen die Hochalpenstraße.

Salzachtals in 1150 Meter Höhe, nördlich von Taxenbach. Besonders für Kinder interessant, da es sich um einen Bauernhof mit angeschlossener Campingmöglichkeit handelt. Unter anderem dürfen die Tiere im Stall gefüttert und gestriegelt werden.

Sportcamp Woferlgut, 5671 Bruck/Grossglockner, Tel. 0043/(0)6545/730 30, www.sportcamp.at (47.283567, 12.816473). Großer Campingplatz mit zahlreichen sogenannten Komfortstellplätzen, nicht weit vom Kilometer Null der Großglockneralpenstraße entfernt.

Panoramacamp, Seeuferstraße 196, 5700 Zell am See, Tel. 0043/(0)6542/562 28, www.panoramacamp.at (47.301563, 12.815582). Familiär geführter Campingplatz mit 65 Stellflächen, Streichelzoo, rund 500 Meter südlich vom Zeller See entfernt.

Seecamp Zell am See, Thumersbacherstraße 34, 5700 Zell am See, Tel. 0043/(0)6542/721 15, www.seecamp.at (47.339273, 12.809071). Am Nordufer des Zeller Sees. Über einen fast 2 Kilometer langen Spazierweg an der Uferpromenade erreicht man die Altstadt von Zell am See in rund 20 Minuten.

Camping am Hotel-Gasthof zur Mühle, Nikolaus-Gassner-Straße 66, 5710 Kaprun, Tel. 0043/(0)6547/82 54 (47.264356, 12.746091). Südlich von Kaprun an der Umfahrungsstraße gelegener Campingplatz mit reichem Baumbestand, der zum Hotel-Gasthof gehört.

Camping am Hotel-Restaurant Lampenhäusl, Großglocknerstraße Z 15, 5672 Fusch am Großglockner, Tel. 0043/(0)6546/215, www.lampenhaeusl.at (47.224381, 12.827143). Kleiner Campingplatz des Hotel-Restaurants, gleich neben der Fuscher Ache. Letzter Campingplatz vor den Serpentinen der Hochalpenstraße. Noch vor der Mautstation.

Nationalpark Camping Großglockner, Hadergasse 11, 9844 Heiligenblut, Tel. 0043/(0)4824/20 48, www.nationalpark-camping.com (47.037082, 12.83957). Auf 1300 Meter Höhe gelegener Campingplatz mit 150 Stellflächen in schöner Lage. Am Fuße der Südrampe der Großglockneralpenstraße.

Camping Lindlerhof, Lassach 11, 9842 Mörtschach, Tel. 0043/(0)664/482 65 45, www.lindlerhof.at (46.908881, 12.911421). Campingplatz in ruhiger Lage, südlich von Mörtschach im Mölltal.

Camping Falken, Falkenweg 7, 9900 Lienz, Tel. 0043/(0)664/410 79 73, www.camping-falken.com (46.822595, 12.770908). Kleiner Platz am Rande von Lienz. Das Zentrum ist nach 10 Minuten Fußweg zu erreichen.

STELLPLÄTZE

Aqua-Salza, Wellness & Bad Golling GmbH, Möslstraße 199, 5440 Gollin, Tel. 0043/(0)6244/20 04 00,

Etwas nass kann man auf dem Weg entlang der Klamm werden.

www.aqua-salza.at (47.595496, 13.172567). Stellplatz mit 15 Stellflächen auf dem Parkplatz des Sauna- und Wellnessbades Aqua Salza in Golling. Ganzjährig geöffnet. Zahlung während der Öffnungszeiten des Bades an der Rezeption. Strom, Ver- und Entsorgung vorhanden.

Stellplatz am Schlosswirt, Döllach 100, 9843 Großkirchheim, Tel. 0043/(0)4825/267 61, www.schlosswirt.net (46.974382, 12.891895). 5 Stellflächen am Hotelrestaurant Schlosswirt. Ganzjährig nutzbar. Befindet sich im Mölltal auf der Südseite der Großglockneralpenstraße, ungefähr mittig zwischen Heiligenblut und Mörtschach. Im Sommer ist er bei Einkehr im Restaurant kostenlos.

PÄSSE

Großglocknerpass (2571 m auf der Edelweißspitze)

» REISEINFORMATIONEN
VON A – Z

In den Alpen zeigt sich zeitig der erste Schnee.

Akklimatisierung

Die unterschiedlichen Höhen in den Alpen sollten auf keinen Fall unterschätzt werden – unabhängig davon, wie gut konditioniert man ist. Auch bei einer kurzen Fahrt auf einen Pass mit einer halben Stunde Aufenthalt und anschließender Talfahrt sollte man die dünnere Luft ernst nehmen. Gleiches gilt auch für eine Seilbahnfahrt auf eine Alm, weil man bei beiden Aktivitäten schnell von einer Umgebung in die nächste wechselt. Besonders abzuraten ist natürlich von Alkohol.

Zur eigenen Sicherheit empfiehlt sich die Einhaltung der zehn goldenen Regeln zur Höhenanpassung:

1. Nicht zu schnell hoch
2. Hoch gehen, tief schlafen
3. Herzfrequenz prüfen und sich Zeit nehmen
4. Auf die Atmung achten
5. Auf den Wander-/Reisepartner achten
6. Bei ersten Anzeichen einer Höhenkrankheit sofort absteigen
7. Gesund bleiben
8. Viel trinken
9. Gut schlafen
10. Nicht zu lange in extremen Höhen aufhalten

Ärztliche Versorgung

Zugegeben, man möchte den Gedanken gern verdrängen, aber auch im Urlaub bzw. auf einer Reise kann es zu Verletzungen oder Krankheiten kommen. Da wir uns aber in Mitteleuropa befinden, besteht kein Grund, sich Sorgen wegen der ärztlichen Versorgung zu machen. Der Abschluss einer Reisekrankenversicherung wird empfohlen und die Versichertenkarten der Krankenkasse sollte man ohnehin mit sich führen. Die europaweit einheitliche Telefonnummer für den Rettungsdienst lautet 112.

Baden

Auch wenn die Alpen nicht das Meer sind, bestehen zahlreiche Möglichkeiten, ins kühle Nass abzutauchen. Dabei spielt es keine Rolle, ob es nun der große Bodensee oder kleine Faakersee ist, viele Campingplätze, die direkt an einen See angrenzen, verfügen über einen eigenen Badestrand. Je tiefer der See und je höher die Lage, umso kälter natürlich die Temperaturen. Darüber hinaus existieren zahlreiche Freizeitbäder und Thermalbäder, manche bieten sogar direkt einen Wohnmobilstellplatz vor der Tür an.

Bergrettung

Wer in höheren Lagen Hilfe benötigt, kann den herkömmlichen Rettungsdienst unter 112 erreichen (wie unter »Ärztliche Versorgung« beschrieben).

Darüber hinaus gibt es aber auch unterschiedliche Bergrettungsdienste, die alarmiert werden können. In Österreich ist dieser unter der Nummer 140 zu erreichen, in Italien (und Südtirol) unter 118 und in der Schweiz unter der Nummer 144. In Slowenien und Deutschland bleibt man bei der 112, die aber – wie geschrieben – auch in den anderen Ländern zur Hilfe führt.

Bei Wanderungen in unwegsamem Gelände ist es hilfreich, ein GPS-Gerät mitzunehmen, um die genaue Position ablesen zu können. Außerdem sollte man den Rettungskräften während des Notrufs erlauben, dass sie das Mobiltelefon orten dürfen, damit sie die Lage des Verunglückten besser einschätzen können.

Darüber hinaus existiert noch das alpine Notsignal. Dieses kann aus Licht- oder Lautsignalen bestehen. Das Signal soll sechsmal in der Minute, also alle zehn Sekunden einmal erfolgen. Anschließend legt man eine Pause ein und wiederholt den Notruf. Als Antwort sollte ein Signal kommen, dass dreimal in der Minute zu sehen oder zu hören ist, damit der Verunglückte weiß, dass Hilfe unterwegs ist.

Botschaften der Bundesrepublik Deutschland

Schweiz/Liechtenstein: Willadingweg 83, 3006 Bern, Tel. 0041/(0)31/359 41 11, www.bern.diplo.de

Österreich: Gauermanngasse 2–4, 1030 Wien, Tel. 0043/(0)1/71 15 40, www.wien.diplo.de

Slowenien: Prešernova 27, 1000 Ljubljana, Tel. 00386/(0)1/479 03 00, www.ljubljana.diplo.de

Frankreich: Avenue Franklin D. Roosevelt 13/15, 75008 Paris, Tel. 0033/(0)1/53 83 45 00, www.paris.diplo.de (Generalkonsulat mit Zuständigkeit für die Alpen-Départements: Avenue du Prado, 13295 Marseille, Tel. 0033/(0)4/91 16 75 20, www.marseille.diplo.de)

Italien: Via San Martino della Battaglia 4, 00185 Rom, Tel. 0039/(0)6/49 21 31, www.rom.diplo.de (Generalkonsulat mit Zuständigkeit für Norditalien: Via Solferino 40, 20121 Mailand, Tel. 0039/(0)2/623 11 01, www.mailand.diplo.de)

Diebstahl und Sicherheit

Natürlich wirkt die Berglandschaft Tirols oder der Schweiz idyllisch und man denkt beim Anblick einer Alm vor grandioser Bergkulisse nicht an Verbrechen und Raub. Aber man muss leider auch hier zwei berühmte Redewendungen anwenden: Das Verbrechen schläft nie und Gelegenheit macht Diebe. Daher ist es immer ratsam, das Wohnmobil abzuschließen und keine Wertgegenstände zurückzulassen. Gleichzeitig sollte man besonders in den Touristenzentren die üblichen Sicherheitsmaßnahmen berücksichtigen. Mit Kleinkriminalität und Trickbetrug muss überall gerechnet werden.

Einreise

Die Mitnahme eines Personalausweises ist vollkommen ausreichend. Slowenien, Österreich, Italien und Frankreich sind Mitglied im Schengen-Abkommen. Das bedeutet, Grenzkontrollen finden in der Regel nicht mehr statt, können aber im Rahmen von besonderen Ereignissen spontan durchgeführt werden. Auch die Schweiz hat das Schengen-Abkommen unterzeichnet. Aber da das Land nicht zur Europäischen Union gehört und es keine Zollunion mit dem Staatenbündnis gibt, finden weiterhin Warenkontrollen statt. Gleiches gilt für Liechtenstein.

Elektritzität

Ein Adapter für Steckdosen ist in allen Alpenländern nicht notwendig. Um das Wohnmobil auf den Campingplätzen an das Stromnetz anzuschließen, wird in der Regel der blaue CEE-Stecker benötigt, der zur Standardausstattung eines jeden Wohnmobils gehören sollte. Ausnahmen, bei denen der Schuko-Stecker benötigt wird, bestätigen natürlich die Regel, sind aber immer seltener anzutreffen.

Geld und Kreditkarten

Auch in Sachen Finanzbeschaffung gibt es keine Unterschiede in den einzelnen Alpenländern. Bankautomaten (oft Bankomat) sind in allen Städten und größeren Gemeinden vorhanden, jedoch sollte beachtet werden, dass jede Auslandsabholung in der Regel Zusatzgebühren kostet. Daher ist es sinnvoll, vorausschauend zu planen und vielleicht ein paar Euro mehr abzuheben. Problematisch wird das nur in der Schweiz, denn im Gegensatz zu allen anderen Alpenstaaten, wird man dort keinen Euro am Automaten erhalten. In dem Land, das im Banken- und Finanzwesen führend ist, zahlt man mit Schweizer Franken. Derzeit gibt es eine Stückelung von 10, 20, 50, 100, 200 und 1000 Franken-Scheine. Die kleinere Einheit heißt Rappen. In der Geldbörse klimpern folgende Münzen: 5, 10, 20 Rappen, ein halber Franken (entspricht 50 Rappen), 1, 2 und 5 Franken. Ein Schweizer Franken entspricht 0,82 Euro (1 Euro = 1,21 Franken).

Seit einigen Jahren schon soll eine neue Serie an Banknoten gedruckt werden. Doch aus technischen Gründen verzögert sich die Ausgabe der neuen Serie bereits seit dem Jahr 2010 jedes Jahr aufs Neue und es bleibt abzuwarten, wann die neuen Geldscheine endgültig ausgegeben werden.

GPS

Sowohl für Wanderungen im Gebirge und in den Wäldern als auch auf der Fahrt durch die Region bietet sich ein GPS-Gerät an. Die in diesem Buch aufgeführten Koordinaten sind im Dezimalsystem verfasst, was bei der Eingabe am Navigationsgerät zu berücksichtigen ist. In den Einstellungen des Gerätes ist das Eingabesystem dementsprechend einzustellen. Da ein GPS-Empfänger Kontakt zu mehreren Satelliten haben muss, um möglichst genau den Standort ermitteln zu können, kann es in engen Tälern und Schluchten zu Beeinträchtigungen und Ungenauigkeiten kommen.

Informationen

Zu einer gelungenen Reise gehört auch die Vorbereitung. Möglichkeiten hierfür gibt es viele. Dieser Reiseführer ist schon mal ein guter Reisebegleiter. Weitere Ansprechpartner sind die Touristinformationen vor Ort, die in jeder größeren Gemeinde anzutreffen sind. Darüber hinaus gibt es überregionale bzw. staatliche Tourismusorganisationen, die gerne mit Informationen weiterhelfen. Die jeweiligen Ansprechpartner sind am einfachsten im Internet zu erreichen, wo man oftmals Broschüren im pdf-Format herunterladen oder in Papierformat bestellen kann und zahlreiche weitere tagesaktuelle Informationen oder Veranstaltungstipps erfährt.

Frankreich: http://de.rendezvousenfrance.com
Schweiz: www.myswitzerland.com
Österreich: www.austria.info
Slowenien: www.slovenia.info
Italien: www.italia.it
Südtirol: www.suedtirol.info

Auch der Autor dieses Reiseführers hilft gerne bei Fragen und bietet als Plattform für Reisende ein kostenloses Internetforum zum Austausch an: www.molls-reiseforum.de

Internet

Unterwegs im Internet mobil zu sein, ist heutzutage Standard. Dank Laptop, Tablet und Smartphone stellt das auch kein großes technisches Problem mehr dar. Lediglich die Roaminggebühren stehen noch zwischen dem User und dem weltweiten Datennetz. Angenehmerweise wurden diese in den letzten Jahren bereits durch EU-Verordnungen drastisch reduziert. Die Mobilfunkanbieter haben daraufhin verschiedene Angebote zusammengestellt, die man sich vor der Reise einmal anschauen sollte, da sie oft ganz unterschiedliche Auslandsangebote enthalten. Die ansonsten beliebte Praxis, sich im Reiseland eine Simkarte zu beschaffen, ist bei einer Reise durch mehrere Staaten mit jeweils kurzen Aufenthalten natürlich nicht zweckmäßig. Ganz im Gegenteil: Dadurch können die Kosten noch weiter ansteigen. Man stelle sich vor, man surft in der Schweiz mit einer österreichischen Karte oder führt damit sogar noch Telefonate nach Deutschland. Seit 2014 darf die Nutzung von einem Megabyte nicht mehr als 20 Cent kosten.

Oftmals bieten Campingplätze W-Lan an, allerdings selten kostenlos. Manche Campingplatzbetreiber versuchen sogar, sich über das Angebot des W-Lan ein kleines Nebengeschäft zu erwirtschaften. Preise von bis zu acht Euro pro Aufenthaltstag stehen in keinem Verhältnis.

Kleidung

Gut, dass ein Wohnmobil viel Stauraum besitzt. Denn in den Alpen sollte man für alle Fälle gewappnet sein. Eine dicke, daunenbesetzte Winterjacke ist im Sommer zwar in den Höhenlagen nicht zwingend erforderlich, doch bei einer Tour auf den Pässen oder gar noch höher ist zumindest warme Kleidung hilfreich. Außerdem sollte man nicht auf Regenkleidung verzichten. Für Wanderungen gilt der ausdrückliche Hinweis, dass man geeignetes Schuhwerk trägt.

Notruf

Die europaweit gültige Notrufnummer lautet 112. Weitere Notrufnummern finden sich unter »Bergrettung«.

Öffnungszeiten

Die Ladenöffnungszeiten sind ganz unterschiedlich. Lediglich Frankreich kennt gar keine Schließzeiten, während in Österreich die Geschäfte spätestens ab 21 Uhr geschlossen sein müssen. Banken, die Post und Ämter haben zu den allgemein üblichen Zeiten von Montag bis Freitag geöffnet.

Rad fahren

Es muss ja nicht gleich eine Alpenüberquerung sein, aber es lohnt sich auf jeden Fall, das Fahrrad an das Heck des Wohnmobils zu klemmen. Alleine in Tirol gibt es fast 800 Kilometer Fernradwege. Zu den Klassikern gehört natürlich der Innradweg, der sich quer durch das Bundesland Tirol zieht. In Nord-Süd-Richtung kann man auf dem Rad die Via Claudia Augusta zwischen Füssen und dem Reschenpass erleben. Auch der Fluss Drau lockt mit einem flachen Wegverlauf von der Quell bis Maribor in Slowenien. Wer glaubt, die Schweiz sei wegen der hohen Berge für das Fahrrad völlig untauglich, der ist auf dem Holzweg. Kaum ein anderes Land hat so ein ausgesprochen gutes Radwegenetz, das aus

neun nationalen und mehr als 50 regionalen Routen besteht.

Telefonieren

Im 21. Jahrhundert ist davon auszugehen, dass man mindestens mit einem einfachen Mobiltelefon verreist. Hinweise auf Telefonkarten und die immer weniger vorhandenen Telefonzellen erübrigen sich daher. Wie bereits unter» Internet« beschrieben, sollte man sich vor der Reise jedoch mit dem eigenen Telefonanbieter in Verbindung setzen, um in Erfahrung zu bringen, welche speziellen Auslandstarife er anbietet. Grundsätzlich gilt jedoch, dass die Preise mittlerweile sehr überschaubar sind. Seit 2014 darf das Versenden einer SMS europaweit nur noch sechs Cent kosten. Ein ankommender Anruf kostet pro Minute fünf Cent und ein abgehender Anruf (in die gesamte EU) belastet die Reisekasse nur noch mit 19 Cent pro Minute.

Verkehrsbestimmungen

Es gibt einige Unterschiede zu den deutschen Verkehrsregeln, die man kennen sollte, um Strafen zu vermeiden, die in aller Regel deutlich höher ausfallen als in Deutschland.

Umtausch nicht vergessen, wenn's in die Schweiz geht.

Gute Informationsstellen gibt's in allen besuchten Ländern.

In Österreich müssen Kinder unter zwölf Jahren einen Helm tragen. Gelbe Zickzacklinien am Fahrbahnrand stehen für Parkverbot. Schulbusse dürfen nicht überholt werden, wenn die Warnblinkanlage eingeschaltet ist. Ein unerlaubtes Parken auf Privatgrundstücken kann mit einer Besitzstörungsklage bestraft werden. Das gilt zum Beispiel auch für das nächtliche Stehen auf einem Supermarktparkplatz. Bis zu einem Gewicht von 3,5 Tonnen besteht in der Zeit vom 1. November bis 15. April die Pflicht, Winterreifen mitzuführen. Darüber hinaus ist die Mitnahme von Warnwesten das ganze Jahr über Pflicht. Die Vignette muss gut sichtbar an der Windschutzscheibe angebracht werden.

In Slowenien gilt ganzjährig Lichtpflicht. Außerdem muss während eines Überholvorganges durchgehend der Blinker gesetzt werden. Schul- und Kinderbusse dürfen nicht überholt werden. Die Winterreifenpflicht besteht vom 15. November bis zum 15. März. Das Übernachten auf Straßen und auf Parkplätzen ist generell verboten.

Auf Schweizer und Liechtensteiner Bergstraßen hat das aufwärts fahrende Fahrzeug bei einer Engstelle immer Vorrang. Gelbe Linien und Kreuze stehen für Halteverbote. Lichtpflicht gilt in Tunneln. Auch in der Schweiz gilt das grundsätzliche Verbot, nicht auf Straßen und Parkplätzen übernachten zu dürfen.

In Frankreich hat ebenfalls das bergauf fahrende Fahrzeug Vorrang.

Wer in Italien einen Abstecher nach Mailand plant, sollte sich vorher mit der dortigen Umweltzone auseinandersetzen, die nicht befahren werden darf.

Für alle Verkehrsregeln gilt, dass vorher noch ein aktueller Blick ins Internet oder ein Besuch beim örtlichen Automobilclub zu empfehlen ist.

Wandern

Dass die Alpen ein Wanderparadies sind, liegt natürlich klar auf der Hand. Alle Wanderwege zwischen den französischen und slowenischen Alpen abzuwandern, würde Jahrzehnte dauern. Aber es wären schöne Jahrzehnte, denn die Landschaft bietet hinter jedem Fels und jedem Baum einen wunderbaren Anblick. Um diesen zu genießen, ist es jedoch erforderlich, sich vorzubereiten. Neben guter Kondition und an einigen Stellen auch Schwindelfreiheit ist natürlich die Ausrüstung von immenser Wichtigkeit. An erster Stelle steht das Schuhwerk, bei dem man die Geldbörse ruhig etwas großzügiger öffnen darf. Alles andere wäre Sparen an der falschen Stelle. Im Gebirge ist man zudem mit Wanderstöcken gut beraten und darüber hinaus sollte jeder Wanderer sein eigenes Trinkwasser dabei haben. Eine gute Anlaufstelle für Wanderungen in den Alpen sind die lokalen Tourismusinformationen, besser aber noch die entsprechenden Wandervereine wie der Deutsche Alpenverein.

Zoll

Dank dem Schengener Abkommen ist das Reisen innerhalb der Unterzeichnerstaaten sehr einfach. Die Höchstmengen, die an Tabak- und Alkoholwaren über die Grenze gebracht werden dürfen, sind weggefallen und wurden durch sehr hoch angesetzte Richtwerte ersetzt. Allerdings gelten diese ohnehin nur bei Zollkontrollen, die de facto nicht mehr stattfinden. Eine Ausnahme bilden die Schweiz und Liechtenstein, die keine Zollunion mit der EU bilden. Hier gelten bei der Einreise folgende Höchstmengen: zwei Liter Alkohol unter 15 Volumenprozent und ein Liter Alkohol über 15 Volumenprozent, 200 Zigaretten oder 50 Zigarren oder 250 Gramm Schnitttabak. Alle Freimengen gelten pro Person, die mindestens 17 Jahre alt ist.

Impressum

Verantwortlich: Claudia Hohdorf
Lektorat: Ute König
Layout: BUCHFLINK Rüdiger Wagner
Repro: Cromika, Verona
Kartografie: Heidi Schmalfuß, Angelika Solibieda (Streckenleisten)
Herstellung: Anna Katvic
Printed in Italy by Printer Trento

★★★★★
Sind Sie mit diesem Titel zufrieden? Dann würden wir uns über Ihre Weiterempfehlung freuen.
Erzählen Sie es im Freundeskreis, berichten Sie Ihrem Buchhändler, oder bewerten Sie bei Ihrem Onlinekauf.
Und wenn Sie Kritik, Korrekturen, Aktualisierungen haben, freuen wir uns über Ihre Nachricht an den
Bruckmann Verlag, Postfach 40 02 09, D-80702 München oder per E-Mail an lektorat@verlagshaus.de.

Unser komplettes Programm finden Sie unter   www.bruckmann.de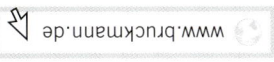

Alle Angaben dieses Werkes wurden vom Autor sorgfältig recherchiert und auf den neuesten Stand gebracht sowie vom Verlag geprüft. Für die Richtigkeit der Angaben kann jedoch keine Haftung übernommen werden, weshalb die Nutzung auf eigene Gefahr erfolgt. Insbesondere bei GPS-Daten können Abweichungen nicht ausgeschlossen werden.

Bildnachweis: Alle Bilder im Innenteil stammen vom Autor, mit Ausnahme von:
Norbert Kustos, S. 88; Werner Lahmann, S. 138; picture alliance/Arco Images, S. 138; picture alliance/ Christine Koenig, S. 139; picture alliance/Sueddeutsche Zeitung Photo, S. 142; Shutterstock/Isabella Pfenninger, S. 66; Shutterstock/LianeM , S. 140; Shutterstock/manfredxy, S. 150; Shutterstock/ Rob Bouwman, S. 145; Shutterstock/DyziO, S. 176; Shutterstock/Claudio Giovanni Colombo, S. 177; Huber-Images/Gräfenhain, S. 179; Heinz E. Studt, S. 87, 241; Tourist-Information Mittenwald, S. 146

Umschlagvorderseite: Traumpanorama am Furkapass (mauritius images/Matthias Pinn)
Umschlagrückseite: Übernachtung auf dem Col du Lautaret

Die Deutsche Nationalbibliothek verzeichnet diese Publikation in der Deutschen Nationalbibliografie; detaillierte bibliografische Daten sind im Internet über http://dnb.d-nb.de abrufbar.

© 2015 Bruckmann Verlag GmbH, München

ISBN 978-3-7654-8393-6